Shane Claiborne es un experiment
co mezclado con activismo de bas
da con condenas de cárcel por alimentar a los pobres. Este es un apasionado escrito que clama por amor, dirigido a los cobardes en busca de valor.

—Aiden Enns, editor de la revista *Geez;*
Ex director editorial de la revista *Adbusters*

A veces creo que solo hay una denominación cristiana en Estados Unidos: la Religión Civil Estadounidense; es una capellanía consumista, militarista, terapéutica, colonial y nacionalista que bautiza y bendice lo que el país más rico y poderoso del mundo desea hacer. Sin embargo, al escuchar una voz como la de Shane, sé que al menos unos pocos siguen a un líder diferente por un camino menos transitado. Lean este libro y permitan que los incomode, de la misma manera que me incomodó a mí. Necesitamos este tipo de incomodidad más de lo que creemos.

—Brian McLaren, autor de *A Generous Orthodoxy*

Extremadamente apremiante. Profundamente bíblico. Si tan solo uno de cada diez «cristianos» contemporáneos se atreviera a seguir a aquel que decimos adorar con la mitad de la entrega incondicional de Shane a Cristo, nuestra evangelización cobraría un inmenso poder y nuestras acciones transformarían nuestro mundo despedazado.

—Ronald J. Sider, presidente de la organización
Evangelicals for Social Action

Shane expresa el tipo de cristianismo genuino que la mayoría de nosotros intenta evitar porque el costo es demasiado alto. Nos propone un estilo de vida que proclama de manera profética lo que significa ser un seguidor de Jesús en el siglo veintiuno.

—Tony Campolo, autor de *Revolution and Renewal*

Está escrito con enternecedor humor e impresionante valor. *Revolución Irresistible* describe cómo un joven acoge un férreo compromiso con las enseñanzas de Jesús.

—Kathy Kelly, autora y cofundadora de *Voices in the Wilderness*

Si conocen a Shane, lean este libro para escuchar su voz irresistible en cada página. Si no conocen a Shane (o incluso si lo conocen), lean este libro para escuchar la voz irresistible de Jesús en cada página.

—Leonard Sweet, autor de *Summoned to Lead*

Este libro te retará a que vendas todo lo que tienes y sigas a Jesús hasta el límite.

—Rob Moll, editor de *Christianity Today*

Al igual que el autor, el libro es rico y único, fresco, memorable y estimulante, incluso para los disidentes curtidos. Es un regalo para todos los que desean que nazca el reino de Dios aquí y ahora, los que quieren tener un impacto sobre el futuro, los que formarían la iglesia que añoramos.

—Elizabeth McAlister, cofundadora de *Jonah House Community*

Si emprenden este viaje, no solo conocerán a un joven alto y delgado llamado Shane, sino también a sus amigos sin techo de Filadelfia, los enfermos moribundos que cuidó en Calcuta y los niños con los que jugó en Bagdad mientras caían las bombas (todo esto plantea incómodas preguntas sobre lo que significa seguir a Jesús). Lean este libro bajo su propio riesgo. Shane los retará a que se unan a los rangos de «radicales ordinarios».

—Tom Sine, fundador de *Mustard Seed Associates*

SHANE CLAIBORNE

PRÓLOGO POR

JIM WALLIS

REVOLUCIÓN IRRESISTIBLE

Viviendo una vida radical diariamente

Vida®

La misión de Editorial Vida es ser la compañía líder en comunicación cristiana que satisfaga las necesidades de las personas, con recursos cuyo contenido glorifique al Señor Jesucristo y promueva principios bíblicos.

REVOLUCIÓN IRRESISTIBLE
Edición en español publicada por
Editorial Vida – 2011
Miami, Florida

© 2011 por The Simple Way

Originally published in the USA under the title:
The Irresistible Revolution
Copyright © 2006 by The Simple Way
Published by permission of Zondervan, Grand Rapids, Michigan 49530

Traducción: *gk connects*
Edición: *Karen Azucena*
Diseño interior: *Santiago A. Pérez*

RESERVADOS TODOS LOS DERECHOS. A MENOS QUE SÉ INDIQUE LO CONTRARIO, EL TEXTO BÍBLICO SE TOMÓ DE LA SANTA BIBLIA NUEVA VERSIÓN INTERNACIONAL. © 1999 POR BÍBLICA INTERNACIONAL.

ISBN: 978-0-8297-5816-0

CATEGORÍA: Vida cristiana / General

IMPRESO EN ESTADOS UNIDOS DE AMÉRICA
PRINTED IN THE UNITED STATES OF AMERICA

11 12 13 14 15 ❖ 6 5 4 3 2 1

El amor sin valor y sabiduría es sentimentalismo, como en el caso del miembro ordinario de una iglesia. El valor sin amor y sabiduría es imprudencia, como en el caso del soldado ordinario. La sabiduría sin amor y valor es cobardía, como en el caso del intelectual ordinario. Pero aquel que tiene amor, valor y sabiduría, cambia al mundo.

Ammon Hennacy (activista católico, 1893-1970)

Dedicado a
todos los hipócritas, cobardes y tontos… como yo.

Que encontremos el Camino, la Verdad y la Vida
en un mundo de atajos, engaños y muerte.

CONTENIDO

PREFACIO

Un manifiesto para una nueva generación

Shane Claiborne es un buen ejemplo del viejo adagio: «Cuidado con lo que pides en oración». A los evangélicos les gusta orar para que los jóvenes cristianos aprendan a amar a Jesús y sigan sus pasos. Precisamente de eso habla este joven activista cristiano en este nuevo y fenomenal libro, *Revolución Irresistible*. Ahora bien, los lugares a los que ha llegado Shane por seguir a Jesús no se parecen mucho a los entornos suburbanos en los que muchos cristianos evangélicos viven hoy. Además, su caminar como discípulo lo ha alejado de muchos de los hábitos culturales con los que han llegado a conformarse muchos creyentes de clase media. Lo peor es que sus nociones de fidelidad al evangelio parecen contrariar de manera directa la lealtad política que muchos conservadores de la derecha religiosa han prácticamente convertido en una prueba doctrinal decisiva de la fe.

Desde hace varios años, Shane ha estado experimentando con el evangelio en las calles de Filadelfia y Calcuta, en la intensidad de las comunidades cristianas e incluso en las zonas de guerra en Irak. En este libro, Shane nos invita a peregrinar con él: expresa sus pasiones a la vez que acepta sus incertidumbres; critica su sociedad e iglesia a la vez que acepta sus propias debilidades y contradicciones humanas, desvela sus esperanzas de cambiar el mundo a la vez que acoge la «pequeñez» de los esfuerzos e iniciativas que más aprecia.

Al leer, no tardarás en descubrir que el desapego de Shane con el cristianismo cultural y patriótico de Estados Unidos no fue una consecuencia de volverse «secular» o «liberal», sino de profundizar en lo que los primeros cristianos llamaron «el Camino»: el camino de Jesús, el camino del reino, el camino de la cruz. Es el primero en admitir que lo que él y sus seguidores espirituales están haciendo parece bastante radical, incluso disparatado, y tal vez hasta descabellado. Sin embargo, también ha llegado a cuestionar la lógica de la sociedad de consumo, las prioridades distorsionadas de la economía mundial y la metodología del estado de guerra. Al mismo tiempo, ha redescubierto la inversión bíblica de nuestra lógica social (que la insensatez de Dios siempre le ha parecido una locura al mundo). Llaman a su pequeña comunidad en Filadelfia *The Simple Way* y creen que en experimentos como el suyo yace la clave para el futuro.

Leer este libro es para mí un auténtico placer, al igual que tratar con el autor. Debo admitir que el joven Shane me recuerda un poco a un joven cristiano radical hace más o menos tres décadas, cuando estábamos fundando la revista y comunidad *Sojourners*. También nosotros éramos jóvenes evangélicos que sentíamos que ni nuestras iglesias ni nuestra sociedad estaban a la medida del camino de Jesús, ni por cerca. Nuestra lucha en ese entonces era en contra de la devoción privada que limitaba la fe a los asuntos personales, y luego comprometía la fe con una trágica rendición ante los poderes económicos, políticos y militares del momento.

Anhelábamos desesperadamente revelarle al mundo nuestra fe y ofrecer una visión profética con el poder para cambiar tanto nuestras vidas como nuestra orientación política. Recuerdo cuando escribía el borrador de un nuevo y muy esperanzador manifiesto en 1973 que se titulaba «Declaración de Chicago de la Preocupación Social Evangélica», que firmaron líderes evangélicos de una generación mayor y una generación menor, y que estaba destinado, según esperábamos, a causar cambios importantes.

Sin embargo, después de eso llegó la derecha religiosa, y dio a conocer la fe evangélica, pero no de la manera que nos hubiera gustado. Las preocupaciones cristianas se limitaron a tan solo unos pocos «temas morales» (la mayoría de ellos tenían que ver con el sexo y el uso del lenguaje cristiano en las plazas públicas), y no tardaron en llegar acuerdos relativos a las prioridades económicas y políticas de la extrema derecha. Después de treinta años, Estados Unidos quedó convencido de que Dios era un republicano, y los predicadores teleevangelistas se convirtieron en la imagen perdurable del cristianismo.

Ahora, no obstante, todo eso está cambiando, y el escenario religioso, social y político de Estados Unidos se está transformando. A medida que recorro el país, percibo un nuevo impulso y movimiento. Muchas de las personas que se han sentido marginadas por el diálogo de «fe y política» han comenzado a levantar la voz. El monólogo de la derecha religiosa finalmente ha terminado, y ha comenzado un nuevo diálogo; es una conversación sobre cómo aplicar la fe a la justicia social, y es algo que está surgiendo por doquier en el país. En el espectro teológico una nueva convergencia está tomando forma con respecto a problemas como la erradicación de la pobreza, tanto en los lugares olvidados de nuestro país, revelados por el huracán Katrina, como en la indigencia y enfermedad de la economía mundial, que está haciendo que el mundo se despierte. Los cristianos ahora llaman al medio ambiente «creación de Dios», e insisten en que se cuide. Los líderes religiosos y profesores de seminarios evangélicos ponen en tela de juicio la teología de la guerra y la religión del imperio, que emana de los más altos mandos del poder político.

Sin embargo, el mayor símbolo de esperanza quizá sea el surgimiento de una nueva generación de cristianos dispuestos y listos para llevarle al mundo su fe. El cristianismo de devoción privada, conformidad con la riqueza, y solo «Dios bendiga a Estados Unidos» ha comprometido el testimonio de la iglesia a la vez que ha adormecido a una nueva generación de cristianos. Definir la fe según las cosas que no haremos ni cuestionaremos no crea un estilo de vida irresistible. Una nueva generación de jóvenes está deseosa de encontrar una dirección de vida que sea merecedora de su compromiso, energía y dones.

La Revolución Irresistible de Shane Claiborne es la mejor prueba hasta el momento de que una nueva generación de creyentes se está despertando y se está encendiendo nuevamente con el fuego del evangelio. Podemos percibir el fuego del autor a través de todo el libro, quien además alega que no está solo. Yo puedo dar fe de que está en lo correcto: no está solo. Shane es uno de los mejores representantes de un cristianismo emergente que podría cambiar la faz de la religión y política estadounidenses. La visión que se presenta aquí no se puede clasificar con facilidad como liberal o conservadora, de izquierdas o derechas, pero tiene la capacidad de cuestionar dichas clasificaciones. A lo largo del país, he conocido a las almas gemelas del autor y he trabajado con un grupo extraordinario de ellos en las organizaciones *Sojouners* y *Call to Renewal*. Este libro es un manifiesto para una nueva generación de cristianos que quieren experimentar su fe en este mundo y no solo en el siguiente. Si lo lees, te llenarás de esperanza, pues Dios está haciendo algo nuevo otra vez.

—Jim Wallis, autor de *God's Politics*, editor de *Sojourners* y coordinador de *Call to Renewal*

INTRODUCCIÓN

Mientras las voces de las películas taquilleras y la cultura pop invitan a escapar de los parámetros de la eficiencia paralizante, el cristianismo con frecuencia le ha ofrecido poca cosa al mundo, aparte de la esperanza de que la vida será mejor en el cielo. Las Escrituras dicen que la creación entera gime por ser liberada, y los ecos de dichos gemidos se pueden escuchar en todo, desde el *hip hop* hasta Hollywood. Hay una idea dominante de que el mundo no está bien, y una pequeña sugerencia de que tal vez no tiene que quedarse así. Los titulares hablan de guerra y terrorismo, de escándalos sexuales, codicia empresarial, corrupción en las cárceles, la pandemia del Sida, la brutalidad de la policía y la pobreza crónica de mil millones de nuestros vecinos. Iniciativas mundiales tales como *Live 8* y la campaña *ONE* han reunido a grupos eclécticos de celebridades y estrellas pop, bajo lemas como «Hacer que la pobreza pase a la historia». Sin embargo, la mayoría de los artistas y predicadores cristianos ha permanecido distante del sufrimiento humano y le ha ofrecido al mundo garantías eternas con imaginación profética. Tal vez no nos debería sorprender que Jesús dice que si los cristianos permanecen callados, las rocas gritarán... y si no son las rocas, serán los roqueros, digo yo.

Mientras tanto, muchos nos sentimos lejos de los temas cerrados que definen a los conservadores y de la espiritualidad superficial que marca a los liberales. Estamos sedientos de justicia social y paz, pero nos cuesta encontrar una comunidad de fe que sea pro vida de forma coherente o que reconozca que hay otros «temas morales» aparte de la homosexualidad y el aborto, tales como la guerra y la pobreza. Algunos terminan intentando salvar las almas de unos pocos pecadores, y otros terminan haciendo esfuerzos por salvar al mundo entero del «sistema», pero rara vez nos damos cuenta de que la enfermedad de nuestro mundo nos ha infectado a todos, y que la sanación de nuestro mundo comienza con nosotros pero no termina con nosotros. Hace poco recibí una carta de un joven que decía: «Estoy solo, rodeado por activistas no creyentes y creyentes inactivos. ¿Dónde están los verdaderos cristianos?».

Una «mayoría silenciosa» se está desarrollando a medida que un número creciente de personas se distancia adrede del ruido y de la arrogancia que han llegado a marcar tanto el cristianismo evangélico como el activismo secular.

En la universidad, uno de mis profesores nos dijo: «No permitan que el mundo les robe el alma. Ser cristiano tiene que ver con elegir a Jesús y decidir hacer algo increíblemente atrevido con sus vidas». Decidí aceptar el reto. Primero hice viajes misioneros para llevarles «las buenas nuevas» a los pobres. Luego descubrí que eran ellos los que me traían a mí las buenas nuevas. Desde entonces he intentado gritarle las buenas nuevas a quien quiera que esté dispuesto a escuchar, ya sea en las mega iglesias evangélicas o en las Naciones Unidas. Esta aventura me ha llevado desde las calles de Calcuta hasta las zonas de guerra de Irak. Al seguir los pasos de Jesús, he llegado a las oficinas de altos mandatarios y a los barrios bajos de los indigentes, me he encontrado entre cobradores de impuestos y campesinos, y me han arrastrado a tribunales y celdas de cárcel.

Cuando uno de mis amigos anarquistas, un chico *punk rock* que se había alejado voluntariamente de todo lo que olía a cristianismo oyó que iba a dirigirme a una congregación un domingo por la mañana, me llamó por teléfono y me dijo: «No sabía que eras predicador». Me reí y le expliqué mi amor por Jesús, mi descontento con la iglesia y mis esperanzas de que el mundo cambie. Tras esto me dijo: «Pues mírate, todo un predicador... ¡Yo iría a una iglesia que te dejara predicar!».

Me dije: ¿No iríamos todos a una iglesia que le cree a los tontos ordinarios y granujas, y cuyo evangelio es realmente buenas nuevas? He llegado a admirar el humor de un Dios que utiliza lo insensato para avergonzar a los sabios de este mundo, y a los débiles para recordarles a los fuertes que tal vez no son tan poderosos como creen (1 Corintios 1:27). Además, en una era de bombas inteligentes, tal vez el mundo necesita más tontos. Siempre ha habido «tontos» en las cortes imperiales, pero es interesante la época en la que las personas confían más en los bufones de la corte que en la corte en sí.

Tengo algo que confesar, y estoy seguro de que a muchos les parecerá refrescante y conocido: en realidad no encajo en las antiguas categorías de liberales-conservadores, por eso qué bueno que estemos pasando a algo nuevo. Mis amigos activistas dicen que soy conservador, y mis amigos religiosos afirman que soy liberal. Lo que me suelen llamar con frecuencia es «radical». Eso nunca me ha importado mucho, pues como me lo recuerdan mis amigos que son agricultores urbanos, la palabra *radical* en sí significa «raíz». Viene de la palabra latina *radix*, que igual que un rá-ba-no, tiene algo que ver con llegar a la raíz de las cosas. Ahora bien, la palabra radical no es algo que se les reserve a los santos y mártires, por lo cual me gusta añadir la palabra *ordinario*. Ordinario no significa normal, y lamento la tendencia horrible que ha hecho que los cristianos se vuelvan tan normales. Afortunadamente, hay un movimiento de radicales ordinarios que está arrasando con el país, y las personas ordinarias están eligiendo vivir de maneras nuevas y radicales. Por lo tanto, este es un libro para radicales ordinarios, y no para santos que creen que tienen un monopolio de lo radical, ni para las personas normales que están satisfechas con el *status quo*.

Así que soy radical en el más puro sentido de la palabra: un radical ordinario que quiere llegar a la raíz de lo que significa amar, y de lo que ha hecho de nuestro mundo un desastre. Muchos de mis héroes eran «radicales» que intentaban volver a las raíces del cristianismo. En el pasado, que me llamaran radical era algo agradable, porque me hacía sentir atrevido y nunca tenía que preocuparme por que me tomaran demasiado en serio. Era una palabra que se utilizaba para catalogar a las personas, solían ser tipos que exageraban la verdad que el mundo estaba ignorando. Sin embargo, algo extraño ha ocurrido: o ya no soy un radical, o hay muchos radicales ordinarios en el mundo, porque las personas ahora prestan atención. La pregunta ya no es qué hacer si nadie escucha, sino qué sucede cuando las personas comienzan a tomarnos en serio[1].

¿Qué haremos cuando la insensatez de la cruz resulte más lógica que la sabiduría de la espada? ¿Y qué si a un mundo frágil le atrae más la visión de Dios de interdependencia y de sacrificarse para compartir con los demás que el espejismo de la independencia y el materialismo? ¿Qué hacemos cuando somos nosotros los que nos hemos vuelto cuerdos en un mundo alocado?

1. Obviamente, no mucho ha cambiado. Ya sea que el mundo entero esté observando o que nadie nos preste atención, ya sea que por el mensaje nos ganemos un premio o nos maten, simplemente seguimos viviendo y hablando de la verdad con amor. El autor y sobreviviente del holocausto, Elie Weisel, me ha enseñado que a veces hablamos para intentar cambiar el mundo y a veces hablamos para evitar que el mundo nos cambie a nosotros. Ahora bien, después de hablarle por tanto tiempo a un mundo que nunca creí que me escucharía, es algo sumamente precioso y apabullante sentir que somos tantos los que soñamos juntos con un mundo mejor. Y ¿qué vamos a hacer cuando ser radical se convierta en una mercancía y comiencen a vender pulseras de AQBJ (¿A quién bombardearía Jesús?), botones promocionales de «Jesús era un sin techo», o calcomanías para los parachoques que digan «Jesús fue un escudo humano»? ¿Y qué si nos piden que escribamos un libro? Um.

Todos, desde la revista *SPIN* hasta *Christianity Today* nos han llamado aquí a *The Simple Way*[2], en busca de un nuevo rostro para el cristianismo evangélico. No estoy seguro de si es porque las personas ahora están descontentas o han perdido interés, pero las controversiales voces evangélicas de la política del conflicto y los medios de comunicación sexy se han agriado y ya no reflejan una iglesia emergente y en evolución en Estados Unidos (si acaso en algún momento lo hicieron). Las personas ya no están convencidas de que la «Mayoría Moral» sea moral ni tampoco la mayoría[3].

Cuando mi querido amigo y co-conspirador Jim Wallis escribió su último libro, *God's Politics*, a muchos de nosotros nos sorprendió que figurara en la lista de los libros más vendidos del *New York Times*. La fe y la política, los temas de conversación tabúes, ahora son dos de los temas de los que más se habla. Ya sea entre los ricos expatriados en las Bahamas, los leprosos pobres de Calcuta, o los cristianos confundidos en Irak, me he dado cuenta de que el solemne reconocimiento de que nuestro mundo es muy frágil es universal. Aun así, los oídos atentos logran escuchar el antiguo murmullo que nos recuerda que otro mundo es posible.

Hay un momento precioso en la Biblia en el que el profeta Elías siente la presencia de Dios. Las Escrituras dicen que vino un viento recio y violento que partió las montañas, pero Dios no estaba en el viento. Al viento lo siguió un terremoto, pero Dios tampoco estaba en el terremoto. Tras el terremoto vino un fuego, pero el Señor tampoco estaba en el fuego. Y después del fuego vino un suave murmullo. Era el murmullo del Señor. Ahora podemos escuchar este murmullo donde menos lo esperamos: en un bebé refugiado y un rabino sin hogar, en adictos al *crack* y niños desplazados, en una creación gimiente. Podemos escucharlo en las palabras que la activista y autora india Arundhati Roy pronunció en el Foro Social Mundial en Brasil: «Otro mundo no solo es posible, sino que está por venir. En los días tranquilos, lo oigo respirar». El murmullo clama por que Dios salve a la iglesia de nosotros los cristianos y que le infunda nueva vida al Cuerpo que envejece.

Algunas veces la gente (suelen ser personas mayores) me pregunta si soy cristiano evangélico. Como con cualquier otra etiqueta (anarquista, activista, radical, cristiano), me gusta asegurarme

2. *The Simple Way* es una comunidad de fe en Filadelfia de la cual soy uno de los socios fundadores.

3. Si no saben lo que es la Mayoría Moral, considérense dichosos y sigan leyendo. No se preocupen, siempre podrán ir a leer los libros de historia.

de que comprendemos bien los términos antes de responder. Siempre me parece importante señalar que la palabra griega *evangelion*, de la cual sacamos las palabras *evangélico* y *evangelismo*, es una palabra antigua anterior a Jesús. Es una palabra que Jesús saca del léxico imperial y pone de cabeza. Por ejemplo, en el siglo sexto a. de C. había un dicho que permeaba al Imperio Romano: «Augusto se nos ha enviado como Salvador... el día del nacimiento del dios Augusto ha sido para el mundo entero el principio del evangelio [*evangelion*]». Los primeros evangelistas anunciaban otro evangelio, proclamaban lealtad a otro emperador y conspiraban para crear otro reino. Si con evangélicos nos referimos a los que llevan las buenas nuevas de que hay otro reino o superpoder, una economía y una paz distintas a las de las naciones, un salvador que no es césar, entonces sí, soy evangélico.

Sin duda, hay mucho bullicio en el cristianismo evangélico. Hay muchos falsos profetas (y falsas ganancias) en el mundo, y se hace todo tipo de cosas embarazosas en nombre de Dios. Los extremistas religiosos de todas las religiones han pervertido nuestras mejores tradiciones, pero hay un movimiento que se está preparando, una pequeña revolución, si se le puede llamar así. Muchos nos negamos a permitir que nos definan imágenes distorsionadas de nuestra fe. Algunos, en lugar de simplemente rechazar el evangelismo *pop*, queremos dar a conocer un tipo diferente de cristianismo, una fe que tiene tanto que decir sobre este mundo como sobre el otro. Están surgiendo nuevos profetas que intentan cambiar el futuro, y no solo predecirlo. Hay un movimiento en ebullición que va más allá del cinismo y celebra una nueva manera de vivir, una generación que deja de quejarse sobre la iglesia que ve y se convierte en la iglesia con la que sueña. Y esta pequeña revolución es irresistible. Es una revolución contagiosa que baila, ríe y ama.

Durante la guerra en Afganistán, personas de mi comunidad, *The Simple Way*, organizaron una vigilia de toda la noche y acamparon en el Parque Love de Filadelfia para recordar a los refugiados y el costo de la guerra. Poco después, fuimos a comer *pizza* en una maravillosa y pequeñita pizzería de barrio en donde la grasa hace que se transparenten los platos de papel. Nos habíamos hecho amigos del dueño, que es de Afganistán. Él nos dijo, con lágrimas en los ojos, que nos había visto en las noticias y que estaba muy, pero muy agradecido. Los miembros de su familia se habían vuelto refugiados, y no sabía qué les pasaría. Dijo que lo que estábamos haciendo era precioso y luego agregó: «Pero solo somos personas sin importancia. Somos como cucarachas, y ellos nos pueden aplastar con sus grandes pies». Le dije: «¡Pero somos bastantes, y suficientes cucarachas pueden hacer que el dueño se vaya de la casa!». Todos nos reímos. Somos una modesta revolución de cucarachas que pueden sacar a los mercaderes del templo o a los políticos de sus puestos; y los podemos invitar a que se nos unan para crear un mundo nuevo.

Pero vivimos en un mundo que ha dejado de apreciar las cosas pequeñas. Vivimos en un mundo que quiere que las cosas sean cada vez más grandes. Queremos agrandar nuestras papas fritas, sodas e iglesias. Sin embargo, entre todo este agrandamiento, muchos de nosotros sentimos que Dios está haciendo algo nuevo, algo pequeño y sutil. Lo que Jesús llamaba el reino de Dios está emergiendo en todo el mundo en los lugares que menos nos esperamos, un suave murmullo en medio del caos. Las personas sin importancia con grandes sueños están recreando el mundo en su imaginación. Pequeños movimientos de comunidades de radicales ordinarios están comprometidos a hacer pequeñas cosas con mucho amor.

Ahora bien, no nos equivoquemos. Aunque hay personas en el país que están sedientas de algo nuevo, el elefante y el burro son los más grandes y testarudos de los animales. Aunque las masas clamen por un mundo más seguro y sostenible, el oso y el toro de Wall Street son agresivos y están listos para hacer pedazos cualquier cosa que se ponga en su camino. La verdad es que hay muchos obstáculos en el camino de la voluntad de Dios para nuestro mundo, bestias como lo que el Dr. Martin Luther King *Jr.* llamó los gigantes trillizos del mal: el racismo, el militarismo y el materialismo. Las voces de resistencia son apenas vocecitas, pero las voces de los radicales ordinarios están comenzando a armonizarse de las maneras más hermosas. Los profetas bíblicos hablaban de las bestias del imperio y del mercado. Los levantamientos judíos hicieron caer a la bestial águila de oro del Imperio Romano que se había colocado delante del templo de Dios. Y los susurros de pequeños profetas vuelven a surgir.

A algunos de los que están leyendo esto los conozco bien. A otros, no los conozco en absoluto, lo cual me dificulta un poco las cosas cuando intento decidir cuánto decir. No puedo bajar las cosas de tono o meter un chiste cuando veo que te pones a la defensiva, ni puedo mostrarte fotos cuando te aburres. No te puedo escuchar reír ni verte llorar. Tampoco sé cuándo te he dicho suficiente, y no puedo responder a tus preguntas al final de un capítulo, así que estamos trabajando con grandes limitaciones.

Este libro no es una autobiografía. Libros así se los dejo a tipos como Bill Clinton. Me sentiría algo pretencioso si escribiera un libro titulado *Mi Vida*, y no me puedo imaginar que nadie lo comprara, aparte de mi madre (quien probablemente compraría suficientes como para que figurara en la lista de los libros más vendidos, pero eso no es lo que quiero decir). No obstante, sí escribo de manera autobiográfica, pues pocas cosas tienen un mayor poder transformador que las personas y las historias. A las personas les fascinan la vida real y las personas ordinarias, ya sean series como *The Osbournes* o *American Idol*. Es por ello que escribo de manera autobiográfica, no es que sea alguien tan espectacular que todos tengan que escuchar lo que tengo que decir, más bien lo contrario: creo que mis experiencias han llegado a ejemplificar y caricaturizar las luchas e ironías que muchos de nosotros experimentamos.

Lo raro es que las personas también tienen un fetiche de celebridades, pero ya hay suficientes celebridades y superestrellas. Un amigo mío que es pastor dijo: «Nuestro problema es que ya no tenemos mártires. Solo tenemos celebridades». La mayoría de las veces que veo a superestrellas cristianas como Jerry Falwell o Al Sharpton, siento que estoy viendo un combate de lucha libre profesional. Gritan y sudan, pero los tipos parecen superhumanos, y no estoy convencido de que los movimientos sean reales. Al igual que con cualquier acontecimiento deportivo, hay miles de espectadores que necesitan a gritos un poco de ejercicio y que se reclinan en sus asientos para observar a un puñado de personas que merecen un descanso y tal vez hasta un masaje. Con esto lo que quiero decir es que no quiero ser otro cristiano superestrella al que muchas personas le gritan o le piden que autografíe camisetas. Tal vez eso suena un poco exagerado, pero no les puedo decir cuántos jóvenes con ojos brillantes se me acercan para pedirme un autógrafo o para decirme que soy «maravilloso». Si soy maravilloso, tenemos un problema: o la gente quiere terminar decepcionada o todavía no han logrado vislumbrar a Dios. Solo Dios es maravilloso. Además, si las personas se emocionan demasiado, comenzaré a preguntarme si en realidad he dicho la verdad, pues Jesús dijo: «¡Ay de ustedes cuando todos los elogien! Dense cuenta de que los antepasados de esta gente trataron así a los falsos profetas» (Lucas 6:26). Así que no piensen demasiado bien de mí; tal vez hasta podrían escribirme algunas cartas llenas de ira (para que sepa que he dicho algo bien).

Así que este es un libro de historias. Lo que nos transforma, sobre todo a los «posmodernos», son las personas y las experiencias.

Las ideologías políticas y las doctrinas religiosas simplemente no nos convencen lo suficiente, incluso si son verdad. Y las historias nos desarman. Nos hacen reír y llorar. Es difícil estar en desacuerdo con una historia, y más difícil aun es dividir a una iglesia o matar personas por motivos religiosos. Está claro que nadie daña más a los demás con la pasión de quienes actúan en nombre de Dios, y esto se suele dar por diferencias de ideología y doctrina, no por historias. Además, parece que las personas se relajan después de escuchar una buena historia[4]. Creo que por eso es que Jesús contaba tantas historias: historias sobre la vida ordinaria en el Mediterráneo en el siglo uno, historias de viudas y huérfanos, deudas y salarios, trabajadores y propietarios, cortes y banquetes.

Aun así, sé que esto es riesgoso. La dualidad ha infectado la iglesia, es una dualidad en la cual las personas separan lo espiritual de lo político o social, como si los problemas políticos y sociales no tuviesen importancia espiritual, como si Dios no tuviese una mejor visión que ofrecerle al mundo. Estas historias, ya sean de las calles de Filadelfia o los hospitales de Irak, son políticas, sociales y espirituales. Los temas de los que hablamos pueden ser volátiles y pueden revolver los intestinos. Sin embargo, creo que somos suficientes los que estamos tan descontentos con las viejas respuestas y los bandos tradicionales (ya sean creyentes o activistas, capitalistas o socialistas, republicanos o demócratas, pacifistas o guerreros justos) que vale la pena arriesgarse. Ha llegado el momento para un nuevo tipo de conversación, un nuevo tipo de cristianismo, un nuevo tipo de revolución.

4. Sí, es cierto, hay momentos en los que Jesús cuenta una historia y la gente se arma de piedras y se prepara para matarlo; pero intentaremos usar solo las historias que desarman… o por lo menos que hacen que la gente se ría para que ni siquiera piense en recoger piedras.

NOTA DEL AUTOR

Para mí no ha sido fácil decidirme a escribir un libro. Te evitaré la molestia de leer sobre los años de luchar con la tensión entre vivir una vida auténticamente austera y una rica desde el punto de vista evangélico. No te puedo explicar todos los aspectos de esta decisión, por ejemplo quién me tomó la foto por la que se me conoce o por qué elegí la editorial Zondervan para la publicación de mi libro, y tal vez ni te importe. Pero antes de empezar, hay un par de cosas que puedo hacer para mantener los pies en la tierra.

Hay suficientes personas convenciendo a los convencidos, hablando con personas que ven las cosas y piensan igual que ellos. El objetivo no es darte todas las respuestas sino suscitar algunas de las preguntas. Algunos ni siquiera hemos planteado las preguntas correctas ni hemos encontrado una iglesia que nos lo permita. Confío en que, al formular juntos las preguntas, el Espíritu nos guiará en el Camino.

Mi objetivo es hablar de la verdad con amor. Hay muchas personas que hablan de la verdad sin amor, y hay muchas personas que hablan del amor sin mucha verdad. Mas no nos atasquemos en la culpa; la mayoría de las cosas buenas comienzan con un poco de culpa, pero nunca terminan allí. Todos estamos metidos en el mismo sistema sucio, y si te sientes especialmente limitado, ármate de valor, pues así te llenarás de gracia a medida que liberes a los demás.

Vivimos en una cultura consumista con suficientes cosas llenándose de polvo en las repisas. Hay suficientes hombres blancos que escriben libros. Muchas cosas positivas se han dicho demasiadas veces y simplemente esas cosas se tienen que vivir. Así que, como dice el autor y granjero Wendell Berry en su prefacio para *Sex, Economy, Freedom and Community*: «Si has comprado este libro, estimado lector, te doy las gracias. Si lo has pedido prestado, rindo honor a tu frugalidad. Si lo has robado, espero que te deje más confundido».

Publicar un libro le da validez a lo que queremos decir, y todos debemos tener cuidado con esto. Odio cuando las personas me tachan de joven idealista hasta que saben que estoy escribiendo un libro o que estuve en el seminario[1]. Cuando las personas se enteran de que has escrito un libro, escuchan lo que tienes que decir. Eso es peligroso, porque se han publicado libros malos (por supuesto que ninguno de Zondervan, y aquí hago un guiño de ojo). Y hay millones de personas buenas que tienen algo que decir y que nunca escribirán un libro (¿no es Jesús un ejemplo de esto?).

Esta no es la historia de *The Simple Way*. No podría contar nuestra historia solo ni aunque fuera mi intención. Además, necesitaríamos nuestra propia serie de libros, o lo que es mejor, nuestro propio programa de *reality show* (no, estoy bromeando, no empieces a imaginarte cosas). Apoyamos las vocaciones de unos y otros, y *The Simple Way* ha caminado conmigo y me ha respaldado en este proyecto. Soy una voz más en el coro que crea la armonía de nuestro movimiento. He tenido a un increíble grupo de personas a mi lado a medida que he ido tomando decisiones sobre hablar y escribir. Ellos hacen que les rinda cuentas (esa es una manera elegante de decir que ellos se aseguran de que no les venda mi alma a los «poderosos» y no vea pornografía en Internet). Me hacen preguntas difíciles y cuestionan mis motivos. Doy las gracias por Michael, Brooke, Michelle, Amber, Richard, Chris, Joshua, Aaron, Scott, Darin, Jonathan, Will, Tony, Jamie, Bart, Jim, Tom, Ched, Ron, Betsy y Margaret.

Si este libro te deja decepcionado y quieres que te devuelvan tu dinero, házmelo saber. (Bueno, en realidad, primero intenta volver a la librería con el recibo, y luego prueba escribirle a la editorial. Si no tienes suerte, intenta contactar a *The Simple Way*; tal vez a ellos les des lástima. Si nada de esto funciona, dímelo y te enviaré un mejor libro, que probablemente será de segunda mano, y que podría ser la Biblia.)

¿Quién se hubiera imaginado que se puede ganar tanto dinero al escribir un libro? Para ser franco contigo, quiero decirte que todo el dinero que reciba de las ventas de este libro, tanto el avance como las regalías, lo voy a regalar[2]. Esto no es un noble acto de caridad, en mi opinión, es la única cosa lógica. Además,

1. O lo que es peor, cuando llego a un banquete elegante para dar un discurso y no me dejan entrar hasta que se dan cuenta de que soy el orador, y luego me llevan a la primera fila y me piden perdón todo el camino (¡me ha pasado varias veces!).

2. Comprendo que al decir esto corro el riesgo de alardear, pero creo que hay un mayor riesgo en reprimir educadamente las preguntas sobre la credibilidad. A muchos de nosotros no nos importa cuán elocuentes son las personas si no practican lo que predican, si no podemos escuchar sus palabras por el bullicio de sus vidas. Así que, ¡gracias a ustedes a quienes les importa adónde va su dinero y que son lo suficientemente audaces como para cuestionar mi liderazgo!

no es solo mi historia, y no estoy tratando de aprovecharme de las historias de los demás. Este libro ha surgido de un movimiento de comunidades de fe y lucha, está inspirado por revoluciones locales y radicales ordinarios, y anclado en la vida entre los pobres y marginados. Así que no es solo una responsabilidad sino también un gozo y honor compartir las ganancias con todos ellos[3]. Espero que sigamos alimentándonos con esperanza mientras bailamos al ritmo de la revolución de Dios.

3. En el apéndice 1 al final de este libro, encontrarán una lista de radicales ordinarios con los que comparto de manera entusiasta el dinero que recibo por la publicación de este libro a través del Fondo de Jubileo de *The Simple Way*.

CAPÍTULO 1

CUANDO EL CRISTIANISMO TODAVÍA ERA SEGURO

Sé
tomand
vida en
go, ya
vida. Cu
vuelta a
querido
de imag
taba en
y comp
medici
el que
de din
solo te
demás
no nec

Per
araba
en las
tarme
evitar
tenía n

Sé
tomand
vida en
go, ya
vida. C
vuelta
querido
de ima
taba en
y comp
medici
el que
dinero

Los santos y profetas peligrosos siempre terminan igual: los cubrimos de bronce, los vaciamos de su pasión y vida y los atrapamos en vitrales e íconos; los dejamos bien guardados en los recuerdos del pasado. San Francisco se convirtió en una bañera para pájaros, Malcom X terminó en una estampilla, y a Martin Luther King se le dio su propio día festivo. A Jesús se le comercializa, ya sea en forma de luz de noche de plástico o de esos crucifijos dorados (ahora hasta podemos ver muñecos cabezones para el auto que se llaman «Amigote Jesús» o camisetas que dicen «Jesús es mi compinche»). Se dificulta saber quién es en realidad Jesús, y ni hablar de lo que cuesta imaginarse que Jesús en algún momento se rio, lloró o defecó.

Recuerdo cuando el cristianismo todavía era seguro, cómodo y estaba de moda. Crecí en el *Bible Belt*[1], en el este de Tennessee, donde casi que hay una iglesia en cada esquina. No recuerdo haber conocido a ningún judío o musulmán, y tengo un vívido recuerdo de cuando me convencieron de que no saliera con una chica católica porque ella le «rezaba a María». Iba a dos o tres grupos juveniles, y elegía el que tenía mejor entretenimiento y atraía a más personas. La iglesia era en lugar donde había chicas bonitas, comida chatarra gratis y viajes de *snowboard* baratos. Descubrí un cristianismo que me entretenía con canciones extravagantes y paredes de velcro[2].

En secundaria, tuve una experiencia de «conversión» verdadera. Fuimos a un gran festival cristiano en el que había grupos musicales, altavoces y bromas de media noche. Una noche, un predicador bajito y calvo llamado Duffy Robbins nos invitó a que «aceptáramos a Jesús», y casi todo nuestro grupo juvenil pasó al frente (para la mayoría de nosotros era un concepto nuevo), llorando y moqueando, abrazando a personas que ni conocíamos. Nací de nuevo. El año siguiente, fuimos a ese mismo festival, y la mayoría de nosotros volvimos a pasar al frente (el primer año estuvo buenísimo) y volvimos a nacer, otra vez. De hecho, era algo que esperábamos con ansias todos los años. Creo que nací de nuevo unas seis u ocho veces, y cada vez fue genial (es algo muy recomendable).

1. Nota del Traductor: El «Cinturón bíblico» o «Cinturón de la Biblia» se refiere a una extensa región del sur de los Estados Unidos donde el cristianismo evangélico, con su énfasis en la importancia de la Biblia, ejerce una profunda influencia en la población.

2. Espero que no todos los que lean esto hayan crecido en el mismo extraño mundo del entretenimiento de los ministerios juveniles; así que para los que no conocen la pared de velcro, es una enorme pared inflable de velcro; te vistes con un traje de velcro especial, y la idea es saltar y quedar pegado a la pared… todo por Jesús.

Sin embargo, luego te pones a pensar que el cristianismo debe ser algo más, más que solo dejar tu vida y tus pecados al pie de la cruz. Llegué a darme cuenta de que los predicadores me decían que dejara mi vida al pie de la cruz y no me daban nada que recoger. A muchos nos decían: «No fumen, no tomen, no anden acostándose», y por supuesto comenzamos a decirnos: «Bueno, eso prácticamente resume mi vida, así que ¿ahora qué hago?». ¿Dónde estaban las cosas que teníamos que hacer? Y nadie parecía tener mucho que ofrecernos. Repartir tratados para evangelizar en el centro comercial no podía ser el punto culminante de nuestras vidas como discípulos cristianos, por no decir que no era tan divertido como besuquearse en el cine.

Yo era un creyente más. Creía todo lo que había que creer: que Jesús es el Hijo de Dios, que murió y resucitó. Me había convertido en un «creyente», pero no tenía ni idea de lo que significa ser un seguidor. La gente me había enseñado lo que los cristianos creen, pero nadie me había dicho cómo viven los cristianos.

BULIMIA ESPIRITUAL

Tal y como es típico en nuestra cultura, pensé que tal vez necesitaba comprar más cosas, cosas cristianas. Tuve suerte, porque encontré un complejo industrial cristiano entero que estaba allí para ayudarme, con música cristiana, calcomanías para el parachoques, camisetas, libros y hasta dulces («Testa-mentas»... hablo en serio... mentas que traían un verso bíblico, dulces que te dejan la boca con sabor cristiano). Tenían listas de grupos y sus alternativas cristianas, así que tiré todos mis discos viejos (y debo admitir que me decepcionaron un poco las imitaciones cristianas. ¿Quién se puede comparar con *Guns N'Roses* y *Vanilla Ice*?). Y compré libros, devocionales, camisetas. Me contagié de una enfermedad común que persigue a los cristianos occidentales. La llamo bulimia espiritual. Por supuesto, la bulimia es un trastorno alimenticio trágico, muy relacionado con la identidad e imagen propia; las personas que lo padecen consumen grandes cantidades de alimentos pero los vomitan antes de que su cuerpo los pueda digerir. Yo desarrollé la versión espiritual, puesto que hacía mis devocionales, leía todos los libros cristianos nuevos, veía las películas cristianas y luego les vomitaba toda esa información a mis amigos, grupos pequeños y pastores, pero nunca la digería. Había devorado todos los productos del complejo industrial cristiano, pero desde el punto de vista espiritual, estaba en riesgo de muerte por inanición. Me caracterizaba una espiritualidad superconsumista pero malnutrida, sofocada por el cristianismo pero sedienta de Dios.

Mark Twain dijo alguna vez: «No son las partes de la Biblia que no entiendo las que me preocupan, sino las partes que entiendo». No sé si has leído la Biblia, y si no, creo que tal vez estés mejor posicionado que los que la hemos leído tanto que hemos perdido su sabor. Tal vez por esto es que Jesús les dice a la gente religiosa: «Los recaudadores de impuestos y las prostitutas van delante de ustedes hacia el reino de Dios» (Mateo 21:31). Se me hacía difícil leer la Biblia y alejarme como si acababa de ver una película bonita. Parecía que Jesús nunca hacía cosas normales. Por ejemplo, ¿qué me dices del hecho de que su primer milagro fuera convertir el agua en vino para que siguiera la fiesta? (Milagro que no encajaría muy bien con algunos grupos cristianos). Y luego tenemos esa vez en la que los amigos de Jesús lo dejan solo en la orilla. Si hubiésemos estado en los zapatos de Jesús, algunos les habríamos gritado para que regresaran. Otros se hubieran tirado al agua para nadar hasta el barco. Mas Jesús simplemente se les acerca caminando sobre el agua bendecida (Mateo 14:22-26). Es una locura. Casi mata a sus amigos del susto. O tomemos la sanación de un ciego, por ejemplo. He visto a personas rodear a los enfermos e imponerles las manos. Otros los ungen con aceite. Pero cuando Jesús quiere sanar a un ciego, recoge polvo del suelo, le escupe y se lo embadurna en los ojos al hombre (Juan 9:6). Qué cosa más rara. Nadie más hacía eso. ¿Te puedes imaginar a los demás líderes religiosos? «Eh, Rabino, ¿me puedes echar un escupitajo santo?». Ni loco. Nadie más hacía cosas así. Solo Jesús estaba tan loco como para sugerir que si quieres ser el primero, tienes que ser el último. Solo Jesús declararía que Dios bendice a los pobres en vez de a los ricos, e insistiría en que no basta con que solo amemos a nuestros amigos. Comencé a preguntarme si alguien todavía creía que Jesús había estado hablando en serio. Me dije que si tan solo nos detuviéramos y preguntáramos, ¿y qué si realmente lo decía en serio?, podríamos poner al mundo al revés. Era una pena que los cristianos nos hubiésemos vuelto muy normales.

JESÚS ME ESTROPEÓ LA VIDA

Sé que hay personas que dicen: «Mi vida era un desastre. Pasaba tomando, de fiesta en fiesta, era promiscuo... y luego conocí a Jesús y mi vida entera cambió». Que Dios bendiga a esas personas. Yo, sin embargo, ya vivía bien. Yo era popular. Y luego conocí a Jesús y me estropeó la vida. Cuanto más leía el evangelio, más me arruinaba las cosas y le daba vuelta a todo aquello en lo que creía, todo lo que valoraba y que había querido tener. Sigo recuperándome de esa conversión. Sé que es difícil de imaginar, pero en la secundaria me eligieron rey de la promoción. Estaba en el grupo de los populares, estaba listo para ganar mucho dinero y comprar muchas cosas, iba rumbo al éxito. Tenía planificado estudiar medicina. Como muchas otras personas, quería conseguir un trabajo en el que tendría que hacer un mínimo de cosas por la máxima cantidad de dinero posible. Supuse que la anestesiología era una buena opción, solo tendría que adormecer a la gente con gas hilarante y dejar que los demás hicieran el trabajo sucio. Así podría comprar muchas cosas que no necesitaba. Um… el sueño americano[3].

Pero a medida que perseguía ese sueño de ascenso social y me preparaba para la universidad, las cosas sencillamente no encajaban. Al leer en las Escrituras que los últimos serán los primeros, comencé a preguntarme por qué estaba luchando tanto por ser de los primeros. Y no podía evitar esperar que la vida fuese algo más que el cristianismo *pop*. No tenía ni idea de lo que debía hacer. Pensé en dejarlo todo en manos de Jesús, como los apóstoles, y emprender el camino con nada más que mis sandalias y un cayado, pero no sabía dónde encontrar un cayado.

En esa época había muchas personas que hablaban sobre el evangelio y escribían libros sobre él, pero por lo que yo podía ver, aun en épocas recientes, todavía tendríamos que intentar vivir el evangelio. Así que el grupo juvenil dejó de interesarme: las canciones se volvieron aburridas y los juegos viejos, y encontré otros lugares para conocer a muchachas bonitas. No estaba seguro de que la iglesia tuviese mucho que ofrecer. Por supuesto, no me atrevía a dejar de ir a la iglesia, puesto que estaba convencido de que «ir a la iglesia» es lo que hacen las personas buenas, y no quería ser como «esas personas» que no «van a la iglesia». Paganos. ¡Uf! Así que me lo tragaba e iba semana tras semana, a veces me sentía cínico, me solía aburrir, pero siempre estaba sonriente.

Todos los jóvenes nos sentábamos en la última fila del balcón, y los domingos por la mañana nos salíamos para ir a la tienda a comprar golosinas antes de volver calladitos al balcón. Recuerdo haber pensado que si Dios era tan aburrido como las mañanas de

3. Bueno, también pasé por esa época en la que quería unirme al circo. Fui a una escuela circense y me convertí en un buen uniciclista, mago, malabarista, zanquero, respira fuegos y escupe fuegos, aunque al final nunca me metí al circo. Por supuesto, ahora sé que trabajar con la iglesia es casi lo mismo, pues la iglesia es una especie de circo, y está llena de tontos, locos y temerarios.

los domingos, no estaba seguro de si quería tener algo que ver con él. También recuerdo bromear con mis amigos de que si a alguien le daba un paro cardíaco un domingo por la mañana, los paramédicos tendrían que tomarle el pulso a media congregación antes de encontrar a la persona muerta. Era inapropiado, sí, pero gracioso, y no creo que estuviese muy lejos de la verdad. En ese lugar reinaba una tranquilidad solemne. En mis clases de confirmación aprendí sobre los ardientes comienzos de la Iglesia Metodista y su característico símbolo de la cruz envuelta en las llamas del Espíritu. ¿Qué se había hecho el fuego? Aprendí sobre John Wesley, quien decía que si no lo echaban del pueblo después de dar un mensaje, se preguntaba si en realidad había predicado el evangelio. Recuerdo el viejo dicho de Wesley: «Si llego a morir con más de diez libras en mis bolsillos, que todos me llamen mentiroso y ladrón», pues habría traicionado el evangelio. Luego vi a una de las congregaciones metodistas a las que iba construir un vitral de ciento veinte mil dólares. Wesley no hubiera estado muy feliz. Me le quedé viendo al vitral. Deseaba que Jesús se saliera de él, que se liberara, que resucitara de entre los muertos… otra vez.

FANÁTICO DE JESÚS

Luego transfirieron a un grupo de chicos nuevos a nuestra escuela secundaria, y escuché algunos rumores sobre ellos. Eran de una congregación «carismática» sin denominación mucho más «radical» que los Metodistas Unidos; hablaban en lenguas y bailaban en los pasillos. Bien, debo admitir que me sentía fascinado en mi interior. Quería ver pasión aunque, por supuesto, no me atrevía a admitir que me interesaba y junto con mis amigos les hacíamos caras y echábamos bromas sobre su culto. Un día en la cafetería, estaba hablando con unos amigos metodistas cuando vimos entrar a dos de los estudiantes nuevos, y se me asignó la tarea (bueno, me propusieron el reto) de irme a sentar con ellos y preguntarles sobre hablar en lenguas, mientras todos mis amigos nos observaban y se reían a escondidas. En parte, era una broma, pero por otro lado, sentía una gran curiosidad. Ahora que lo pienso, es sorprendente que siquiera me hicieran caso. Como buenos evangélicos me invitaron con los brazos abiertos a que fuera a alabar a Dios con ellos, y fui. No tardé mucho tiempo en llegar a admirar su manera atrevida y sin límites de adorar. Conocí a personas que vivían como si creyeran en el cielo y el infierno, que lloraban y alababan como si estuviesen en realidad encontrándose con Dios.

Poco después me uní a esa congregación. Me volví un fanático de Jesús. Intentaba convertir a todo el mundo, desde los paganos hasta los pastores. En la escuela, organicé reuniones llamadas *See You at the Pole* [Nos Vemos por el Asta], en las que cientos de nosotros nos reuníamos por el asta de la bandera para orar, comprometidos con lograr que la oración volviese a formar parte de las escuelas públicas. Mi posicionamiento pro vida y antigay[4] era vehemente, y despedazaba a los liberales. Ayudé a organizar la campaña electoral de Bush-Quayle a escala local y fui de un lado a otro para pegar calcomanías en parachoques de autos, sin que me importara lo que pensaran sus dueños. Nadie podía detenernos a nosotros, los fanáticos de Jesús. Fui a los centros comerciales a actuar en dramas tontos y a repartir tratados religiosos para intentar salvar a los compradores inocentes de los fuegos del infierno. Hasta el día de hoy, respeto a eso fanáticos religiosos que se ponen en las esquinas de las calles. Por lo menos ellos tienen un sentido de urgencia y pasión, y viven convencidos de lo que están diciendo.

Ser un fanático de Jesús era genial, y lo fui durante casi un año, pero la chispeante novedad se fue pasando. Cuando nos dieron permiso para orar en la escuela, como que eso perdió todo su *glamour*[5]. Pude ver cuán desordenadas son las políticas y el egoísmo de la iglesia. Las cosas que le daban a mi vida sentido de dirección eran sobre todo la ideología y la teología, que no son muy sostenibles, aunque sean ciertas. Me preguntaba si Jesús tenía algo que decir sobre este mundo y comencé a cuestionarme hasta qué punto le importaba que yo escuchara a *Metallica*. A veces, cuando evangelizábamos, sentía que estaba vendiendo a Jesús como un vendedor de autos usados, como si la salvación de las personas dependía de mis habilidades de expresión oral. Y eso es bastante presión. Incluso escuché a un pastor explicar que solía trabajar en el mundo de negocios y que ahora estaba en «otro tipo de negocio» con el «mejor producto del mundo». Pero yo ni sabía si les estaba vendiendo el producto correcto. A veces sentía que Jesús era como un producto en oferta en la tienda Kmart, o sentía que estaba en uno de esos programas de información comercial por televisión en los que los presentadores se alegran muchísimo

4. Debo decir que todavía soy pro vida con la misma vehemencia, lo que pasa es que ahora tengo una visión mucho más holística de lo que significa ser pro vida, y sé que la vida no solo comienza en el momento de la concepción y termina al nacer, por lo que si voy a hablar en contra del aborto, debo estar dispuesto a adoptar a algunos bebés y cuidar a algunas madres.

5. Llegamos a referirnos a este tipo de cristianismo cargado de emociones y que nos hacía sentir bien como «manipulación espiritual». Se siente bien, pero al final de todo, no nace nada.

de darte muchas cosas baratas que en realidad no necesitas. En realidad, todo lo que tenía eran productos cristianos inservibles en mi habitación y en mi alma[6]. Comencé a dudar de si las historias de la Biblia eran como las habíamos estudiado en las clases de la escuela dominical. Necesitaba un poco de alivio para mi alma cansada de la iglesia. Por este motivo, perdí interés en la iglesia, aunque Jesús me seguía fascinando.

Quería estudiar y aprender sobre Jesús. Quería ver a personas que intentaban poner en práctica las cosas que Jesús enseñó. Mi pastor juvenil me sugirió una pequeña universidad en Pensilvania, el Eastern College (que luego pasó a llamarse Universidad Eastern), en el que había un gran número de cristianos alocados. Uno de ellos era el tipo bajito y regordete, Duffy Robbins, que había hablado en el evento para jóvenes en el que volvía a nacer cada año. Otro era un predicador inteligente, atrevido y temperamental (y que escupía) llamado Tony Campolo; era el director del departamento de sociología. Cuando mencioné que estaba pensando en ir allí, mi familia se asustó. Nadie se iba al Norte[7]. Mis tías me advirtieron «Vas a terminar hecho un norteño». Mi madre, que ya me estaba rogando que dejara a los fanáticos y volviera a la Iglesia Metodista, me dijo: «Si Dios quiere que vayas a estudiar a Filadelfia, pues él lo puede pagar». Supongo que lo hizo, pues poco después recibí una beca presidencial y me dirigí a Filadelfia.

JESÚS DISFRAZADO

En la universidad, me involucré en todos los clubes y grupos estudiantiles, desde la tropa de payasos hasta el coro de góspel. Sin embargo, no me encontré cara a cara con Dios en los pasillos de la universidad cristiana como me hubiera gustado. Una noche estaba con dos amigos que me dijeron que iban a ir a la ciudad a pasar el rato con sus «amigos sin hogar». Esto me sorprendió un poco. En primer lugar, no podía creer que hubiese personas viviendo en las calles de Filadelfia durante el invierno (no olvides que soy de Tennessee). Y en segundo lugar, me sorprendía que

6. Algunos de nosotros llegamos a llamar esto «popó de pollo para el alma».

7. Algunos pensarán que estoy exagerando, pero mi escuela secundaria era Maryville Rebels, y las banderas de la Confederación marcaban todo lo que teníamos. Cuando llevé a la universidad mi anuario escolar con la bandera en la portada, algunos chicos me dieron una suave charla de aculturación con el tono de «eso no se lleva». Por fortuna, los tiempos cambian y ahora los norteños saben que nosotros usamos zapatos y tenemos inodoros en el sur, y mi familia sabe que no todos los norteños son liberales presumidos; aunque te desordenan la cabeza, esto no siempre es algo malo.

mis amigos de la universidad, Chris y Scott, que escuchaban *death metal* y hablaban como *Beavis* y *Butt-Head*[8], se hubieran vuelto amigos de esas personas. Así que me invitaron, y fui... una y otra vez. De hecho, cada vez que teníamos un rato libre, nos íbamos a la ciudad. Al principio tenía miedo de hablar con ellos, por si escuchaban mi acento sureño y me consideraban una presa fácil para un robo (intenté imitar el acento de Filadelfia, pero terminé sonando como un británico). Me esperaban muchas sorpresas, incluyendo que no a todos los que van al centro de la ciudad en la noche los asaltan. Un día dejé mi tarjeta de crédito en mi habitación de la universidad por si teníamos algún problema y me robaban la billetera en el centro. Al volver el día siguiente me enteré de que un compañero se la había robado de mi habitación (y se había gastado cientos de dólares) mientras yo estaba en las «peligrosas» calles de la ciudad. Las personas en las callejuelas solo me robaron el corazón. Con el tiempo, se convirtieron en mis amigos, y conocí a algunas de las personas más increíbles de mi vida. Nos quedábamos despiertos toda la noche y escuchábamos las historias de unos y otros. Era cada vez más difícil volver a la comodidad de nuestras habitaciones y dejar a nuestros amigos en sus cajas de cartón (y hablar sobre «amar a nuestro prójimo como a nosotros mismos» en las clases del Nuevo Testamento).

Una noche, mi amigo Chris me dijo: «He estado leyendo los escritos de Madre Teresa». Entonces supe que estábamos en problemas. Continuó diciendo: «Dice que no podemos entender a los pobres hasta que comencemos a entender lo que es la pobreza, así que hoy vamos a ir a dormir a la calle». Quedé boquiabierto. Le pedí que no le mencionara esto a mi mamá y emprendimos el camino. Noche tras noche, íbamos al centro. Allí la Biblia cobró vida para nosotros. Cuando leíamos la Biblia en las calles de Filadelfia, era como ver una de esas películas 3-D de antes, con los anteojos rojos. Nunca antes nos habíamos puesto los anteojos (así que solo se veía raro), pero ahora las palabras nos saltaban a la vista.

En la universidad, le había preguntado a uno de mis profesores si todavía creía en los milagros, como cuando Jesús alimentó a miles de personas con un par de pescados y unos pocos panes. Me preguntaba si a Dios todavía le interesaban esas cosas. Quería que los milagros volviesen a ser normales. Me dijo que nos hemos

8. Nota del Traductor: *Beavis y Butt-Head* es una serie cómica de dibujos animados emitida por la cadena de televisión MTV de los Estados Unidos. La serie trata sobre la vida de dos estudiantes que se resume en ver televisión, ingerir comida basura, ir a centros comerciales, escuchar rock pesado e intentar tener relaciones sexuales.

aislado de los milagros. Ya no vivimos con una fe desmedida que nos hace necesitarlos. Casi no hay lugar para lo trascendente en nuestras vidas. Si nos enfermamos, vamos donde un doctor. Si necesitamos comida, vamos a la tienda y la compramos. Hemos eliminado la necesidad de los milagros. Si tuviésemos suficiente fe como para depender de Dios al igual que los lirios y las aves, veríamos milagros. Porque, ¿no es un milagro que los pájaros encuentren suficientes gusanos todos los días? Tenía razón. En las calles de Filadelfia experimentábamos milagros. A veces nos despertábamos con una manta encima o con un plato de comida al lado que no había estado allí cuando nos habíamos acostado. Otros momentos eran tan místicos que temo intentar ponerlos por escrito, por miedo a que me crean loco... o incluso peor, que me crean santo o teleevangelista. (Después de todo, solo es el primer capítulo.) Basta con decir que solo quería ser lo suficiente fiable como para que Dios pudiera confiarme los pequeños secretos que parece reservarles a los pequeños y a los pobres.

En las Escrituras vemos que Dios dice que hospedemos a los desconocidos, pues podríamos estar hospedando ángeles sin saberlo (Hebreos 13:2). En realidad pienso que vimos ángeles y demonios. Una noche conocimos a una preciosa y débil viejecita que parecía una abuelita de esas que te aprietan la mejilla. Cuando pasamos frente a ella, comenzó a susurrar «Jesús está muerto. Jesús está muerto», cada vez más fuerte, hasta que se volvió espeluznante. Sin saber qué decir porque estábamos desprevenidos, solo nos pusimos a tararear la melodía de una vieja alabanza. Se tapó los oídos con las manos y comenzó a mover la cabeza; todo su cuerpo se retorcía como si estuviésemos rayando una pizarra con las uñas. Se balanceaba hacia adelante y hacia atrás, y gritaba: «¡Váyanse! ¡Váyanse!». Luego se fue corriendo por la calle, tapándose los oídos. Yo ni siquiera sabía si creía en ángeles o demonios, pero me dio la impresión de que nos los estábamos encontrando. Se veían tan diferentes de los que vemos en las películas de horror y las tarjetas de felicitación.

Al principio, era difícil reconocer lo sobrenatural. Comencé a darme cuenta de que lo trascendental aparece de muchas maneras. Tal vez para el diablo es igual de fácil vestirse con un traje de tres piezas que llevar cuernos y un pincho. Y tal vez los ángeles se parecen más a los indigentes en las callejuelas que a lindos bebés blancos con alas.

Vi a una mujer en una muchedumbre que luchaba por conseguir un plato de comida de uno de los camiones que regalan alimentos por la noche. Cuando le preguntamos si la comida de verdad valía la pena, dijo: «Uy, sí, pero yo no me la como. Es para otra señora sin hogar, una viejecita que está a la vuelta de la esquina y que no puede pelearse por un plato de comida».

Vi a un niño de la calle ganar veinte dólares por mendigar fuera de una tienda y luego ir corriendo a compartirlo con todos sus amigos. Vimos a un hombre sin hogar poner un paquete de cigarrillos en el plato de las ofrendas porque era todo lo que tenía. Conocí a una artista callejera ciega que con frecuencia era víctima de unos jóvenes que se burlaban de ella, la insultaban y en una ocasión hasta le echaron un producto desinfectante en los ojos, de broma. Mientras la abrazábamos esa noche, uno de nosotros dijo: «Hay muchas personas malas en el mundo, ¿no?». Y ella dijo: «Si, pero hay muchas personas buenas también. Y los malos hacen que ustedes, los buenos, parezcan mucho más dulces».

Conocimos a una niñita de siete años que vivía en la calle, y le preguntamos qué quería ser cuando creciera. Pausó y pensó por un momento, y luego dijo: «Quiero ser dueña de una tienda de abarrotes». Le preguntamos por qué, y ella dijo: «Para darles de comer a todas las personas hambrientas».

Madre Teresa solía decir: «En los pobres nos encontramos a Jesús en sus disfraces más inquietantes». Ahora lo comprendía.

Me di cuenta de que tenía las mismas probabilidades de encontrarme con Dios en las alcantarillas de los guetos que en los salones de clase. Aprendí más sobre Dios con las lágrimas de las madres sin hogar que lo que me enseñó cualquier teología sistemática.

CAPÍTULO 2

LOGRAR QUE RESUCITE LA IGLESIA

Sé
tomand
vida en
go, ya v
vida. Cu
vuelta a
querido
de imag
taba en
y comp
medici
el que
de din
solo te
demás
no nec

Per
araba
en las
tarme
evitar
tenía r

Sé
toman
vida e
go, ya
vida. C
vuelta
querid
de ima
taba er
y comp
medici
el que
dinero

Una noche cenábamos en la cafetería de la universidad y nos quejábamos de la comida que allí servían, aunque siempre íbamos por más (esas son las penas de los universitarios). De pronto, un amigo caminó hacia nuestra mesa y lanzó un periódico al tiempo que murmuraba: «¡No van a creer esto!». La noticia de portada trataba sobre un grupo de cuarenta familias que habían sido desalojadas de una catedral abandonada en el norte de Filadelfia.

Las familias pertenecían a una organización llamada *Kensington Welfare Rights Union* [Gremio por los Derechos de Asistencia Social de Kensington], conformada sobre todo por madres e hijos sin hogar que se cuidaban entre sí. Habían vivido en una ciudad hecha de tiendas de campaña, a unas cuantas calles de la catedral, pero las condiciones habían empeorado debido a las ratas y las inundaciones. Al observar los alrededores del norte de Filadelfia, avistaron los escombros de un vecindario industrial con miles de casas abandonadas, fábricas vacías y terrenos deshabitados. Como habían cerrado la catedral de San Eduardo al igual que media docena de catedrales más en los barrios más pobres de Filadelfia (no sin una resistencia masiva de los católicos), la catedral había permanecido vacía durante muchos años. A pesar de que el número de casas deshabitadas era mayor que el número de personas sin hogar, muchas seguían atascadas en la lista de espera para la provisión de una casa subsidiada. De manera que vivir bajo condiciones en deterioro, y bajo la amenaza del gobierno de quitarles la custodia de sus hijos, provocó que las familias se fueran a la catedral de San Eduardo como un acto de supervivencia y un rechazo a permanecer en la invisibilidad. Poco tiempo después, la Arquidiócesis católica, propietaria del edificio, anunció que las familias tenían cuarenta y ocho horas para retirarse o ser arrestadas. Para nosotros eso era algo muy difícil de creer.

Engullimos el resto de la cena, mientras nuestras cabezas daban vuelta al pensar qué debíamos hacer. Esto complicaba el antiguo mensaje de «ama a tu prójimo como a ti mismo», que se había hecho tan fácil de cumplir. Ahora las personas sin hogar ya no eran solo adultos sino mujeres y niños. No nos tomó mucho tiempo subirnos a un carro cuales sardinas enlatadas y dirigirnos hacia las «tierras inhóspitas», en busca de la catedral de San Eduardo, que estaba ubicada en un vecindario del cual siempre nos habían dicho nos mantuviésemos alejados. No teníamos en mente que a Dios le gusta aparecerse en las «tierras inhóspitas» como Kensington y Nazaret.

JESÚS NO TENÍA HOGAR

Después de zigzaguear por las calles de las casas adosadas en el norte de Filadelfia, nos encontramos con la monstruosa catedral. El edificio cubría una cuadra completa y tenía una escuela, un convento, una casa parroquial y un santuario. Las familias habían buscado refugio en el histórico santuario y habían colocado una pancarta en el frente del lugar que decía: «¿Cómo podemos adorar a un hombre sin hogar el domingo e ignorar a uno el lunes?». Nos tomó un minuto darnos cuenta de que hablaban de nuestro Salvador como una persona sin hogar. Con timidez, nos acercamos y tocamos las grandes puertas rojas. Podíamos escuchar el fuerte eco a través de la caverna de mármol. Con torpeza, varios abrieron las puertas y, sin pensarlo, nos abrazaron. Luego nos invitaron a entrar, y después de eso jamás volvimos a ser los mismos.

Nos llevaron en un recorrido de rigor por la villa miseria que habían construido en el interior, y después nos presentaron a algunos de los niños que con rapidez nos quitaron las gorras y saltaron sobre nuestras espaldas para comenzar a jugar. Abrieron sus corazones y nos mostraron sus luchas y sus sueños. Nos recordaron que nos necesitamos los unos a los otros y que si compartimos habrá suficiente para todos. Cuando les preguntamos en qué les podíamos ayudar, se mostraron más interesados en nosotros que en lo que les podíamos dar. Deseaban que junto con nuestros amigos nos uniéramos al grupo en la catedral, y nos advirtieron sobre la urgencia que representaba el inminente desalojo.

Con la risa de los niños que resonaba en nuestros oídos y el peso de la lucha de las familias en nuestros corazones, regresamos a la universidad con mucha pena y dolor, conscientes de que el tiempo avanzaba. No había tiempo que perder, así que, luchamos, oramos y conspiramos. Sabíamos que las personas en nuestra pequeña universidad cristiana conocían el versículo en el que Cristo afirma: «Les aseguro que todo lo que hicieron por uno de mis hermanos, aun por el más pequeño, lo hicieron por mí» (Mateo 25:40). Por lo que, temprano en la mañana, recorrimos el campus y pegamos unos volantes que decían: «Sacarán a Jesús de la iglesia en el norte de Filadelfia. Vengan y escuchen al respecto en el salón Kea hoy a las diez de la noche». Esa noche nos reunimos. No esperábamos que llegaran más que unos cuantos de nuestros más locos amigos; pero nos sorprendimos al ver que más de cien personas habían abarrotado el pequeño salón del dormitorio estudiantil. A lo largo de la noche, hablamos sobre lo que sucedía y algunos anunciamos nuestra intención de unirnos a la causa de las familias y comenzar a reparar la iglesia que estaba en ruinas.

DIOS, SALVA A LA IGLESIA

Al siguiente día acudimos en docenas a la catedral y, en apoyo a las familias, expresamos que «si las desalojaban también tendrían que sacarnos a nosotros»; y como podrás imaginarte el hecho de que docenas de estudiantes se arriesgaran a ser arrestados junto con las familias fue todo un espectáculo mediático. En la ciudad, algunos se preguntaban quiénes eran nuestros padres y pensaban en lo horrible que les parecía que arrestaran a las personas por buscar refugio en una catedral vacía. Los medios de comunicación cubrieron la noticia y la mostraron como si la iglesia estaba expulsando de la catedral a personas sin hogar (lo que en verdad no era una exageración pues la iglesia *sí* los estaba sacando del lugar). El tiempo avanzaba y el ímpetu cada vez era mayor, por lo que los líderes locales, el clero y los defensores llegaron a apoyar a las familias. Hacia el final de las cuarenta y ocho horas, tocamos la vieja campana en la torre de la catedral para alertar a las personas del vecindario. Muchos de ellos ya se habían acercado para llevar sus donaciones y reunirse en el lugar.

Cuando casi se cumplía la cuadragésima séptima hora, y a la espera de los funcionarios de la ciudad, preparamos una «Última Cena» que reunió a todas las familias y amigos alrededor de la mesa en el viejo altar de mármol para cantar, orar y partir el pan juntos, entre muchas lágrimas. Las familias preguntaron quiénes se arriesgaban a ser arrestados por permanecer en la catedral cuando regresaran las autoridades. Mientras levantaba mi mano, una pequeña niña llamada Destiny, que estaba sentada en mis piernas, me preguntó por qué alzaba mi mano. Le respondí: «¿Quisieras seguir viviendo en este lugar?». Ella me respondió que sí porque ese era su hogar. Luego, le dije que esa era la razón por la que levantaba mi mano. Al escuchar esto, me abrazó y, despacio, alzó también su mano en el aire.

Nunca olvidaré cuando las autoridades llegaron a desalojar a las familias. Estas acababan de anunciar a los medios de comunicación que ya habían hablado con el propietario del edificio (el Todopoderoso), y habían declarado que «Dios dice que esta es su casa y podemos permanecer aquí». ¿Quién se animaría a discutirlo? Los representantes de la Arquidiócesis detuvieron su auto frente a la acera, dieron dos pasos, observaron la multitud y regresaron con lentitud al automóvil sin pronunciar palabra.

Así que de más está decir que las cuarenta y ocho horas habían transcurrido.

Días y semanas después, continuábamos visitando a diario la catedral de San Eduardo (pues algunos creíamos que no debíamos abandonar nuestros estudios). Sabíamos que si el número de estudiantes disminuía, la policía y las autoridades de la Arquidiócesis regresarían a desalojar a las familias; por ello, diseñamos un plan. Por primera vez en la vida, conseguimos un teléfono celular y una corneta de aire. El plan consistía en que si las autoridades llegaban a desalojar a las familias, nos llamarían y nos reuniríamos en medio del campus universitario para tocar la corneta. Luego, los estudiantes, cual torrente, nos iríamos al estacionamiento del gimnasio y haríamos una caravana hacia la catedral de San Eduardo mientras cantábamos con toda nuestra fuerza la canción de Tracy Chapman *Talkin' Bout a Revolution* [Hablar de una revolución]. Fue una revolución. Nos parábamos encima de las mesas de la cafetería de la universidad y predicábamos, eran las palabras de los profetas que fluían de nuestro interior. Aprovechábamos los servicios en la capilla para invitar a más estudiantes a unirse a la causa. La presidenta les regaló su cama a las familias de San Eduardo.

Nos nombraron el «Club de Jóvenes en Contra de la Autocomplacencia y la Pobreza» (YACHT, por sus siglas en inglés). No se trataba de un club náutico, aunque de vez en cuando algunos aficionados a la navegación nos llamaban, y no dudábamos en pedirles ayuda para nuestro club. El Espíritu estaba atravesando nuestro campus como un fuego arrasador que encendía nuestra pasión.

El drama no terminaba ya que la Arquidiócesis y las autoridades locales siempre buscaban formas para desalojar a las familias sin llamar la atención. En una ocasión, la Arquidiócesis involucró al inspector del cuerpo de bomberos. Esa fue una táctica amable y sutil, ya que el cuerpo de bomberos podría haberse presentado para decir: «Estamos haciendo esto ya que deseamos lo mejor para las familias. Este edificio viola los estándares de seguridad y contra incendios, lo cual deja a las familias en riesgo y a sus hijos en una condición de peligro». De esta forma, esperábamos con frenesí la llegada del inspector del cuerpo de bomberos. La noche antes de la inspección, mientras nos encargábamos de todo lo que podíamos a último minuto, escuchamos que llamaban a la puerta. Era casi media noche, por lo que otra persona y yo caminamos hacia la puerta, solo para encontrar a dos bomberos frente a ella. Estábamos sorprendidos, y pensábamos que habían llegado para preparar el desalojo de las familias a media noche; por ello, y de manera instintiva, comenzamos a hablar en círculos, a la defensiva. Con calma, ellos nos interrumpieron y dijeron: «Esperen, esperen, ustedes no entienden. Estamos aquí en contra de las órdenes; de hecho, podríamos enfrentar serios problemas si se enteran de que hemos venido. Pero sabemos lo que sucede y que no es correcto. Creímos que era necesario venir y ayudarles a prepararse para mañana ya que sabemos lo que ellos buscarán durante la inspección». Con humildad, les pedimos nos disculparan.

Luego de recorrer el edificio y señalar las cosas que necesitaban mejorar, los bomberos nos llevaron a la estación y nos dieron muchas cajas con detectores de humo. Nos brindaron rótulos para las puertas de salida y extinguidores, y luego se marcharon. Al día siguiente, el inspector del cuerpo de bomberos se presentó en la catedral, recorrió el lugar y dijo: «No puedo desalojarlos. El lugar cumple los estándares contra incendios requeridos». Nunca más volvimos a ver a los bomberos ángeles. Quizá eran ángeles, aunque su apariencia no era como la de las imágenes de ángeles que nos mostraban en la escuela dominical.

En ese momento sentíamos que nada nos podía detener, como si Dios en verdad estuviera de nuestro lado. En realidad, no estaba del todo seguro de la forma en que Dios tomaba partido en situaciones difíciles como esta. Lo cierto es que sabíamos que aunque fuésemos perseguidos por todas las autoridades de la ciudad, de alguna manera el mar se abriría y se las tragaría (de la forma más amorosa) con el fin de proteger a las familias. Empecé a creer en los milagros.

TRANSFORMACIÓN DE LA IGLESIA

Cada semana, asistíamos a los servicios dominicales en la catedral de San Eduardo, donde entonábamos himnos antiguos y canciones que hablaban de libertad. En cierto modo, se trataba de un avivamiento. Nos visitaban coros de góspel y danzábamos en los pasillos de la catedral. Sacerdotes católicos dirigían la liturgia en servicios controversiales (los catalogamos así debido a que muchos católicos hacen un voto de sumisión a la jerarquía de la iglesia, y algunos estábamos probando los límites de ese voto). Algunos niños y mujeres sin hogar predicaban el evangelio. Celebrábamos la Santa Cena, compuesta por una sidra de manzana y una dura rosca de pan o lo que tuviéramos a la mano. Muchos experimentábamos una verdadera comunión por primera vez en la vida.

El cuerpo de Cristo tenía vida y ya no estaba restringido a los vitrales de la iglesia o a los libros de teología sistemática. El cuerpo de Cristo era palpable, vivo; estaba hambriento, sediento y sangrante. Ser parte de la iglesia ya no significaba algo que hacíamos durante una hora todos los domingos. La iglesia no era más un edificio con una aguja. Justo como lo expresó Don Everts en su libro *Jesus with Dirty Feet* [Jesús con los pies sucios], «referirse a la iglesia como un edificio es como referirse a los seres humanos como tablones de madera». La iglesia cobró vida. Se convirtió en algo que *somos*, un organismo y no una organización. La iglesia se hizo tan viva y apasionada que era como si la hubiésemos resucitado. Y quizá así fue. De hecho, uno de los titulares en periódicos antiguos decía: «La iglesia resucitada». Aquí te dejo un poco de teología sistemática.

Sin embargo, en medio del movimiento espiritual en el que nos encontrábamos, debíamos enfrentarnos a eso que la gente aún llamaba iglesia. No estaba seguro qué se debía hacer con ella pues parecía tan distante de las Escrituras, tan distante de los pobres, tan distante de Jesús. Sentía que me encontraba con ángeles, luchaba contra demonios y tocaba las heridas de Jesús; no obstante, la iglesia parecía estar tan distante.

En cierta ocasión, recibimos una caja con donativos de una de las iglesias adineradas ubicada cerca de nuestra universidad cuyo nombre no daré a conocer[1]. En la caja de cartón estaban escritas las siguientes palabras: «Para las personas sin hogar». Con mucha emoción, abrí la caja solo para darme cuenta de que estaba repleta de palomitas de maíz para preparar en el microondas. Mi primera reacción fue reírme. Apenas teníamos electricidad, mucho menos un microondas y las palomitas de maíz no estaban entre las cosas que más necesitábamos. Mi segunda reacción fue llorar al ver cómo la iglesia se ha alejado de los pobres. Más tarde esa semana, otro grupo de personas llevó donaciones para las personas de San Eduardo: la mafia. Debido a que los medios de comunicación estaban cubriendo la noticia, la mafia apareció y les regaló bicicletas a todos los niños, pavos a cada familia y miles de dólares a la organización. Al ver esto, meditaba en que Dios podía utilizar a la mafia pero yo deseaba que utilizara a la iglesia.

Poco después, en estado de confusión, me lamentaba por el estado de nuestra iglesia. Con desilusión, le confesé a un amigo: «Creo que he perdido la esperanza en la iglesia». Nunca olvidaré

1. Digamos que está situada dos cuadras al norte, en la Avenida Lancaster al lado del 7-Eleven (es una broma. No daré a conocer el nombre... entrometido).

su respuesta: «No, no has perdido la esperanza en la iglesia. Quizá te hayan desilusionado el cristianismo o la cristiandad o todas las instituciones, pero no has perdido la esperanza en la iglesia porque *esta* es la iglesia». Desde ese momento, decidimos dejar de quejarnos por la iglesia que veíamos y nos dispusimos a ser la iglesia que soñábamos.

Nuestro sueño era una iglesia similar a la que el libro de los Hechos nos presenta, en donde «no había necesitados entre ellos», pues todos compartían sus posesiones y nadie decía ser suyo nada excepto «el deseo de compartir con los demás». Sabíamos que podíamos acabar con la pobreza. Eso ocurrió en la iglesia primitiva y ahora las familias sin hogar lo estaban logrando. Estábamos muy sedientos del reino de Dios y sabíamos que este podía venir, como dijo Jesús, «aquí en la tierra como en el cielo». No estábamos interesados en un cristianismo que solo les ofrecía a estas familias mansiones y calles de oro en el cielo cuando lo único que deseaban en ese momento era una cama para sus hijos. Y muchos cristianos tienen una de sobra.

Recuerdo haber escuchado, en esos días que estábamos en la catedral de San Eduardo, acerca de una antigua tira cómica. En la tira dos hombres conversan y uno de ellos comenta que tiene una pregunta para Dios. Desea preguntarle por qué permite que haya tanta pobreza, sufrimiento y dolor en el mundo. Y su amigo le responde: «Bueno, ¿por qué no le preguntas?». El hombre menea su cabeza y afirma que siente temor. Cuando su amigo le pregunta por qué, le responde entre dientes: «Tengo temor de que Dios me haga la misma pregunta». Una y otra vez, cuando le pregunto a Dios por qué permite la injusticia en el mundo, puedo sentir que el Espíritu susurra a mi oído las siguientes palabras: «Tú dime por qué permitimos que todo esto suceda. Tú eres mi cuerpo, mis manos y mis pies».

NACER DE NUEVO... OTRA VEZ

Fue en San Eduardo que nací de nuevo... otra vez. Hay algo místico en encontrar a Dios en las ruinas de la iglesia. En ese momento, yo desconocía quién fue San Francisco de Asís, pero de alguna forma el susurro divino «reparen mi iglesia que está en ruinas» que él y los jóvenes radicales escucharon en Italia en el siglo trece, me resultaba conocido. Cientos de años después, otro grupo de jóvenes soñadores abandonaba el cristianismo que los asfixiaba para encontrar a Dios en los lugares abandonados, en el desierto de los barrios céntricos deprimidos de la ciudad. Me sentía tan sediento de Dios, tan apenado por el cristianismo y tan dispuesto a vivir algo más.

La aventura en San Eduardo terminó con una conferencia de prensa que las familias ofrecieron. Muchas habían recibido viviendas, ya que las personas se enteraron de la problemática en las noticias y donaron casas, las agencias de la ciudad se persuadieron de brindar viviendas y los amigos se unieron para asegurarse de que todas las familias estuviesen cubiertas. El Gremio por los Derechos de Asistencia Social de Kensington anunció que este había sido un proyecto de supervivencia y que su propósito no era ofrecer una solución permanente (sólo se contaba con un baño y no había calefacción). El gremio también agradeció la poderosa movilización de las personas que los habían apoyado en la lucha. Luego, marcharon hacia la oficina del alcalde para solicitarle que tratara de ver el mundo a través de sus ojos y de ponerse en sus zapatos. Al llegar se quitaron sus zapatos, los amontonaron fuera de la oficina del alcalde y lo invitaron a ver la vida desde los zapatos de las familias sin hogar.

Así es como la historia acabó, pero el legado de la catedral de San Eduardo está lejos de terminar. Se han escrito muchos libros y se han producido películas sobre esta historia. El Gremio por los Derechos de Asistencia Social de Kensington ahora forma parte de un movimiento internacional de familias sin hogar que luchan por erradicar la pobreza.

Esta organización se ubica justo aquí en nuestro vecindario[2]. Muchos de ellos son aún nuestros más apreciados amigos y maestros, nuestros teólogos y ancianos[3]. Durante años, la catedral permaneció abandonada hasta que la subastaron. Michael and Michelle Brix, compañeros fundadores del Club YACHT y de *The Simple Way* [El camino sencillo], se casaron allí. Hace poco, conocí a una de las monjas que habían trabajado en la parroquia de San Eduardo quienes se vieron obligadas a salir cuando cerraron el lugar. Me contó en secreto que el cierre de las catedrales en el norte de Filadelfia por parte de la Arquidiócesis la había conmocionado y que lamentaba el tremendo error (creo que se atrevió a usar la palabra «pecado») que se había cometido. Y lue-

2. El sitio web del Gremio por los Derechos de Asistencia Social de Kensington es kwru.org. El movimiento mundial más grande, que coordinan personas pobres y sin hogar, es *Poor People's Economic Human Rights Campaign* [Campaña de los Pobres por los Derechos Humanos Económicos] (www.economichumanrights.org).

3. Visita el sitio universityofthepoor.org el cual ofrece una sección completa en teología.

go, con lágrimas en los ojos, me comentó que no fue sino hasta hace poco tiempo que pudo reconsiderarlo y celebrar todas las buenas cosas que habían acontecido en medio de las ruinas de la antigua catedral. En verdad, tenemos un Dios de resurrección, un Dios que es capaz de hacer obras bellas de lo que destruimos en este mundo.

CAPÍTULO 3

EN BÚSQUEDA DE UN CRISTIANO

Sé
tomand
vida en
go, ya
vida. Cu
vuelta a
querido
de imag
taba en
y comp
medici
el que
de din
solo te
demás
no nec

Per
araba
en las
tarme
evitar
tenía

Sé
toman
vida e
go, ya
vida. C
vuelta
querid
de ima
taba en
y comp
medici
el que
dinero

Recuerdo cuando uno de mis compañeros me dijo: «Shane, ya no soy cristiano». Me sentí confundido ya que juntos habíamos asistido a las clases de teología, habíamos estudiado las Escrituras y habíamos orado y alabado a Dios. Sin embargo, conforme siguió hablando, logré observar la pasión y la sinceridad en su mirada: «Renuncié al cristianismo para seguir a Jesús», agregó. De alguna forma, yo sabía lo que él trataba de decir.

Me pregunté cómo sería la vida si en realidad decidiéramos seguir a Jesús. De hecho, no estaba del todo seguro de cómo es un cristiano consagrado por completo o si la humanidad había visto uno de ese tipo en los últimos siglos. Al meditar al respecto desde mi escritorio en la universidad, parecía que en los últimos años habíamos dejado de vivir el cristianismo y solo nos habíamos dedicado a estudiarlo. Las divertidas palabras del filósofo danés del siglo diecinueve Soren Kierkegaard resonaban en mi alma sedienta:

> El asunto es bastante simple. La Biblia es muy fácil de entender. Sin embargo, los cristianos somos un montón de intrigantes estafadores. Fingimos ser incapaces de entender la Biblia porque sabemos muy bien que desde el momento en que la comprendamos, estamos obligados a actuar de forma coherente. Toma cualquier palabra del Nuevo Testamento y olvídate del resto, con excepción de comprometerte a actuar de forma coherente con esa palabra. Quizá pienses: *¡Dios mío! Si hago eso, mi vida entera se arruinará. ¿Cómo voy a progresar en el mundo?* Aquí es donde yace el verdadero puesto de la erudición cristiana. La erudición cristiana es la gran invención de la iglesia para defenderse de la Biblia, para asegurarse de que podemos ser buenos cristianos sin apegarnos mucho a ella. ¡Oh inestimable erudición! ¿Qué haríamos sin ti? Horrenda cosa es caer en manos del Dios vivo. Sí, y hasta es horrendo estar a solas con el Nuevo Testamento[1].

Sabía que no ganaríamos multitudes para el cristianismo hasta que comenzáramos a practicarlo. Así que emprendí la búsqueda de un cristiano. Observé a mi alrededor con la esperanza de encontrar a alguien más que se preguntara si Jesús quiso decir lo que dijo. Pero solo encontraba personas fallecidas: los padres y las madres del siglo quinto, como Francisco y Clara de Asís; Dietrich Bonhoeffer; Martin Luther King *Jr.*; Oscar Romero (fue difícil eludir el hecho de que estas personas ya fallecidas quizá hubiesen vivido más

1. Soren Kierkegaard, Provocations: *Spiritual Writings of Kierkegaard* [Provocaciones: Escritos espirituales de Kierkegaard], Charles E. Moore, Farmington, PA, 2002, p. 201.

tiempo si no hubieran leído ese pequeño Libro). Luego me encontré con Dorothy Day y Madre Teresa, dos radicales contemporáneas de espíritu fervoroso. Dorothy Day fue activista y comunista, madre y periodista que se convirtió al cristianismo. Como cristiana, habló con mucho valor en contra de las causas de la opresión, la guerra y la pobreza y dirigió el Movimiento del Trabajador Católico[2] en la primera década del siglo veinte. Este movimiento permitió la creación de docenas de albergues a escala mundial.

Por desgracia para mi búsqueda, ella murió hace unos cuantos años, en 1980. Sin embargo, Madre Teresa aún estaba con vida. Parecía que ella trataba de hacer lo mejor que podía por el evangelio, pero quizá no viviría por mucho tiempo más. Por eso, junto con mi amiga Brooke, con quien soñábamos ver una iglesia diferente aun antes de lo sucedido en San Eduardo, decidimos escribirle una carta a Madre Teresa. Esta decía: «Madre Teresa, no sabemos si usted ofrece pasantías en Calcuta, pero nos encantaría visitarla». Le contamos la historia de San Eduardo y nuestra recién concebida visión de la iglesia. Mientras tanto, nuestros amigos se reían de nosotros y gritaban: «Le escribieron, ¿a quién?». Después de esto, esperamos y esperamos.

MAMÁ T

No soy la persona más paciente del mundo, por lo que al transcurrir unas cuantas semanas, me sentía inquieto. Debido a que el verano se acercaba, decidí preguntarles a algunas monjas si sabían cómo contactar a Madre Teresa. Algunas me dijeron que le escribiera otra vez. Otras me preguntaron si mi llamada era una broma. Sin embargo, al final platiqué con una agradable monja del Bronx. Con tono divertido (en verdad creo que sintió pena por mí), me dijo que me permitiría hablar con la «Madre Superiora» en el Bronx. Me agradaba tener la posibilidad de hablar con alguien cuyo nombre incluía la palabra «superiora», por lo que me preparé para hablar con ella. La Madre Superiora contestó la llamada y conversamos. Me dijo que necesitaba escribir una carta para Madre Teresa, y le respondí que ya lo había hecho. Me dijo que debía esperar, y le contesté que también lo había hecho. Luego, me dijo que me daría un número de teléfono para poder hablar a Calcuta y que no debía dárselo a nadie (¡condenados agentes de mercadeo telefónico!). Así fue como obtuve el número para llamar a Madre Teresa.

2. http://catholicworker.org

Después de investigar un poco, me enteré de que debido a la diferencia de horarios, tenía que llamar a las dos de la mañana y que cada minuto de la llamada costaría cuatro dólares. (Por ello, decidí hablar rápido, algo difícil para un chico de Tennessee). Mi amiga Brooke estaba a mi lado al momento de realizar la llamada. Ambos le pedimos a Dios que alguien nos contestara. Eran las dos de la mañana, y estábamos haciendo la llamada desde el teléfono público de la sala de la universidad. La línea telefónica en Calcuta sonaba. Esperaba escuchar un saludo formal que dijera: «Misioneras de la Caridad, ¿en qué podemos ayudarle?», pero no fue así. Solo escuché la voz áspera de una anciana que murmuró: «¡Aló!». Pensaba que me habían dado el número equivocado en Calcuta y que el costo de la llamada aumentaba cuatro dólares por cada minuto que hablaba, por lo que comencé a clamar: «¡Hola!-estoy-llamando-desde-los-Estados Unidos-y-desearía-comunicarme-con-Madre-Teresa-o-con-las-Misioneras-de-la-Caridad-pues-deseo-visitarlas». Al otro lado de la línea, escuché que la voz apagada me decía: «Este es el número de las Misioneras de la Caridad. Habla Madre Teresa». Mi primera reacción fue: «Sí claro, y yo soy el Papa», pero, me contuve. Le comenté que le habíamos escrito y que deseábamos visitarla y trabajar con ella. Me preguntó cuánto tiempo pensábamos quedarnos, y le respondí que nuestro deseo era quedarnos todo el verano, unos dos o tres meses.

—Eso es bastante tiempo —dijo Madre Teresa.

—¿Qué tal dos o tres semanas o dos o tres días...? —le respondí. ¡Caramba! Dos o tres horas estaría bien.

—No, vengan y quédense todo el verano. Vengan —me dijo.

¿Vengan?, pero, ¿dónde vamos a comer y a dormir? Y le pregunté:

—Madre Teresa, ¿dónde vamos a comer y a dormir?

Eso no la preocupó mucho, y me dijo:

—Dios cuida de los lirios y de las aves, y Dios cuidará de ustedes. Solo vengan.

¿Quién soy yo para contradecir eso? Le di las gracias y colgué.

VENGAN Y VEAN

Cada vez que le preguntaban a Madre Teresa acerca de su trabajo en Calcuta, cómo avanzaba y cómo era la vida allí, ella respondía: «Vengan y vean». Por fin, mi amiga y yo íbamos a ir. Yo estaba listo para ver el cristianismo en acción. Después de que nos pusieran una batería de vacunas, Brooke y yo nos marchamos hacia Calcuta para vivir una aventura increíble al estar trabajando entre «los más pobres de los pobres» al lado de Madre Teresa y las hermanas. Durante las mañanas, trabajábamos en un orfanato llamado Nabo Jibon, donde cuidábamos niños con discapacidades físicas y mentales. Muchos de esos niños habían sido abandonados en las estaciones de tren. Por las tardes, yo trabajaba en Kalighat, el hogar para moribundos y destituidos, el primer hogar que Madre Teresa fundó.

Cada semana, llevábamos jabón y burbujas y reuníamos a un centenar de niños de la calle en el estanque. Montábamos una estación para vendar las heridas, una estación para coser las prendas que estuvieran rotas y un área para bañar a los niños y para que jugaran en el agua. Los hermanos preparaban la comida para todos. Algunos niños solo deseaban ser tratados con amor. Otros confesaban que se herían o se rasguñaban las rodillas a propósito para ser atendidos en la improvisada clínica, para que los abrazaran y los curaran.

Al llegar a Calcuta, pensé que estábamos locos, pero luego me di cuenta de que había docenas de personas de todo el mundo que habían llegado para unirse al trabajo; eran radicales ordinarios que deseaban descubrir cómo amar de una mejor forma. Sin dejar pasar mucho tiempo, nos instalamos en un hostal frente a la Casa de la Madre, donde vivían Madre Teresa y las hermanas. Había voluntarios de todas partes del mundo, y sus edades fluctuaban desde los dieciocho hasta los ochenta años. Algunos llevaban muchos años allí. Me enseñaron a amar, arriesgarme y soñar. Entre ellos había misioneros evangélicos, ateos curiosos, peregrinos simples y revolucionarios atrevidos.

Una de mis mayores fuentes de inspiración era un hombre llamado Andy, quien prácticamente estaba a cargo del hogar para los moribundos. (Él había estado en el hogar durante más tiempo que la mayoría de las hermanas.) Andy era una persona atrevida, fresca y amable. Recuerdo que en una ocasión le dijo a una de las monjas jóvenes: «Hermana, ¿podría ver al señor Raju, el encantador hombre de la cama catorce? Está todo lleno de excremento». Las monjas no sabían cómo responder. Algunas fruncían el ceño mientras otras se reían. También recuerdo cuando Andy me miraba con cierta impaciencia y me sonreía para luego regañarme porque me tomaba mucho tiempo para mimar a una sola persona cuando había «muchos que necesitaban ser amados».

Un día, uno de los pacientes más apegados a mí estaba al borde de la muerte. Antes de irme a casa, le di un abrazo y coloqué una galleta de proteína debajo de su almohada. Andy me pilló, meneó la cabeza como quien ve un caso perdido y me sonrió. Después, salimos juntos para ir a misa. En su momento, Andy me contó su historia. (No hablaba mucho de sí mismo.) Me contó que en Alemania él era un adinerado hombre de negocios, pero que al leer el evangelio, este «echó todo a perder». Andy leyó el pasaje donde Jesús les ordena a los discípulos que vendan sus bienes y que den a los pobres (Lucas 12:33), y Andy, en realidad, lo hizo. Yo había conocido antes a unos cuantos fundamentalistas, pero eran «fundamentalistas selectivos», que no tomaban las cosas de forma tan literal. Andy vendió todas sus posesiones y se trasladó a Calcuta, donde ya llevaba diez años de dedicar su vida a los más pobres de los pobres. Me comentó que en unos años quizá regresaría a Alemania para visitar a su querida madre por algún tiempo, y que luego regresaría a Calcuta para estar con los moribundos y destituidos, quienes eran su nueva familia. Me fui a Calcuta en búsqueda del cristianismo y lo había encontrado. Finalmente había encontrado a un cristiano.

MORIR PARA ENCONTRAR LA VIDA

Me enamoré del Hogar para Moribundos y Destituidos y pasé la mayor parte del tiempo en ese lugar. Ayudaba a las personas a comer, masajeaba sus músculos, las bañaba y, en esencia, trataba de consentir a las personas que de verdad lo merecían. Cada día, muchos morían y, cada día, íbamos a las calles a buscar más personas. Nuestra meta no era preservar la vida de las personas (no teníamos lo suficiente para lograrlo), sino permitirles morir con dignidad y con alguien que los amara, les cantara o se riera con ellos para que no estuviesen solas. En ocasiones, personas con conocimiento médico llegaban al hogar y se sentían abrumadas y frustradas ante nuestra carencia de suministros médicos. De forma apresurada, las hermanas les explicaban que nuestra misión no era prolongar la vida de las personas sino ayudarlas a morir bajo mejores condiciones. Como decía Madre Teresa (al contar la antigua historia de la persona que lanzaba estrellas de mar al océano a pesar de que miles de estas volvían a salir a la playa): «Hemos sido llamados no para ser exitosos sino fieles». Eso sonaba bien, pero representaba solo el inicio de mis años de lucha con el dilema de la eficiencia y la fidelidad. Recuerdo que Gandhi decía que aunque lo que hagamos parezca insignificante, lo más importante es que lo hagamos. Por lo tanto, lo hacíamos.

A pesar de que la tentación de hacer cosas grandes siempre nos acompaña, en Kalighat aprendí la disciplina de hacer cosas pequeñas con un gran propósito. Madre Teresa solía decir: «No podemos hacer cosas grandes sino solo cosas pequeñas con un gran amor. No se trata de cuánto haces, sino de cuánto amor pones en lo que haces». Así como Andy reprendía a aquellos que utilizaban demasiado jabón para lavar los platos (mezclábamos ceniza con jabón para multiplicarlo), también escuché que a muchos voluntarios los reprendían por no ponerle suficiente salsa al arroz, ya que ese plato se lo servían al mismo Jesús.

Kalighat es uno de los lugares que han mostrado la resurrección, que la vida es más poderosa que la muerte y que la luz puede penetrar las tinieblas. Esos moribundos eran las personas más vigorosas que jamás haya conocido. En el hogar para moribundos hay una morgue. Al ingresar a ella, se puede ver un letrero en la pared que dice: «Voy camino al cielo». Al salir de allí, hay otro letrero que dice: «Gracias por ayudarme a llegar ahí». En verdad, podía decir: «¿Dónde está, oh muerte, tu victoria? ¿Dónde está, oh muerte, tu aguijón?» (1 Corintios 15:55). La muerte fue «devorada» (v. 54) por la risa del moribundo y el canto del destituido. Entendí lo que Jesús le dijo a Pedro: «Las puertas del reino de la muerte no prevalecerán» contra la iglesia, ya que por fin podía ver a una iglesia que asaltaba las puertas del mismo infierno para evitar que las personas sufrieran sus horrores.

Al contemplar los ojos de los moribundos, sentía que me encontraba con Dios. Era como si entrara al Lugar Santísimo del templo: un sitio sagrado y místico. Sentía que debía quitarme el calzado. Entonces comprendí el mensaje de Dorothy Day: «El verdadero ateo es aquel que niega la imagen de Dios en "estos pequeños"». Comencé a asumir la realidad de que el Espíritu de Dios habita en cada uno de nosotros. En las reuniones del grupo de jóvenes, había entonado canciones como «Santuario» («Señor, prepárame para ser un santuario puro y santo»), pero no creo haberme percatado jamás de que en realidad somos los santuarios en los que el Espíritu habita. Nuestros cuerpos son los templos de Dios, pero eso no es solo una razón para ingerir menos colesterol. Somos el cuerpo de Cristo, no en un sentido figurado, sino en el sentido de que somos el cuerpo y la sangre de un Jesús vivo en el mundo a través del Espíritu Santo. Somos las manos, los pies y los oídos de Dios. Cuando Pablo escribe las palabras: «He sido crucificado con Cristo, y ya no vivo yo sino que Cristo vive en mí», él está hablando en serio. Una y otra vez, los moribundos y leprosos murmuraban la palabra *namasté* a mi oído. No existe una palabra equivalente a este término en el idioma español (ni siquiera una noción occidental del mismo). Me explicaron que *namasté* significa: «Honro al Santo que vive en ti». Sabía que podía ver a Dios en sus ojos. ¿Era posible que me estuviera convirtiendo en un cristiano, y que a través de mis ojos ellos pudieran contemplar un destello de la imagen de mi Amado?

SOCIEDAD DE PARIAS

Comencé a comprender lo que significó que el velo del templo se rasgara en dos en el momento en que Jesús murió en la cruz. Dios no solo redimió lo que era profano sino también liberó todo lo que era sagrado. Ahora, Dios ya no habitaba detrás del velo en el templo, sino en los ojos del moribundo y del pobre, en lo ordinario y lo mundano, en cosas como el pan y el vino, o el chai y los pastelillos indios samosas. Y cada vez que dos o tres nos reunimos en comunidad, Dios está allí en medio nuestro.

Uno de los lugares más sagrados que visité fue una colonia de leprosos en las afueras de Calcuta. Me enteré de que uno de los hermanos se había ido, así que pregunté si era posible usar su cama (digo, su lugar en el suelo de concreto). Los hermanos estuvieron de acuerdo, y pasé mis últimas semanas en India en la colonia de leprosos. La lepra todavía es una enfermedad espantosa entre los más «pobres de los pobres». Se sabe muy poco respecto a ella, y no hay celebridades del tipo de Magic Johnson que hablen de la misma. No hay leprosos famosos. Es una enfermedad de los parias, los intocables. Uno de ellos me comentó que los leprosos ni siquiera conocen la palabra gracias porque nunca han tenido que utilizarla. Son pocas las ocasiones en que han utilizado el lenguaje de la gratitud. Sin embargo, existía la comunidad de leprosos llamada Gandhiji Prem Nivas, que significa «La nueva vida de Gandhi». Ignoro cuánto conoces acerca de Gandhi, pero creo que él estaría orgulloso por ello. Hacía unos cuantos años, Gandhi había caminado en esa misma tierra, donde se imaginó una nueva sociedad que se levantara sobre las viejas estructuras, un movimiento de personas fuera del imperio que las oprimía, un grupo de personas que crearan una nueva forma de vida, marcharan hacia el mar para extraer su sal e hilaran sus propias vestiduras. Pude ver el sueño de Gandhi hecho realidad.

Hace unos años, unas personas le dieron a Madre Teresa la tierra al lado de los rieles del ferrocarril (sin valor alguno para su urbanización), y ella comenzó a cuidar de los leprosos. Después, los leprosos comenzaron a cuidarse entre sí. Hoy en día, hay más de ciento cincuenta familias que se enseñan a decir gracias las unas a las otras. Cultivan sus propias hortalizas y crían animales y peces. Fabrican sus zapatos y cosen sus vestidos[3]. También, fabrican vestidos o saris para todas las hermanas, cobijas para los orfanatos y vendas para la clínica médica de la colonia. Leprosos que han recibido tratamiento administran la clínica y cuidan de otros leprosos. Ellos hasta hacen las prótesis de madera de brazos y piernas de aquellos que han sufrido la amputación de sus miembros.

Al principio, yo era el extraño (¡no hay muchos occidentales allí!), pero un extraño al que pronto le dieron la bienvenida a la familia. Cada día, hacía rondas para visitar a mis nuevos amigos de la colonia. Solía sentarme a mirar a los que fabricaban los zapatos. Hacían cada par a la medida, ya que la enfermedad afecta cada pie de una manera particular. Fabricaron un par para mí.

Recuerdo que recorría el largo pasillo donde se apreciaban ruecas, agujas para tejer y telares. Muchas personas trabajaban con empeño y con una gran sonrisa en sus rostros. Me detenía a platicar con mis buenos amigos Jon y Kisol, quienes enhebraban las agujas para los telares. Jon era un anciano del grupo, una persona mayor que había tenido lepra durante muchas décadas. Un día me preguntó por mi familia en Estados Unidos. Al contarle que mi padre había fallecido cuando yo era un niño, me dijo que podía llamarlo Buen Padre. Él me adoptó. Kisol era un hombre joven, de solo dieciocho años. Sus padres habían muerto por la lepra y lo dejaron con la responsabilidad de cuidar de sus dos jóvenes hermanas. Era difícil separarse de Jon y Kisol. Me invitaban a sus hogares y me preparaban té y unos deliciosos dulces indios. Contábamos historias y chistes y orábamos juntos. También nos reíamos cuando Jon se tiraba gases y culpaba a Kisol… tú sabes, todo lo cotidiano que se te ocurriría hacer con los leprosos en Calcuta.

COSAS MAYORES

Casi todos los días, yo iba a la clínica que los leprosos-médicos administraban y donde las personas formaban una línea para recibir tratamiento. Los doctores colocaban en el suelo una gran

3. Esto fue lo que me inspiró por primera vez a hacer mi propia ropa y zapatos. Estas tareas traen consigo oportunidades para crear lazos afectivos con mi madre. Ella es maestra de costura, y hubiera deseado tener una hija; sin embargo, yo hago lo que puedo. ¡Ten cuidado, Liz, que hay otro Claiborne en el oficio!

pila de algodón, de unos cuatro pies de alto, y mi labor consistía en hacerles bolas de algodón mientras los leprosos se atendían los unos a los otros. Los observaba intensamente, y me fascinaba su amor y compasión. Una tarde, a medida que el ritmo de trabajo disminuía, uno de los doctores tuvo que retirarse temprano. Sin embargo, aún había unos cuantos pacientes en espera de ser atendidos. El doctor me miró y, de forma enfática, me dijo: «Tú sabes cómo se hace este trabajo. Has estado observando, y ahora es tu turno». Sorprendido, solo me le quedé viendo ya que, a pesar de que había observado a los doctores y sabía cómo realizar el trabajo, no me atrevía a hacerlo. Me acerqué, me senté en el asiento del doctor y miré los ojos del siguiente paciente pues la decisión ya se había tomado. Con cuidado, vendé la herida del paciente quien me miraba con tal intensidad que parecía poder observar mi alma. Cada cierto tiempo, él cerraba sus ojos con lentitud.

Al terminar, el paciente me dijo esa palabra sagrada de la cual me había enamorado: Namasté. Entre lágrimas, sonreí y susurré, «Jesús». Él vio a Jesús en mí, y yo vi a Jesús en él. Recordé el vitral de más de cien mil dólares que mi iglesia Metodista Unida había comprado. A través de los ojos de ese leproso pude observar a Jesús de una forma más clara de lo que ningún vitral jamás me hubiese permitido.

Estaba convencido de que no había contemplado los ojos de un leproso lastimero de Calcuta simplemente, sino que había visto los ojos de Jesús. También sabía que el leproso no había visto solo un joven estadounidense blanco, rico y bienhechor, sino que había contemplado la imagen de Dios en mí. Es una locura. ¿Cómo sería el mundo si en verdad creyésemos, como dijo el apóstol Pablo, ¿que ya no vivimos nosotros sino que Cristo vive en nosotros? (Gálatas 2:20).

Durante mi estadía en la colonia de leprosos, la Biblia cobró vida, se transformó del blanco y negro para adquirir color, justo como había sucedido en las calles de Filadelfia. Pude contemplar el evangelio con ojos nuevos. Uno de los versículos que siempre me había costado entender era Juan 14:12: «Ciertamente les aseguro que el que cree en mí las obras que yo hago también él las hará, y aun las hará mayores, porque yo vuelvo al Padre». ¿Que hará cosas mayores? El Hijo de Dios Todopoderoso, Dios hecho carne, nos declara que nosotros, sus discípulos desharrapados, haremos las mismas obras que él hizo. No sé tú, pero en los últimos días yo no he resucitado a nadie ni he visto que alguien convierta el agua en vino (aunque tenía un amigo que lo intentó). Tampoco he sanado a ningún leproso. A pesar de que los tocaba, ellos regresaban a sus casas con la misma enfermedad.

Sin embargo, comencé a descubrir las «cosas mayores». No solo se trataba de milagros. Comencé a entender que los milagros, más que una expresión del poder de Jesús, eran una expresión de su amor. De hecho, el poder del espectáculo milagroso fue la tentación que Jesús enfrentó en el desierto cuando fue tentado a convertir las piedras en pan o a tirarse del templo. No obstante, el significado duradero no estaba en los milagros en sí mismos sino en el amor de Jesús. Él resucitó a su amigo Lázaro de los muertos y, unos cuantos años después, este volvió a morir. Jesús sanó a los enfermos, pero ellos al final contrajeron otra enfermedad. Él alimentó a las multitudes, y al siguiente día estaban hambrientas de nuevo. Aun así, recordamos su amor. Más que sanar al leproso, el hecho significativo es que Jesús lo tocó ya que en ese tiempo nadie tocaba a los leprosos. Y lo que más sorprende de ese amor es que ahora está en nuestro interior. En los versículos que siguen a la mención sobre las cosas mayores, Jesús nos asegura que su Espíritu ahora vive en nosotros. Jesús afirma que él va al Padre, pero que permanecerá en nuestro interior y que nosotros permaneceremos en él. Somos el cuerpo de Cristo, sus manos y sus pies en el mundo. Ahora Cristo vive en ti y en mí y recorre la tierra. Debemos hacer cosas mayores porque el amor que el Cristo radical tenía ahora vive en el corazón de millones de radicales ordinarios alrededor del mundo.

Que conste que soy alguien que cree firmemente en los milagros, y me vienen a la mente muchas historias sobre la providencia milagrosa. Déjame compartirte una de manera breve: un amigo estaba trabajando en una clínica médica que habían instalado en Latinoamérica. Sus provisiones eran escasas. En una ocasión, se les había agotado todo excepto un frasco de *Pepto-Bismol*. Así que cuando las personas llegaban a la clínica con todo tipo de enfermedades, lo único que podían ofrecerles era *Pepto-Bismol*. No obstante, mi amigo me dijo: «lo sorprendente era ver que las personas se sanaban». Los pacientes llegaban con todo tipo de enfermedades y heridas, y los misioneros les daban el *Pepto*[4]. Una multitud de pacientes de todas partes llegaba al lugar y él cuenta que esa pequeña botella no se agotaba. Por lo tanto, creo que los milagros son reales. Una tras otra, las historias vienen a mi mente. Pero más allá de los milagros, el amor es lo que tiene un significa-

4. Esto no es publicidad para *Pepto-Bismol* ni tampoco es mi deseo sugerir que esta experiencia se puede repetir.

do duradero. Podemos hacer toda clase de milagros, pero si carecemos de amor, no hemos hecho nada. En la colonia de leprosos, tuve la extraña sensación de que, de alguna forma, el Espíritu de Dios vivía en mí.

Era tiempo de salir de la colonia de leprosos y, muy pronto, también de Calcuta. En primer lugar, tenía que despedirme de Jon y Kisol. Nos abrazamos y lloramos. Nunca olvidaré nuestro último intercambio. A Jon siempre le había gustado mi reloj digital por sus sonidos y todas las funciones. Al momento de despedirnos, coloqué el reloj en su brazo. El reloj llegó hasta la última escotadura de la muñeca. Jon me miró, meneó su cabeza y me dijo que no tenía nada que darme. Le dije que él me había dado más de lo que yo podía explicar, y agregué: «me adoptaste». Él sonrió. Kisol siempre llevaba un collar con dos medallas alrededor del cuello, quizá era una de las únicas posesiones materiales que atesoraba. Eran las medallas íconos que Madre Teresa te entrega cuando ora contigo para recordarte su bendición y oraciones continuas. Kisol tenía dos de esas medallas; estaban viejas y desgastadas y él solía cargarlas en su cuello. Madre Teresa me había dado unas cuantas unos días atrás, y lo que hice fue colocarlas en hilo dental para poder utilizarlas como un collar. Cuando estaba a punto de partir, Kisol se quitó las medallas de su cuello y las colocó en mi cuello. Luego, le entregué las mías. Nos abrazamos y, luego de eso, partí.

Gandhi estaría orgulloso de este pequeño «experimento con la verdad» que lleva su nombre. Los leprosos me habían dado una muestra de los que Dios tuvo en mente al crear el mundo. Recuerdo que cada mañana oraba de esta manera con mis hermanos en la colonia de leprosos: «Venga tu reino, hágase tu voluntad en la tierra como en el cielo». Quizá por primera vez, esas palabras ya no estaban desprovistas de significado, tampoco eran expresiones que esperaba se volvieran reales algún día. Se convirtieron en palabras que no solo esperábamos se hicieran realidad, sino también palabras que se debían promulgar. Una percepción como esta era algo extraño para mí debido al materialismo que caracteriza a mi país, pero estaba tan cercana a lo que vi en la iglesia primitiva: personas comunes que creaban un nuevo estilo de vida, una nueva comunidad marcada por la interdependencia y el amor sacrificial.

Vivir en «comunidad de forma intencional» no era una opción para los leprosos, pues para ellos la necesidad de sobrevivir demandaba comunión. La comunión era su vida. El evangelio era su lenguaje. Con razón Jesús dijo: « Dichosos ustedes los pobres, porque el reino de Dios les pertenece».

ENCUENTRA TU CALCUTA

Después de salir de la colonia, me despedí y abracé a los demás y le prometí a Andy que le escribiría. Me dirigí a las calles de Calcuta llenas de charcos, y me despedí con muchos abrazos. Algunos de los mendigos me preguntaron si tenía algo para regalarles. Mi maleta estaba vacía ya que había regalado todas las burbujas, los juguetes, los dulces y aun mi alijo secreto de Gatorade y el dinero en efectivo de emergencia. Lo único que podía entregarles era amor. Al final, mi corazón tenía paz. Luego, llegó el momento de salir de Calcuta.

Fui a Calcuta en busca del cristianismo, con la esperanza de encontrar a una anciana monja que creyera las palabras de Jesús de forma literal. Y encontré el cristianismo, pero no solo le pertenecía a Madre Teresa. Al final, sí la conocimos. En Calcuta, ella no era «Madre Teresa, la Santa», sino solo la «Madre» que caminaba por las calles, jugaba con los niños, cuidaba a los enfermos e iba a misa todas las mañanas. Madre[5]. De hecho, cuando finalmente nos encontramos, yo no tenía mucho que decir. Solo deseaba un abrazo de Madre Teresa y ella me lo dio. Para expresarlo de alguna manera, fue como decir: «Sí, es ella, Madre Teresa, otra radical ordinaria, enamorada de Dios y de sus prójimos».

Después de la muerte de Madre Teresa, un reportero me preguntó si el espíritu de ella permanecería para siempre. Dije: «Con sinceridad creo que ella murió hace muchos años cuando le entregó su vida a Jesús. El gozo, la compasión y el amor que atraen tanto al mundo es simplemente Jesús y eso es eterno». Pude contemplar ese amor eterno a lo largo y ancho de Calcuta. En verdad, vi a Cristo en Madre Teresa, pero también lo vi en los leprosos, los niños, los destituidos, los obreros. Hasta comencé a reconocer que Cristo vive en mí.

Madre Teresa siempre decía: «Calcuta está en cualquier lado, si tan solo tenemos ojos para verla. Encuentra tu Calcuta». Ahora estaba listo para regresar a casa, y sabía que mi Calcuta estaba en Estados Unidos, pues estaba consciente de que no era posible

5. Mi amiga Brooke terminó yendo al mismo hospital en el que Madre Teresa se encontraba ingresada. Los doctores del hospital comentaron que ella les había dicho: «Hay demasiadas personas allá fuera que están hambrientas, sin hogar y en soledad como para que yo permanezca en este lugar. Déjenme salir». Así que ellos cumplieron su petición.

erradicar la pobreza si primero no se examinaba de forma detenida la riqueza. Me encontraba a punto de luchar contra la bestia que sale del vientre. Los leprosos me enseñaron que la lepra es una enfermedad que entumece la piel contagiada y que insensibiliza los nervios a medida que el cuerpo se consume. De hecho, la forma en que detectábamos la enfermedad era a través de frotar una pluma por todo el cuerpo de la persona. Si ella no la sentía, se le diagnosticaba la enfermedad. Para tratar al paciente, diseccionábamos el tejido dañado hasta que la persona pudiera sentir de nuevo. Al marcharme de Calcuta, sentí que regresaba a una tierra de leprosos; una tierra llena de personas que habían olvidado los sentimientos, la risa, el llanto; una tierra angustiada por la insensibilidad. ¿Podremos aprender a ser sensibles otra vez?

CAPÍTULO 4

CUANDO LA COMODIDAD SE VUELVE INCÓMODA

Sé
tomand
vida en
go, ya v
vida. Cu
vuelta a
querido
de imag
taba er
y comp
medici
el que
de din
solo te
demás
no nec

Per
araba
en las
tarme
evitar
tenía

Sé
toman
vida e
go, ya
vida. C
vuelta
querido
de ima
taba er
y comp
medici
el que
dinero

Pocos días después de mi regreso de Calcuta, me dirigí hacia la Iglesia Willow Creek Community, en los verdes suburbios de Chicago, donde haría una pasantía de un año de duración. El año anterior recibí un estudio bíblico cuya idea central consistía en que en lugar de esperar a que el plan de Dios para tu vida llegue, tú debes buscar dónde Dios está obrando y unírtele. Y eso fue lo que hice, pues tenía sentido (incluso no terminé el estudio). Eso me motivó a pasar el verano en Calcuta y después un año en Willow Creek[1]. El poder de Dios se manifestaba en ambos lugares, pero no me imaginaba lo difícil que sería la transición. Cuando caminé dentro del vestíbulo en las instalaciones de la mega iglesia donde se encuentra la plaza de restaurantes, entendí que me encontraba muy lejos de la colonia de leprosos en India. Me impactó la colisión entre el mundo de la pobreza y el mundo de la riqueza; eso es algo a lo que los expertos conocen como choque cultural. Según Madre Teresa, es entre los ricos donde podemos encontrar la peor pobreza: la soledad. Así que es probable que me encontrara entre los más pobres de los pobres, ¡pero esa pobre gente era algo adinerada!

SOFOCADO POR LA CULTURA

Había escuchado que la hermosa historia de los inicios de Willow Creek se remontaba a un grupo de jóvenes bastante desilusionado con la iglesia. Los jóvenes se fueron a vender tomates de puerta en puerta para preguntar a las personas cómo se sentían con respecto a una cosa en particular, la iglesia. Si las personas con las que hablaban se sentían felizmente conectadas a una congregación, los jóvenes las motivaban seguir adelante y se retiraban. Si se encontraban con personas desanimadas u hostiles contra la iglesia, hablaban con ellas y les explicaban que tenían algo en común y que estaban intentando iniciar una nueva forma de ser iglesia. Sobre la base de la visión de la iglesia primitiva y con el libro de Hechos en su boca, ellos empezaron como un grupo pequeño, desenfadado y ferviente. Ahora, treinta años después y con más de veinte mil personas que se congregan cada semana en un campus de ciento cincuenta acres, son la congregación más grande del país.

Gracias a un acuerdo, la Universidad Eastern me permitió concluir mis estudios en la Universidad de Wheaton, la cual se ubica

1. http://www.willowcreek.org

a media hora de Willow Creek donde realizaba la pasantía. Decidí asumir una carga académica liviana para entregarme de lleno a la obra de la iglesia, donde trabajé en el inicio del ministerio Axis para personas de entre veinte y treinta años, cuya ausencia en la mayoría de las iglesias era notoria. También dediqué una parte del tiempo al trabajo de inmersión urbana para sacar a las personas de la burbuja de los suburbios. Pasé la mayor parte del tiempo animando a estudiantes de secundaria a unirse al pequeño ministerio juvenil compuesto por mil estudiantes. Además, cada vez que tenía la oportunidad, iba al centro de Chicago y paseaba por los barrios pobres de Lawndale, caminaba por la parte alta de la ciudad o pasaba tiempo con los indigentes que vivían debajo del túnel Lower Wacker.

Debo decir que Wheaton no era el sitio más fácil donde estar; había agradables bocanadas de aire fresco, jóvenes que buscaban a Dios de forma radical y algunos que hacían bromas increíbles (las cuales no debo mencionar en detalle pues puede ser que aún anden buscando a los culpables de algunas travesuras, pregúntenme después). Pero incluso para este típico joven del este de Tennessee, Wheaton era un ambiente muy homogéneo, privilegiado y de gente blanca. Demasiadas personas lucían y pensaban igual; parecía que nos habían robado el regalo de la diversidad. A menudo escuchaba que se referían a Wheaton como la «Harvard de las universidades cristianas». No estaba seguro de cómo se sentía Dios al respecto, ya que al parecer él prefiere usar lo necio para confundir a los sabios. Además, en ese entonces Wheaton aún tenía la molesta prohibición contra el baile.

Mi compañero de habitación en Wheaton, sin duda alguna divinamente asignado (lo digo con un poco de buen humor), era el líder del Cuerpo de Entrenamiento de Oficiales de Reserva (ROTC) y uno de los pocos estudiantes de Wheaton que no eran blancos. Me explicó que la única forma como logró entrar a Wheaton fue por medio de una beca del ROTC y de su servicio obligatorio en la armada estadounidense, a pesar de no haber nacido en Estados Unidos. Hablábamos mucho sobre la guerra y la paz. Me explicaba que no creía que los cristianos debían ir a la guerra. Pasamos buenos momentos juntos, como el debate que organizamos (está bien, improvisamos) para todos los cadetes del ROTC, en el que «discutimos» sobre teoría de la guerra. Fue sorprendente llegar a la conclusión de que cuando Jesús dijo «ama a tus enemigos», quiso decir «no los mates». Quisiera poder decir que ese fue el fin del ROTC en Wheaton, pero eso aún está en proceso. Sin embargo, aplaudo la decisión de Wheaton de cambiar el nombre de sus equipos deportivos de *Wheaton Crusaders* [Los Cruzados de Wheaton] a *Wheaton Thunder* [Los Truenos de Wheaton].

POBRE HOMBRECITO RICO

El año que pasé en Wheaton, Rich Mullins también estuvo ahí en una especie de año sabático. Rich Mullins era un famoso cantante y compositor cristiano que murió hace unos años en un accidente automovilístico. Antes de conocerlo quizá no me hubiera importado mucho, pues sabía muy poco él. La única canción que conocía de él era una titulada *Awesome God* [Dios impresionante], la cual encontraba un poco desfasada; además, no me agradaba la parte que menciona que Dios tiene un «rayo en su puño», pues parecía referirse más al dios griego Zeus que a Jehová. Mi amigo Joe solía cantar esa canción con otra letra, pero no la voy a repetir aquí ya que por ella se le prohibió tocar en los cafés universitarios (además Zondervan no me lo permitiría). Basta con decir que mencionaba que Dios pateaba a alguien. Pero cuando escuché que Rich Mullins era un tipo aventurero, que hacía autoestop con frecuencia, andaba descalzo todo el tiempo y a quien le gustaba San Francisco de Asís (mi recién descubierto héroe), la curiosidad me invadió en secreto. El encargado de mi dormitorio en Wheaton me dijo que Rich había llegado a la universidad porque estaba componiendo un musical inspirado en la vida de San Francisco. Supe, también, que el encargado de mi dormitorio haría la audición de una parte del musical. Um... eso me intrigó aún más. A fin de mejorar la relación con el encargado (nunca sabes cuándo te será útil, mucho más si estás en Wheaton), le pregunté si lo podía acompañar, y así fue. Rich y su banda, los *Ragamuffins*, presenciaron la audición. Me senté atrás, estudié un poco y observé. Algunos participantes eran descalificados, mientras a otros los llamaban para leer otra vez. A medida que quedaban menos participantes, entre ellos mi amigo, se dieron cuenta de que necesitaban otro lector. En ese momento, yo tenía el cabello pintado de diferentes colores, llevaba unos bluyines rotos y una camiseta del grupo musical *Rage Against the Machine* [En contra de la máquina], la cual mostraba una bandera negra de los Estados Unidos con la frase «Imperio Perverso». Creo que pensaron que yo era lindo y que no encajaba en el estereotipo de Wheaton, así que me eligieron como el extra para ayudar a leer en las últimas audiciones.

Después de haber leído un par de líneas, tuvieron el descaro de decirme: «Solo necesitamos que leas con claridad, evita el acento». ¿Qué? *¿Evitar el acento*? (te recuerdo que nací y crecí en Tennessee). De forma amigable, les hice una broma y rápidamente se dieron cuenta de que mi acento no era un intento de mi parte para desarrollar el personaje. Ahora que lo pienso, fue raro cómo congeniamos tan pronto. Me pidieron que hiciera una audición para la obra. Les dije que no tenía tiempo para participar en ella; dijeron que ellos tampoco tenían tiempo. Les dije que no cantaba; ellos me dijeron que lo intentara, así que lo hice.

Rich tocaba un antiguo himno en el teclado, la banda lo apoyaba y luego, a su vez, cada participante de la audición cantaba el coro; así fue como me uní a la línea de espera. Con el obstáculo de mi falta de ritmo y mi sordera al tono, no tenía idea de cuándo debía empezar a cantar, pero traté de fingir que lo sabía. En cada intento, estaba muy adelantado o atrasado con el tiempo de la música, y lo intenté varias veces antes de darme por vencido. Todos reían a carcajadas. Todos se burlaban de mí, pero no tardaron mucho en invitarme a ser parte del espectáculo. Me aseguraron que había una parte en que no se necesitaba tener destreza musical y que el espectáculo consistía tanto en tener un sentido de comunidad como demostrar talento. Así que unos meses después, terminé haciendo sincronización de labios en el musical.

Entre tanto, me divertía mucho con Rich y los *Kid Brothers of St. Frank* [Los Hermanos Menores de San Francisco], nombre que le dieron al grupo. Rich fue una de las personas que me aseguraron que los evangelios no eran solo para Madre Teresa y San Francisco, y que el Sermón del Monte tiene tanto significado hoy día como lo tuvo dos mil años atrás.

Nunca olvidaré uno de los mensajes que Rich diera en la capilla durante el tiempo que yo estuve en Wheaton. (Debo confesar que me había desvelado la noche anterior por jugar Monopolio y que me dormí durante todo el sermón, pero después escuché la grabación.) Rich pasó al frente en la capilla y dijo: «Ustedes, muchachos, andan en la onda de nacer de nuevo, lo cual es bueno. En verdad, necesitamos nacer de nuevo ya que Jesús se lo dijo a un hombre llamado Nicodemo. Pero si ustedes me dicen que necesito nacer de nuevo para entrar al reino de Dios, yo les puedo decir que deben vender todo lo que tienen y dárselo a los pobres ya que Jesús también le dijo eso a un joven… (guardó silencio por un momento). Pero supongo que por eso es que Dios inventó los marcadores, para que podamos señalar las partes que nos gustan e ignorar el resto». ¡Ja! Si Rich no hubiese muerto, es probable que se hubiera agregado a la lista negra de predicadores notorios de la capilla.

COMODIDAD INTERRUMPIDA

Así que todas estas experiencias con Rich fueron como un bono para mí. Si lo pienso bien, fue misterioso cómo todas ellas parecían encajar con mis vivencias en Chicagolandia y el mundo de Willow.

El motivo principal por el cual había ido a Chicago era Willow Creek, así que casi todos los días hacia el recorrido de media hora. Ese recorrido desde Barrington hasta Wheaton se había vuelto algo muy conocido, y usaba el tiempo para procesar mis pensamientos. Mientras conducía, guardaba mis reflexiones en una grabadora portátil. No sabía lo difícil que sería vivir en el mundo de Wheaton y Willow después de regresar de los barrios de Calcuta. Trabajaba en una de las iglesias más ricas de mundo. En la Harvard de las universidades cristianas, actuaba en una obra acerca de la vida de un tipo llamado Francisco, y la gente pagaría quince dólares para ir a verla. ¡Qué ironía! Comía en la plaza de restaurantes de Willow Creek, mientras aún digería mis días con los huérfanos hambrientos de Calcuta. A veces me sentía tan frustrado y molesto que me preguntaba cómo era posible que esos extremos existieran en el mismo mundo no digamos en la misma iglesia. Otras veces me mantenía escéptico, lo cual era lo más fácil de sentir pues el escepticismo no requiere mucho esfuerzo.

Pero ya que cada vez conocía a más personas hermosas, me era difícil mantenerme escéptico. A menudo, me quedaba a dormir en la casa de Sibyl y Dick Towner, miembros y líderes de Willow desde hacía mucho tiempo, con quienes rápidamente entablamos una amistad. Sibyl y Dick irradiaban la contagiosa alegría del amor de infancia, por lo que muchas personas los visitaban para sentir el calor de la comunión. La primera vez que entré a su casa vi uno de los libros de Madre Teresa de Calcuta ubicado de forma prominente en el centro de la sala, y eso me hizo sentir que todo estaría bien. No pasó mucho tiempo para darme cuenta del aprecio que Sibyl tenía por Madre Teresa, y decidí regalarle el libro que ella me había autografiado. Durante muchos años, Dick había sido el director financiero de Willow Creek, y había enseñado sobre mayordomía y dinero. Pasamos muy buenos momentos entre conversaciones de corte teológico y risas. Entre más conocía personas como Sibyl y Dick en Willow, más me daba cuenta de lo sinceros que eran. Se preocupaban por la gente y avergonzaban al cristianismo nominal y estancado; se arriesgaban mucho al invitar a las personas a experimentar el amor, la gracia y la comunión; permitían que los indigentes durmieran dentro del edificio en las noches frías; tenían un ministerio de provisión de autos para quienes los necesitaban; los mecánicos trabajaban como voluntarios para ayudar a las madres solteras que tenían problemas con sus autos; reservaban los estacionamientos del frente para las madres solteras. Vi la hospitalidad de los primeros cristianos en un nuevo y extraño contexto. Aunque era raro tener una plaza de restaurantes en el edificio, descubrí que con ello buscaban que las personas pudieran cenar juntas, como una gran familia, en lugar de ir a un centro comercial o a restaurantes de comida rápida. También me di cuenta de que las ganancias de la plaza de restaurantes se destinaban para un fondo para combatir el hambre en el mundo. Además, tomaron la valiente decisión de asegurarse de que el café que servían se comercializara de forma justa[2]. Así que aprendí a no juzgar por la primera impresión. De lo contrario, hubiera sido muy fácil haber dado por perdida a Willow Creek, cuando en realidad me di cuenta de que Dios habitaba ahí.

No obstante, al recorrer el campus de Willow, me parecía que aún había un gran abismo entre las buenas personas de los suburbios y las multitudes que sufren en Calcuta o debajo del túnel Lower Wacker. Al final, conocí a uno de los fundadores de Willow que, con toda honestidad, me habló de lo mucho que ayudan a los pobres en su entorno pero también de cuán desconectada y aislada esa ayuda se puede volver. Él se preguntaba si era suficiente ayudar a los pobres con los cuales se encontraban en los suburbios. Yo podía sentir su corazón, y en mi mente hacían eco

2. Estados Unidos consume una quinta parte del café que se produce en el mundo, lo que lo convierte en el país más consumidor de café. Sin embargo, pocos estadounidenses se dan cuenta de que en la industria del café los campesinos a menudo trabajan arduamente en lo que se puede describir como «maquilas en el campo». Muchos pequeños productores de café perciben precios por sus productos que no se equiparan a los costos de producción, lo que los obliga a permanecer en un ciclo de pobreza y deuda.
El comercio justo es una solución viable para esta crisis ya que nos brinda la garantía a los consumidores de que el café que bebemos ha sido comprado bajo condiciones justas. Para ser certificado en comercio justo, el importador de cumplir estrictos criterios internacionales, entre ellos pagar el precio mínimo de $1.26 por libra; proveer créditos necesarios para los campesinos y brindar asistencia técnica, por ejemplo, ayuda para hacer la transición hacia la agricultura orgánica. Para los campesinos, el comercio justo significa desarrollo comunitario, salud, educación y protección del medio ambiente. Visita www.globalexchange.org y www.puravidacoffee.com.

las palabras de Tony Campolo, quien había sido mi profesor en la Universidad Eastern: «Jesús nunca les dijo a los pobres: "vengan a buscar la iglesia", sino que nos dijo a la iglesia: "vayan a las naciones y encuentren a los pobres, hambrientos, sin techo y prisioneros", todos ellos son Jesús en sus disfraces». No podía evitar preguntarme si en verdad habíamos marcado solo algunos versículos de la Biblia, tal como Rich había dicho. Me llenaba de gozo ver centenares de personas volverse creyentes. Aun así no dejaba de hacerme la misma pregunta de Dorothy Day: «¿Hemos siquiera comenzado a ser cristianos?». Leo pasajes de la Biblia como Mateo 25:31-46, donde Jesús nos dice que al final seremos separados en dos grupos, las ovejas y las cabras, y que el criterio de decisión será cómo hemos cuidado de los pobres, hambrientos, prisioneros y desnudos. No podía evitar preguntarme: cuando todo esté dicho y hecho y los miles de cristianos con los que he estado nos reunamos frente al trono, ¿estaremos todos en el grupo de las ovejas?

Una vez escuché a uno de los pastores maestros de Willow Creek predicar el texto sobre del joven rico, del cual Rich había hablado en la capilla de Wheaton. El pastor maestro dijo: «Ahora, esto no significa que tienes que ir y vender tus patines y palos de golf». Luego, pasó a «contextualizar» la enseñanza para señalar que solo necesitamos tener cuidado de no idolatrar nuestras posesiones. Yo no estaba muy seguro de ello ya que Jesús no le dijo al joven que fuera un mejor mayordomo, o que tratara mejor a sus empleados o que no idolatrara el dinero. Jesús le dijo a ese joven altamente educado y devotamente religioso que le hacía falta una cosa: vender todo lo que tenía y darlo a los pobres. Rich Mullins solía decir que le declaró eso porque habrá muchas personas que irán al banquete y Dios no querrá lidiar con todo su equipaje.

LA INCÓMODA CRUZ

Decidí estudiar a profundidad el pasaje sobre el joven rico, el cual aparece en Mateo, Marcos y Lucas[3]. Después de que Jesús enseñó que debemos entrar al reino como un niño, un hombre rico se le acercó y le preguntó qué necesitaba hacer, y Jesús le dijo que le hacía falta una cosa. (La palabra «falta» es interesante, pues el joven rico pensaba que lo tenía todo). ¿Qué cosa le hacía falta? Casi puedes imaginar que el joven empieza a emocionarse.

3. Mateo 19:16-30; Marcos 10:17-30; Lucas 18:18-30.

Pero Jesús le lanza la gran declaración: «¡Vende lo que tienes, y dáselo a los pobres!». El joven se entristeció y se marchó con sus riquezas.

Creo que a Jesús le partió el corazón ver que el joven se marchaba. El texto dice que al marcharse el joven, Jesús lo vio y «lo amó». Pero Jesús no corrió tras el joven ni le dijo: «Oye, se trata de un viaje; da solo la mitad», o «empieza con el diez por ciento». Jesús solo dejó que el joven eligiera la riqueza.

En nuestra cultura de «sensibilidad por el que busca» e inclusión radical, la gran tentación es comprometer el costo del discipulado para atraer a una mayor multitud. Con toda sinceridad, no queremos que nadie se aleje de Jesús por la incomodidad de su cruz, así que tratamos de cortar las garras del León y de limpiar un poco la sangrienta cruz a la cual somos llamados a seguir. Pienso que es por eso que los discípulos reaccionaron como lo hicieron. Sorprendidos, protestaron: «¿Quién podrá salvarse?» («¿Por qué lo haces tan difícil? Jesús, necesitamos gente rica, estamos tratando de crear un movimiento»). Aun así Jesús dejó que el rico se marchara.

Jesús no excluye a los ricos, solo les informa que su nuevo nacimiento les costará todo lo que tienen. La historia no se trata de si los ricos son bienvenidos sino de la naturaleza del reino de Dios, cuya ética y economía son diametralmente opuestas a las del mundo. En lugar de acumular riquezas para sí, los seguidores de Jesús dejan todo y confían en que Dios, solo él, les proveerá.

Willow Creek ha acuñado los términos de «sensibilidad por el que busca», es decir, la idea de que las congregaciones necesitan forjar espacios para que los que buscan puedan ir en pos de Dios, lo cual es algo bueno. Soy el primero en decir que necesitamos más refugios seguros, especialmente en la iglesia, donde las personas puedan formular preguntas difíciles y todos podamos buscar la verdad en humildad y gracia. Anhelo que la gente se enamore de Dios y de los demás, y por ello soy un fanático de la inclusión radical, aun si esto implique no eludir a los transexuales o a quienes conducen camionetas todo terreno. Sin embargo, también me di cuenta de que atreverse a ser incluyente puede ser muy delicado. Enfrentamos la tentación de comprometer el costo del discipulado y, en el proceso, perder la identidad cristiana. No queremos que las personas se alejen. Nos impulsa el deseo sincero de que otros conozcan el amor y la gracia de Dios y que experimenten la comunión cristiana. Pero podemos caer en el error de desvirtuar aquello que deseamos que las personas experimenten. Esta es la «gracia barata»[4] que el escritor espiritual y compañero revolucionario Dietrich Bonhoeffer llamó «el enemigo más mortal de la iglesia». Él conocía muy bien el costo del discipulado; después de todo, eso lo llevó a su ejecución en 1945 tras haber participado en la resistencia protestante en contra de Hitler.

Es curioso que una de las primeras historias de la iglesia primitiva en el libro de los Hechos trate sobre el extraño relato de Ananías y Safira, una pareja que retuvo una porción de sus posesiones de la ofrenda en común para luego mentir al respecto. Pedro los confrontó de una manera un tanto ruda (sin mucha sensibilidad por el que busca). Para colmo, Dios después les arrebata la vida (no fue algo tolerante ni incluyente). Quizá deberíamos estar agradecidos porque Dios ya no hace eso, de lo contrario, nuestras congregaciones serían mucho más pequeñas. Nos gustaría incluir gente adinerada como el joven rico y Ananías y Safira, pero al final obtendríamos el tipo de cristianismo que surgió después de Constantino, en el cual todos pueden ser cristianos pero ya nadie sabe lo que significa ser un cristiano[5]. Sin embargo, en las Escrituras, Jesús advierte una y otra vez sobre el costo del discipulado, que implica dar todo lo que se tiene, todo lo que se espera y todo en lo que se cree: la familia biológica, las posesiones e incluso la vida. Jesús advierte que tomemos en cuenta el costo antes de poner la mano en el arado. Él permite que las personas se marchen. Cierta vez le pregunté a alguien por qué no había cruces en Willow Creek. Su respuesta fue reveladora: «Tratamos de ser sensibles para con los que buscan y la cruz no lo es». A decir verdad, sé que él se refería al hecho de que muchas personas asocian el dolor de las experiencias que han vivido en las iglesias con los íconos tradicionales, la música, los himnarios y las bancas. Por ello, Willow Creek se deshizo de todas esas barreras culturales. Aunque proclaman y viven el mensaje de la cruz de muchas maneras preciosas, el hecho de que una iglesia no tenga cruces aún es profundamente inquietante. Es cierto, la cruz no es siempre sensible para con el que busca. La

4. El encanto de la gracia barata no se limita a las megaiglesias con sensibilidad por el que busca. También es atractiva para muchos círculos cristianos progresistas donde la gracia barata tiene diferentes rostros. Ojalá que reconocerlo nos permita tratar con más gracia a aquellos a quienes podríamos acusar de desvirtuarla.

5. Para muchos, el reinado del primer emperador cristiano, Constantino, en el siglo cuarto marcó un punto muy importante en la historia de la iglesia. Con la turbia unión del poder imperial y la cruz cristiana, el movimiento de Jesús pasó de ser el perseguido a ser el perseguidor. Constantino abrió las puertas de la iglesia a los ricos y poderosos, pero con un alto precio. El arrepentimiento, el nuevo nacimiento y la conversión se cambiaron por la gracia barata. La verdadera identidad de lo que significa ser un discípulo de Jesús se perdió. Olas de personas se incorporaban a la iglesia, pero los discípulos cristianos eran difíciles de encontrar.

cruz no es cómoda. Pero la cruz es el fundamento de nuestra fe, y me temo que al quitar la cruz también quitemos el símbolo central que muestra la naturaleza pacífica y llena de gracia de nuestro Amado. Si quitamos la cruz corremos el riesgo de promover una gracia muy barata. Quizá eso *debería* incomodarnos. Después de todo, no fue muy cómodo estar clavado en la cruz.

VOLVERSE AMANTES

Una vez escuché decir: «Dios conforta al alterado y altera al cómodo». En mi comodidad suburbana, sentía que Dios me alteraba cada vez más. Me sentía muy incómodo en la comodidad de los suburbios. Lo hermoso fue que mi incomodidad no surgió de una actitud condenatoria y escéptica sino del anhelo por algo más, ya que no quería conformarme con la comodidad. No quería acomodarme en una vida alejada de los quejidos de los barrios bajos o de lo lindo que es jugar a mojarse en los hidrantes y hacer fiestas en las calles de los barrios. Yo quería ver que la comunidad de Willow Creek departiera con las solitarias y sufridas masas que necesitaban tanto pero que nunca irían hasta Barrington. Mientras más leía la Biblia, más interrumpida sentía mi cómoda vida.

Y allí estaba yo, en mi último año de la universidad, aún sin saber qué haría después de graduarme. Luego del musical con Rich, sabía que no actuaría en Broadway (la sincronización de labios no tiene gran demanda). Mientras más leía la Biblia, más inseguro me sentía con respecto a mis planes para el futuro, o incluso de lo sabio que es, en primer lugar, hacer planes pues parecía que Dios se tomaba la tarea de trastornarlos. No me ayudaba mucho estudiar sociología, que es el estudio de la interacción humana. (¿Cuánto más incierto te puedes sentir con un estudio de este tipo? ¿Qué puedes hacer con ese título?). Las personas me preguntaban qué haría después de graduarme. La gente siempre quiere definirte por lo que haces. Comencé a decir: «No estoy tan preocupado por lo que voy a hacer como por lo que voy a ser. Quiero ser un enamorado de Dios y de la gente».

Estaba convencido de que lo que hacemos no es tan importante como lo que somos. La pregunta no radica en que si serás doctor o abogado sino en qué tipo de doctor o abogado te convertirás. ¿Qué hubiera respondido Jesús a sus veinte años si le hubieran preguntado «qué harás cuando seas mayor»? No lo sé, tal vez él hubiera contestado algo similar a esto: «Pondré al mundo de cabeza. Pasaré tiempo con prostitutas y cobradores de impuestos hasta que la gente me mate». ¿Qué habría dicho Pedro? «Bueno, yo iba a ser pescador, pero luego conocí a un tipo que arruinó mis planes».

Recuerdo que Madre Teresa decía: «No se preocupen por su carrera, preocúpense por su vocación, que es ser amantes de Jesús». Así que comencé a llamarme «amante vocacional». Cada vez que llenaba solicitudes (las cuales abundan en el último año de la universidad) y en estas había un espacio en blanco para la profesión, simplemente escribía «Amante». En mi libro del reencuentro de la secundaria, aparezco como un amante de la carrera, y estoy conforme con eso.

MI AMANTE

Después de preguntar: «¿Qué harás?», la siguiente pregunta siempre era: «¿Conoces a alguna dama?». Con actitud insolente, solía decir: «Sí, he conocido muchas damas; casi una de cada dos personas que conozco es una dama». Y me veían fijamente, con una mirada de decepción. Entiéndeme, soy el único hijo y el único nieto (sin primos) en ambos lados de mi familia, así que soy la única esperanza para continuar la descendencia. Había grandes expectativas, y debo admitir que esa es una gran carga para un joven. Las personas se preguntaban si era homosexual o si sería sacerdote; ninguna de las dos opciones habría sido aceptable en el este de Tennessee.

Pero ser soltero tenía lógica, y muchas de las personas que admiraba habían tenido vidas hermosas como solteros. Sus vidas habrían sido diferentes si se hubieran casado (no malas, sino diferentes). Rich Mullins era uno de ellos. Un día, mientras almorzábamos, le pregunté a Rich por qué seguía soltero. Me miró de forma graciosa y me dijo: «Abre la Biblia». Creí que me diría que leyera los versículos en los que Pablo enseña que es mejor ser soltero y servir a Dios (1 Corintios 7); pero Rich abrió la Biblia en Mateo 19:10-12, justo después de que Jesús enseña sobre el matrimonio y el divorcio y los discípulos le dicen: «Si tal es la situación entre esposo y esposa [...] es mejor no casarse». Jesús les responde que algunos son eunucos[6], y hay otros que han renunciado al matrimonio por causa del reino de los cielos. Y dijo: «El que pueda aceptar esto, que lo acepte». Nunca lo había considerado.

La iglesia no me había enseñado eso. Recuerdo con claridad uno de los servicios para niños en mi iglesia Metodista Unida. El pastor pidió que los niños pasaran al altar y sostuvo un portarre-

6. Si no sabes qué es un eunuco, mira el diagrama en el apéndice. Es una broma. Toma el teléfono, llama a un pastor y pregúntale. Esto podría resultar en una conversación interesante.

trato que mostraba la imagen de la familia tradicional perfecta: una mamá, un papá y dos hijos. Habló de la importancia de la familia, luego oró con los niños para que pudieran encontrar la persona especial que Dios les tenía preparada. Salí del sermón profundamente convencido de que debía mantener mis ojos abiertos, pues creía que si no conocía a esa persona especial era porque yo no buscaba a Dios, porque ella no buscaba a Dios, o porque quizá ella habría sufrido una muerte prematura, en tal caso, yo solo tendría que hacerle frente a la situación. Parecía que todo buen cristiano debía casarse, pero entre más buenos cristianos veía en la historia, más inseguro me sentía al respecto. El ministerio para solteros siempre había sido un lugar para casarse. Encontrar a una persona con quien salir quizá no sea la razón principal por la que los jóvenes asisten a los grupos juveniles, pero sí está entre las primeras cinco razones. Debo ser el primero en admitir que cuando nos tomábamos de las manos para orar, yo pensaba de forma estratégica. De alguna manera, había pasado por alto que la soltería era un hermoso medio para el discipulado y que la historia de la iglesia incluye un gran número de personas solteras que han seguido a Dios: Jesús, en primer lugar; muchos discípulos y mártires; Francisco y Clara de Asís, los monjes del desierto, entre otros. ¿Cómo hubiera sido la vida de Madre Teresa si se hubiera casado? Bueno, de seguro, hubiera sido diferente (una vez más, diferente no mala).

Al principio era algo racional, pues me atraía la idea de Dios como un amante. Luego, empecé a experimentar a Dios como un amante, lo cual hizo que me sintiera atraído hacia él como amante. Leí el libro de Oseas, y supe que la vida es un romance con lo divino. Empecé a reunirme con un monje católico que había tomado los votos de pobreza y celibato. Me dijo: «Podemos vivir sin relaciones sexuales, pero no podemos vivir sin amor, y Dios es amor».

Llegué a ver a Dios como un amante y un proveedor, y también llegué a desear una vida de soltería y pobreza. Eso no era esperanzador para mis padres, quienes me habían enviado a mí (el único hijo y el único nieto) a la universidad para obtener educación de primera calidad, conocer la mujer de mi vida y llegar a ser alguien importante.

EL JESÚS NORTEAMERICANO

Una de las últimas cosas que hice en Chicago fue preparar mi tesis en sociología. Leer sobre sociología mientras observaba a la iglesia desde cierta distancia me permitió darme cuenta de que el cristianismo *pop* y la cultura de mercado me habían seducido. De ahí que una tesis sobre «El Jesús Norteamericano» parecía ser una buena opción. Sabía lo que Cornell West quiso decir al afirmar: «Hemos tomado la sangre al pie de la cruz y la hemos hecho polvo de refresco *Kool-Aid*» para su comercialización en todo el mundo. Como Rich Mullins cantaba: «Solo quieren lo que pueden poseer, pero no te pueden poseer». Descubrí que los sociólogos clásicos han verbalizado muchas de mis ideas sobre el mercadeo de Dios. Emile Durkheim, el padre de la sociología clásica, escribió mucho sobre el «totemismo», la tendencia humana de formar nuestra concepción de Dios a nuestra propia imagen. Durkheim decía que a menudo los seres humanos, ya sea en las tribus aborígenes de la selva o en los clanes sofisticados (o aquellos *klanes*[7] no tan sofisticados) en los países industrializados, tomamos los valores y las tradiciones que más admiramos en nosotros mismos y los proyectamos en un tótem. Al final, nos quedamos de pie ante el tótem, lo admiramos y adoramos esa personificación de las cosas que más nos gustan de nosotros mismos. Como dijo George Bernard Shaw: «Dios nos creó a su imagen y nosotros decidimos devolverle el favor». Hemos creado la noción occidental del campesino revolucionario del Mediterráneo que vivió hace dos mil años, con quien nos podemos identificar porque se interesaba en aquello que ahora nos interesa (comer en McDonald's y votar por el partido Republicano). Como la banda de *punk-rock Bad Religion* dice: «Tenemos al Jesús americano que ayudó a construir la residencia presidencial».

Durante uno de los viajes misioneros cortos en los que participé, un grupo de niños preparaba un drama sobre la historia de la Biblia que había leído. Se me acercaron y me dijeron: «Shane, necesitamos que hagas el papel de Jesús, pues eres blanco y eres de los Estados Unidos». ¡Ay! Perdónanos, Dios, ya que el amigo Jesús se había vuelto blanco y se parecía a *Mr. Rogers*[8]. ¿Qué hemos hecho? La mala noticia era que me había cansado de este Jesús; la buena noticia era que había otro Jesús. Decidí que una de las mejores maneras para descubrir al Jesús histórico era a través de la deconstrucción del tótem norteamericano, es decir, liberarlo del tótem donde lo hemos clavado.

7. Nota del Traductor: En referencia al Ku Klux Klan.

8. Nota del Traductor: *Mr. Rogers* o el Señor Rogers es el personaje del programa televisivo infantil estadounidense «El barrio del Señor Rogers». En su programa, el Señor Rogers trata distintos temas, brinda visitas guiadas a fábricas, realiza experimentos, dedica tempo para la música y se relaciona con sus amigos.

Así que hice una pequeña encuesta para sondear las percepciones (erróneas) de los cristianos sobre Jesús. Fue divertido ver que muchas personas piensan que Jesús amaba a los homosexuales o que comía alimentos *kosher*. Pero aprendí algo sorprendente gracias a la encuesta: les pregunté a los participantes que declaraban ser «firmes seguidores de Jesús» si él pasaba tiempo con los pobres. Casi el ochenta por ciento dijo que sí. En una pregunta posterior, indagué si el mismo grupo de firmes seguidores pasaba tiempo con los pobres, y menos del dos por ciento dijo hacerlo. Aprendí una lección poderosa: podemos admirar y adorar a Jesús sin hacer lo que él hizo. Podemos aplaudir lo que enseñaba y defendía sin que ello nos importe. Podemos adorar su cruz sin tomar la nuestra. He llegado a entender que la gran tragedia de la iglesia no es que a los cristianos ricos no les importen los pobres, sino que los cristianos ricos no conocen a los pobres.

Cuando el mundo de la riqueza y la pobreza colisionan, la poderosa fusión que se genera puede cambiar al mundo; pero esa colisión casi nunca sucede. Pude sentirla dentro de mí. Uno de mis amigos *punk rock* me preguntó por qué a muchas personas ricas les gusta hablar conmigo, y le respondí que es porque soy amable con ellas. Me preguntó por qué soy amable con ellas, y le contesté que es porque me veo reflejado en ellas. Eso me brinda un poco de paciencia y gracia. Anhelo que los barrios de Calcuta se conozcan con los suburbios de Chicago, que los leprosos conozcan a los propietarios de viviendas y que cada quien pueda ver la imagen de Dios en los demás. No me extraña que los pasos de Jesús vayan del recolector de impuestos a los leprosos. Estoy seguro de que cuando los pobres conozcan a los ricos, las riquezas no tendrán valor alguno, y que cuando los ricos conozcan a los pobres, veremos que la pobreza llegará a su fin.

CAPÍTULO 5

OTRA MANERA DE VIVIR

Sé
tomand
vida ent
go, ya
vida. Cu
vuelta
querido
de imag
taba en
y comp
medici
el que
de din
solo te
demás
no nec

Per
araba
en las
tarme
evitar
tenía

Sé
toman
vida e
go, ya
vida. C
vuelta
querido
de ima
taba en
y comp
medici
el que
dinero

Si le preguntas a la mayoría de las personas en qué creen los cristianos, pueden decirte: «Los cristianos creen que Jesús es el Hijo de Dios y que resucitó de los muertos». Pero si le preguntas a la persona promedio cómo viven los cristianos, esta se queda callada. No le hemos mostrado al mundo otra forma de vivir. Los cristianos viven de la misma manera que todos los demás; solo esparcen un poco de Jesús en el camino. La doctrina no es atractiva, aun cuando sea cierta. Pocas personas están interesadas en una religión que no tiene nada que decirle al mundo y que lo único que ofrece es vida después de la muerte, cuando en realidad lo que las personas se preguntan es si hay vida antes de la muerte.

Tal como mi profesor Tony Campolo solía preguntar: «¿Seguirías a Jesús aun si no existiera un cielo y un infierno? ¿Lo seguirías por la vida, el gozo y la satisfacción que él te da ahora?». Estoy cada día más convencido de que lo haría. No quiero que me mal interpreten porque también me emociona la vida después de la muerte. Allá celebraremos una fiesta como si no existiera el mañana (um... ¡y no lo habrá!). Pero estoy convencido de que Jesús no vino a la Tierra solo para prepararnos para morir, sino también para enseñarnos a vivir. De lo contrario, mucha de la sabiduría de Jesús sería innecesaria después de la muerte ya que, después de todo ¿qué tan difícil podría ser amar a nuestros enemigos en el cielo? El reino del cual Jesús habla tanto no es algo que esperamos que ocurra después de la muerte, sino algo que debemos personificar hoy día. Jesús dice que el reino está «en nosotros», «entre nosotros», «cerca», y que debemos orar para que venga «en la Tierra como en el cielo». No sorprende que la iglesia primitiva se le conociera como el Camino. Era un camino hacia la vida que contrastaba de manera deslumbrante con el mundo. Los primeros cristianos eran íntegros por el hecho de que podían denunciar al imperio y al mismo tiempo decir: «Tenemos otra forma de vida. Si estás cansado de lo que el imperio ofrece, te invitamos al Camino». Incluso los emperadores paganos no podían ignorar la pequeña revolución de amor. El emperador Juliano confesó: «Los galileos impíos alimentan a nuestros pobres, además de hacerlo con los suyos». Y el Camino tenía pequeñas células que se multiplicaban a lo largo del viejo imperio. Desde luego, a todos se les advertía que en este reino todo está al revés y de cabeza: los últimos son los primeros y los primeros son los últimos; los pobres son bienaventurados y a los poderosos se les expulsa de sus tronos. Pero aun así era atractivo para la gente. Estaban listos para algo diferente a lo que el imperio les ofrecía.

Al terminar la universidad, mis amigos y yo, como dicen las Escrituras (Romanos 12:2), no estábamos dispuestos a «amoldarnos al mundo actual». Todos sabíamos muy bien que hay un camino ancho que conduce a la muerte, y que ese es el camino que la mayoría de las personas toma; pero también sabíamos que hay un camino angosto que conduce a la vida, y nosotros queríamos encontrarlo (Mateo 7:13-14). De hecho, la gente ya había comenzado a notar los efectos de nuestro pequeño movimiento estudiantil. Me pidieron que diera un discurso en la ceremonia de graduación de la Universidad Eastern y, para el disgusto del decano, conté la historia de cómo a unos amigos y a mí nos pillaron al deslizarnos en cuerdas por la ventana de uno de los dormitorios. El decano ya nos había escrito una nota de advertencia que decía: «¿Pueden entrar y salir del edificio por las puertas como todos los demás, por favor?». De ahí que mi mensaje de graduación titulado «Deslizarse por la ventana» se puede resumir de esta forma: las puertas de la normalidad y el conformismo están muertas, y ha llegado la hora de dejar las puertas y buscar una ventana por la cual escalar. Puede que sea un poco más peligroso y te meta en problemas, pero es mucho más divertido. Las personas que han cambiado el mundo siempre han sido las que toman riesgos, las que escalan por la ventana mientras el resto del mundo solo utiliza las puertas. Todos, excepto el decano, me tributaron una ovación. Estábamos listos para algo nuevo.

UN EXPERIMENTO EN LA VERDAD

Mis amigos y yo teníamos la corazonada de que la vida ofrecía algo más allá de lo que se nos dijo que buscáramos. Sabíamos que el mundo no puede lograr cumplir el sueño americano, y que la buena noticia es que existe otro sueño. Con el fin de encontrarlo buscamos en la iglesia primitiva, las Escrituras y los pobres.

Al recordar los inicios del *Catholic Worker Movement* [Movimiento del Trabajador Católico], Dorothy Day afirma con actitud modesta: «Solo estábamos hablando y sucedió. Estábamos sentados y conversábamos y la gente llegó; estábamos sentados y hablábamos y las filas comenzaron a formarse...» En la última línea de su autobiografía, Dorothy dice: «Todo sucedió mientras estábamos sentados y conversábamos, y esto es algo que aún continúa». Entiendo lo que ella quiso decir[1].

1. Tomado de su autobiografía *La larga soledad*. Los escritos de Dorothy Day han sido de gran inspiración para mí, en especial, durante los inicios de nuestra comunidad. Una de las antologías de sus obras que más me gustan es el libro de Robert Ellsberg titulado *Dorothy Day: Selected*

Así que unos treinta estudiantes de la Universidad Eastern seguíamos soñando con otra forma de vida. Noche tras noche, nos desvelábamos entre risas y discusiones. Con el tiempo llegamos al punto de reconocer que nunca nos pondríamos de acuerdo sobre qué causa el homosexualismo o si Adán tenía ombligo (es mejor que algunas cosas se dejen sin resolver). Por ello, decidimos seguir adelante con nuestra visión. Además, muchos nos sentíamos cansados de hablar y estábamos listos para vivir. Como yo vivía en una furgoneta (sí, cerca del río), iniciamos la búsqueda de casas.

Una de las primeras cosas que hicimos fue enviar cartas con el fin de contar nuestras historias y necesidades a la gran nube de seguidores que nos rodeaban. En uno de los primeros boletines informativos, describimos nuestro deseo de esta forma: «En una ocasión, un pequeño grupo de niños decidió ir al parque ubicado en medio de la ciudad para bailar y jugar, reír y dar vueltas. Pensaron que mientras jugaban en el parque, talvez otro niño pasaría y los vería. Quizá el niño pensaría que es divertido e incluso decidiría unírseles. Luego, quizá otro niño haría lo mismo. Después, talvez un hombre de negocios los escucharía desde su rascacielos y los vería desde la ventana; quizá los vería jugar, dejaría sus papeles y bajaría. Talvez los niños podrían enseñarle a bailar. Luego, quizá otro hombre de negocios pasaría, un hombre nostálgico, quien se quitaría su corbata, dejaría a un lado su portafolio y bailaría y jugaría. Talvez toda la ciudad se uniría al baile. Quizá incluso el mundo, quizá… de todos modos, los niños decidieron disfrutar el baile».

El poeta Henry David Thoreau se fue al bosque porque quería vivir con un propósito, respirar profundo y vivir al máximo. Nosotros nos fuimos al gueto. Concentramos nuestra visión de esta manera: Amar a Dios, amar a la gente y seguir a Jesús. Comenzamos a llamar a nuestro pequeño experimento «*The Simple Way*» [El camino sencillo]. En enero de 1997, me mudé con cinco amigos a una pequeña casa adosada en Kensington, uno de los vecindarios más pobres de Pennsylvania y a solo minutos de la catedral de San Eduardo. Sentíamos que estábamos reinventando la iglesia primitiva por primera vez en dos mil años. (Éramos bastante ignorantes.)

No sabíamos en lo que nos metíamos. No teníamos una gran visión para los programas o el desarrollo comunitario; lo único que queríamos era ser amantes apasionados de Dios y de las personas y tomar en serio el estilo de vida del evangelio.

Writings [Dorothy Day: *Escrituras seleccionadas*], Orbis, 1992

Algunos abandonamos los estudios, otros nos graduamos; algunos buscábamos una carrera, otros la dejamos. A veces la gente nos pregunta qué hacemos en un «día promedio» en *The Simple Way*, y mi respuesta siempre ha sido muy corta: ya sea «nada espectacular» o «¿qué es un día promedio?». Como siempre experimentamos sorpresas e interrupciones, puede haber un poco de locura. Haré todo lo posible para describírtelo.

Pasamos tiempo con los niños y les ayudamos con sus tareas escolares en nuestra sala. En los días calurosos del verano, nos mojamos en los hidrantes abiertos. Brindamos alimentos a las personas que los necesitan, y nos comemos los frijoles y el arroz que nuestra vecina, la señora Sunshine, nos prepara. Las personas vienen a saludarnos, buscar un lugar seguro para llorar, beber agua o a buscar una frazada. A veces, en días cansados, no admitimos a las personas, o jugamos piedra, papel o tijera para decidir quién abrirá la puerta. Hemos puesto una tienda comunitaria afuera de la casa a la que llamamos «La Reunión». Los vecinos pueden venir y llenar una bolsa de supermercado con ropa por un dólar, o pueden encontrar un sofá, una cama o un refrigerador. A veces las personas donan cosas bonitas para que las compartamos con nuestros vecinos; en otras ocasiones, donan sus cepillos de dientes usados.

También, recuperamos predios baldíos para hacer jardines en medio de los escombros de concreto que nos rodean. Plantamos flores en las pantallas de viejos televisores o monitores de computadoras que colocamos en los techos. Vemos cómo nuestros amigos desperdician sus vidas por el consumo de drogas, pero un buen día alguien es liberado. Vemos cómo los oficiales de policía asustan a las personas, pero un buen día vemos a un oficial jugar *wiffleball* con su porra. Rehabilitamos casas abandonadas y estamos de luto por dos personas que murieron en esta propiedad, donde en este momento estoy escribiendo[2]. Tratamos de trasformar las cosas feas en algo hermoso y de hacer murales. En lugar de violencia, aprendemos sobre la imaginación y formas de compartir; experimentamos la vida en comunidad y tratamos de cuidarnos los unos a los otros; pasamos tiempo en las calles; nos multan por repartir alimentos, y nos arrestan por dormir bajo las

2. Me dedico a escribir un día a la semana al interior de una casa abandonada que hemos restaurado. Puedo escuchar a los niños que pintan un mural a un lado de la casa, en el cual se leerá esta leyenda: «Convertirán sus espadas en arados y nunca más se adiestrarán para la guerra» (de los profetas Miqueas e Isaías). Los niños han destruido sus armas de juguete para hacer un mosaico con forma de arado en el mural.

estrellas. Ganamos los juicios; tenemos amigos encarcelados y condenados a la pena de muerte; nos oponemos a la muerte sancionada por el estado y al complejo industrial llamado prisión.

Siempre nos hemos autonombrado una organización exenta de impuestos y antilucro 501c3. Luchamos para liberarnos de la macro caridad y de actos aislados de altruismo que sirven para legitimar un apático estilo de vida de buenas intenciones, pero que nos priva del don de la comunidad. Visitamos a personas ricas y ellas nos visitan; predicamos, profetizamos y soñamos con la forma de despertar a la iglesia de su sueño violento. A veces hablamos a fin de cambiar al mundo; otras veces hablamos para que el mundo no nos cambie. Existimos para acabar con la pobreza y no simplemente controlarla. Le damos pescado a la gente y les enseñamos a pescar. Derribamos los muros que se han edificado alrededor del estanque de los peces y averiguamos quién la contaminó.

Luchamos contra del terrorismo: el terrorismo al interior de cada uno de nosotros, el terrorismo de la avaricia empresarial, del consumismo americano, el terrorismo de la guerra. No somos pacifistas *hippies*, sino amantes apasionados que aborrecemos el pacifismo y la violencia. Dedicamos nuestra vida para resistir de forma activa todo aquello que destruye la vida, ya sea el terrorismo o la guerra contra del terrorismo. Tratamos de hacer del mundo un lugar más seguro, sabiendo que el mundo nunca será seguro mientras haya millones de personas que viven en pobreza para que unos cuantos puedan vivir como deseen. Creemos en otra forma de vida: el reino de Dios, el cual está en lucha contra los poderes, las autoridades y las potestades de este mundo en tinieblas (Efesios 6:12)[3].

Así que ese es un día promedio.

Desde nuestros inicios, hemos cometido muchos errores y nunca hemos aprendido el secreto para no lastimarnos los unos a los otros. Hemos empezado a formular nuevas preguntas y nos hemos retado a tomar más riesgos. Algunos rostros han cambiado, y otros aún estamos aquí. Algunos de nosotros se han casado, otros han elegido permanecer solteros y algunos tienen hijos[4]. Reconocemos que cada una de esas decisiones es un regalo. Hemos creado estructuras y ritmos saludables para nuestra vida comunitaria,

3. La letanía del día promedio se modificó a raíz de diversos boletines y publicaciones periódicas sobre nuestros primeros días y, por supuesto, de la que apareció en la provocadora revista canadiense Adbusters (www.adbusters.org).

4. Los compañeros fundadores de The Simple Way Mike y Michelle Brix viajaron por todo el país en una casa rodante durante un año. Visitaron diversas comunidades para vislumbrar los distintos estilos de vida en comunidad con familias y niños. Llevaron un diario de sus viajes, el cual se encuentra en nuestra página web (www.thesimpleway.org).

por ejemplo nuestro día de reposo y nuestro fondo monetario en común, para el cual cada uno aporta al mes ciento cincuenta dólares para cubrir los gastos de vida. Hemos descrito las capas de nuestra vida en común como una cebolla, en el centro de la cual nos encontramos los compañeros que nos hemos comprometido a amarnos y valorarnos los unos a los otros (eso es lo más difícil y hermoso que hacemos). Cada uno de nosotros asume responsabilidades y expectativas saludables. Hemos discutido los puntos en los que no cedemos y tratamos de entender aquellos con los cuales no concordamos. Hemos redactado nuestra declaración de fe para que la gente sepa que no somos una secta; y para que se den cuenta de que no solo somos creyentes, hemos redactado nuestra declaración de prácticas, las cuales van desde sencillez y la no violencia hasta la belleza y el juego[5].

Personas nuevas nos han traído energía e imaginación, y hemos visto el nacimiento de nuevas visiones: desde poner circos y campamentos de teatro hasta fomentar superhéroes[6] y una nueva forma de monacato. Nuestros programas, que se encuentran en constante cambio, giran en torno a las necesidades y los dones de nuestra comunidad. Nuestros programas nunca nos definen ya que no nos proponemos empezar programas sino solo ser buenos vecinos. Los vecinos han venido y se han ido en la última década. Así que a veces alimentamos cincuenta personas en nuestra cocina, ayudamos a una docena de niños con sus tareas, reparamos casas abandonadas o plantamos jardines urbanos. En el verano, organizamos campamentos de arte con la compañía de teatro *Yes! And...* [¡Sí! Y...][7], donde se juntan niños suburbanos y urbanos para forjar espacios para la imaginación y los sueños. Los niños preparan coreografías, música, arte, personajes y un escenario, además de organizar juntos un espectáculo. Ahora que tenemos tantas comunidades y organizaciones amigas[8], en verdad se siente

5. Nuestras declaraciones de fe y prácticas así como los detalles sobre la estructura de nuestra comunidad se encuentran en nuestro sitio web (www.thesimpleway.org).

6. En caso no hayas escuchado sobre los USAntihéroes, te cuento que son grupo de superhéroes intergalácticos comprometidos con crear un universo mejor. Puedes enterarte más sobre ellos en el sitio www.usantiheroes.com, el cual es un proyecto de la Liga Mundial de la Justicia.

7. Yes! And... (www.yesandcamp.org) es una comunidad de educadores artistas cuyos tres objetivos son: trabajar para volver a despertar un sentido de alegría, asombro e imaginación a través de la educación artística colaboradora; en segundo lugar, preparar a los niños para que reinvindiquen su poder como contribuidores activos de la sociedad en quienes se ha invertido; y, en tercer lugar, capacitar a los educadores para transformar las comunidades por medio de reconocer, celebrar y alimentar la diversidad, naturaleza creativa y la voz de cada persona.

8. Una de nuestras comunidades hermanas más cercanas es Camdenhouse, al otro lado del río en Nueva Jersey (www.camdenhouse.org). Dos de los fundadores de Camdenhouse son dos

como un movimiento mucho más grande que *The Simple Way*. Somos solo una pequeña célula dentro del Cuerpo; una célula muy llena de vida, pero solamente una parte del todo. Las células nacen y las células mueren, pero el Cuerpo vive para siempre.

PROCLAMAR EL EVANGELIO CON NUESTRAS VIDAS

Con el recuerdo de la invitación que Madre Teresa siempre hiciera a quienes buscan con curiosidad, desde el principio hemos invitado a la gente a que «vengan y vean». La gente lo ha hecho, cientos lo han hecho. Como evangélico que soy, la única forma que conozco para invitar a la gente a unirse a la fe cristiana es que vengan y vean. Después de todo, no intento simplemente hacer que alguien firme una declaración doctrinal, sino que vengan y conozcan el amor, la gracia y la paz en la persona de Jesús y ahora en la persona del cuerpo, la iglesia de Cristo. Así que si alguien me pidiera que le presente a Jesús, yo le diría: «Ven y ve, déjame mostrarte a Jesús con todo y carne». A veces vienen evangélicos (por lo general, de los suburbios) que con pretenciosidad preguntan cómo «evangelizamos a la gente». Acostumbro a contestarles que invitamos a personas como ellos para que vengan a aprender del reino de Dios por medio de los pobres, para luego enviarlas a que les cuenten a los ricos y poderosos que existe otra forma de vida cuando uno nace al margen de la sociedad. Porque Jesús no buscó a los ricos y poderosos para que diseminaran su reino desde su puesto privilegiado; él, en cambio, se juntó con los de abajo, los marginados e indeseables, y a todos les atraía su amor por los marginados. (De todas formas, sabemos que todos somos pobres y solitarios, ¿o no?). Después, Jesús invitó a todos a unirse a un viaje de descenso en la escala social para que cada uno se convirtiera en el más pequeño. Como lo dice el lema franciscano: «Predica el evangelio siempre; cuando fuera necesario, usa palabras». O como

viejos amigos míos, del ministerio estudiantil de Willow Creek, mientras que otros estudiaron teología en los bosques tropicales de Belice. Realizan un trabajo hermoso al recuperar terrenos baldíos y convertir viejos basureros en jardines urbanos. (Camden es una zona de desastre ambiental por sus campos de color café y sus sitios potencialmente contaminados en los alrededores de los barrios céntricos deprimidos de la ciudad. Camden fue clasificada como el peor lugar para vivir en Estados Unidos). También, hacen un hermoso trabajo al enseñarnos a todos nuevas ideas para una vida sostenible así como al articular la teología y la filosofía que subyacen en su trabajo. Además de establecer talleres de alfarería y apicultura, ahora han construido un gigantesco invernadero urbano y un horno para hacer pan natural en lo que solían ser espacios abandonados, algo que llamamos «practicar la resurrección». Ellos tienen diferentes tipos de trabajo; incluyen a personas casadas y solteras; trabajan de cerca con la parroquia católica Sagrado Corazón, frente a su casa, y muchos enseñan en la escuela.

dice una revolucionaria monja católica de setenta años, nuestra hermana Margaret: «Intentamos gritar el evangelio con nuestras vidas». Muchas personas con necesidad espiritual no han podido escuchar las palabras de los cristianos debido a que las vidas de los cristianos han estado haciendo un ruido horrible. En medio del ruido de la cristiandad, escuchar el suave susurro del Espíritu puede tornarse difícil.

¿LA VOZ DE LOS SIN VOZ? NO NOSOTROS

Hace poco, los miembros de *The Simple Way* íbamos a hablar ante una congregación, y la persona a cargo de presentarnos dijo: «Estas personas son la voz de los sin voz». Eso me dolió. Con amabilidad, los corregí ya que todos tenemos voz. Sé que muchas personas maravillosas han utilizado la antigua frase «la voz de los sin voz» (Óscar Romero, Madre Teresa e incluso el libro de Proverbios). No obstante, la frase suena rara.

Quizá somos muy prestos para presumir que las personas no pueden hablar por sí mismas.

No somos la voz de los sin voz. La verdad es que allá afuera hay mucho ruido, y este ahoga nuestras suaves voces. Muchos han dejado de escuchar el llanto de su prójimo. Muchos se cubren los oídos con las manos para no escuchar el sufrimiento. Las instituciones se han alejado del llanto perturbador. Cuando Pablo dice en Romanos 8 que toda la creación gime por su liberación, añade: «Y no sólo ella, sino también nosotros mismos, que tenemos las primicias del Espíritu, gemimos interiormente» (8:23). Este es el coro de generaciones de personas que, en apariencia, no tienen voz al cual nos hemos unido. Dios tiene un oído especial para sus gemidos sin importar quién más los escuche.

Es hermoso cuando los pobres dejan de ser solo un proyecto misionero y se convierten en amigos genuinos con quienes reímos, lloramos, soñamos y luchamos. Uno de mis versículos favoritos, en el contexto de que Jesús se prepara para dejar a sus discípulos, dice: «Ya no los llamo siervos [...] los he llamado amigos» (Juan 15:15). La servidumbre es un buen lugar para empezar, pero, en forma gradual, nos movemos hacia el amor mutuo y las relaciones genuinas. Quizá un día incluso podamos decir las palabras que Ruth le dijo a Noemí después de años de amistad: «Porque iré adonde tú vayas, y viviré donde tú vivas. Tu pueblo será mi pueblo, y tu Dios será mi Dios. Moriré donde tú mueras, y allí seré sepultada» (Rut 1:16-17).

Ahí es donde las cosas se complican. Cuando las personas comienzan a ir más allá de la caridad para dirigirse hacia la justicia y solidaridad con los pobres y oprimidos, tal como Jesús lo hizo, se meten en problemas. Cuando entablamos amistad con personas que luchan, empezamos a preguntarnos por qué la gente es pobre, lo cual no es tan popular como la caridad. Un amigo tiene una camisa con las palabras del difunto obispo católico Dom Helder Camara: «Cuando alimenté al hambriento, me llamaron santo; cuando pregunté por qué la gente tiene hambre, me llamaron comunista». La caridad gana premios y aplausos, pero cuando te unes a los pobres te pueden matar. A las personas no las crucifican por dar caridad; a las personas las crucifican por vivir un amor que perturba el orden social, un amor que exige un mundo nuevo. A las personas no las crucifican por ayudar a los pobres, sino por unirse a ellos.

RADICALES ORDINARIOS

A veces la gente nos llama «radicales» a los que pertenecemos a la comunidad. Como ya dije, si por radical se entiende «raíz», creo que esa es la palabra exacta para lo que tratamos de hacer: llegar hasta las raíces de lo que significa ser discípulos cristianos. No obstante, la mayor parte del tiempo pienso que si lo que hacemos parece radical, entonces eso dice más acerca de la apatía del cristianismo occidental que de la verdadera naturaleza de nuestro discipulado. Esa es la razón por la cual lo «radical» debe ir acompañado de lo «ordinario». Nuestra forma de vida era lo común en los primeros días del movimiento de Jesús. Somos como las Marías, las Martas y la familia de Pedro: casas de hospitalidad. Ese era el llamado estándar de los primeros cristianos, quienes dejaban sus posesiones personales por una nueva familia. Sin mencionar a todos aquellos que renunciaron a todo y salieron de sus hogares sin dinero, comida y hasta sin sandalias para seguir a Jesús. La cristiandad parece no estar lista para las personas que toman el evangelio con esa seriedad.

Una de las cosas que me han fascinado acerca de los días de la iglesia primitiva es cómo los que abandonaron sus hogares y posesiones para seguir a Jesús vivían en unión con aquellos que abrían las puertas de sus casas para ellos y para los pobres. Gerd Theissen llama a estos dos grupos los «carismáticos errantes» y los «simpatizantes locales»[9]. Los errantes eran apóstoles que viajaban

9. Gerd Theissen, Estudios de sociología del cristianismo primitivo, Sígueme, Salamanca, 1985.

y confiaban en el apoyo de los simpatizantes, y ambos grupos dieron forma a la iglesia primitiva. Ellos no se menospreciaban entre sí. Los simpatizantes no tildaban a los errantes de radicales o locos, y los errantes no juzgaban a los simpatizantes de traidores. Se amaban y apoyaban entre sí. Desde el principio de nuestro ministerio, hemos visto la importancia de esa alianza al encomendar una misión a los errantes y nómadas que viajan como los apóstoles lo hacían, o como después lo harían los jinetes de circuito de la iglesia (quienes viajaban a caballo, algo que hoy día resulta más difícil). Los nuevos peregrinos ayudan a hacer una polinización cruzada de nuestras comunidades y estilo de vida. Hemos tenido personas que viajan por el país en bicicleta, en automóvil, a pie, con biodiesel como combustible y en casas rodantes, con el fin de conjugar nuestro estilo de vida en la clandestinidad del cristianismo. Yo terminé de escribir este capítulo mientras viajaba en un autobús cuyo motor diesel modificado funciona con aceite vegetal usado. (Solo íbamos a los restaurantes a pedirles el aceite usado y ofrecíamos una pequeña presentación de circo [www.runawaycircus.org] para ganarnos la cena)[10]. Algunas personas, como quienes integran la comunidad hermana *Psalters* (Salterios) viven permanentemente como nómadas[11]. El mes pasado, con el apoyo total de la parroquia Sagrado Corazón en Camden, encomendamos una misión a otro hermano para que viaje por Estados Unidos en bicicleta, divulgue las noticias de lo que está pasando en Camden y Filadelfia y nos cuente las historias de las personas que conozca en el camino. Al salir, solo llevaba la fe y su bicicleta, en dependencia de la provisión de Dios y la hospitalidad de las iglesias.

QUITARLES ESPECTACULARIDAD A LAS COSAS

Lo reitero: es fácil ver estas cosas como espectaculares, pero en verdad creo que es solo porque vivimos en un mundo que ha perdido su imaginación. Estas cosas eran normales en la iglesia

10. El autobús vegetariano funcionaba, casi en su totalidad, con aceite usado que pedíamos en los restaurantes. Amigos a lo largo del país encabezan este movimiento, modifican vehículos e incluso organizan festivales de la grasa para enseñar a las personas sobre la energía renovable. El libro de Joshua Tickell es un buen recurso: *From the Fryer to the Fuel Tank: The Complete Guide to Using Vegetable Oil as an Alternative Fuel* [De la sartén al depósito de gasolina: La guía completa para el uso de aceite vegetal como combustible alternativo]. Un número cada vez mayor de personas de fe y conciencia están ideando nuevas formas de vivir para crear un mundo más seguro y sostenible. (Pasará un largo tiempo antes de que tengamos guerras por el aceite vegetal usado...). Esto es solo un ejemplo.

11. www.psalters.org

primitiva como resultado de la conversión. Debemos tener cuidado de no permitir que nos llamen radicales, cuando la historia de la iglesia y el escenario cristiano contemporáneo están llenos de radicales ordinarios. Pero hoy en día la gente desea lo espectacular y le atraen las luces y las celebridades, los estadios y las megas iglesias. En el desierto, lo espectacular tentó a Jesús (lanzarse del templo para que la gente creyera) con el fin de impactar y asombrar a las personas, por así decirlo. En la actualidad, la iglesia es tentada por lo espectacular, hacer cosas grandes y milagrosas para que la gente crea. Sin embargo, Jesús nos ha llamado a lo pequeño y compara nuestra revolución con el grano de mostaza, a la levadura que se abre paso entre la masa y que lentamente infecta con amor este mundo de tinieblas. Muchos de nosotros, que vivimos de forma diferente a la cultura dominante, terminamos con la necesidad de quitarles un poco de «espectacularidad» a las cosas, de manera que el camino sencillo sea lo más accesible posible para otros radicales ordinarios.

Algunas veces, la gente llama santos a los miembros de *The Simple Way*. Por lo general, desean aplaudir nuestras vidas y vivir indirectamente a través de nosotros, o quieren tildarnos de súper humanos para así mantenerse seguros y a la distancia. Una de mis frases preferidas, que está escrita en mi pared con marcador negro, es de Dorothy Day: «No nos llamen santos; no queremos que nos descarten así de fácil».

La verdad es que cuando la gente nos mira como siervos que se sacrifican, tengo que reírme. Solo nos hemos enamorado de Dios y de nuestro prójimo, y eso está transformando nuestras vidas. Además, creo que si la mayoría de personas conociera a Adrienne y sus hijos, una linda familia que ha estado viviendo con nosotros después de salir del sistema de albergues, haría lo mismo que nosotros hacemos. Simplemente, es lógico que no haya familias viviendo en la calle o en casas abandonadas, en especial cuando tenemos una habitación extra disponible. Para ser honesto, la forma de vida que hemos escogido parece ser más natural que la otra alternativa. Esta última (mudarnos y vivir en los suburbios) parece ser un sacrificio enorme (o dolorosamente vacío). ¿Cómo sería la vida sin las fiestas en las calles, o sin conocer a la gente que nos rodea? Ha habido veces en que me ha frustrado ver cómo los ricos acumulan posesiones; pero ahora conozco a suficiente gente rica para darme cuenta de la soledad que les es común a muchos de ellos. Leí un estudio que comparaba la salud de una sociedad con su economía, y uno de los hallazgos es que los países ricos, como el nuestro, tienen los mayores índices de depresión, suicido y soledad. Somos los más ricos y miserables del mundo. Lamento que muchos nos hemos conformado con un mundo solitario de independencia y riquezas cuando podríamos experimentar la plenitud de la vida en comunidad e interdependencia. ¿Por qué desearía tener un automóvil lujoso cuando puedo andar en bicicleta? ¿Por qué querría un televisor cuando puedo dibujar con tiza en la acera? Reconozco que todavía quiero tener un jacuzzi en el techo, pero puedo vivir sin el resto; y quiero decir que puedo *vivir* sin ello. Una persona le dijo a Madre Teresa al felicitarla por su trabajo: «Yo no haría lo que usted hace ni por un millón de dólares». Ella le respondió: «Yo tampoco». En ocasiones, casi me siento egoísta por el don de la comunidad; lo bueno es que hay suficiente para todos.

Una vez nos sobreponemos al paradigma contracultural de la rebeldía o la reacción y logramos reunir el valor para intentar vivir un nuevo tipo de vida, la mayoría nos damos cuenta de que la comunidad es muy natural, tiene mucha lógica y no es tan extraña para la mayor parte del mundo como lo es para nosotros. Hemos sido creados para vivir en comunidad. Somos hechos a la imagen de Dios, quien es comunidad; una pluralidad de la unidad. Cuando se creó el primer humano, las cosas no estuvieron bien hasta que hubo dos para ayudarse mutuamente. La historia bíblica, desde el principio hasta el final, es una historia de la comunidad. Jesús vivió y modeló la comunidad con su pequeño grupo de discípulos; él siempre los enviaba en parejas. La iglesia primitiva muestra la historia de personas que estaban juntas, tenían un mismo corazón y una misma mente y tenían todo en común. La historia termina en el libro de Apocalipsis con una visión de la nueva comunidad, donde la ciudad de Dios tiene una hermosa vestimenta para agradar a su esposo. En esta comunidad, llamada la Nueva Jerusalén, el cielo visita la tierra, y la gente se reconcilia por completo con Dios y con los demás; el león se apacienta con el cordero; la tristeza se convierte en danza, ¡y el jardín reemplaza el mundo de concreto!

Pero esto no quiere decir que la comunidad es fácil puesto que todo en este mundo trata de alejarnos de la comunidad; nos presiona a escogernos a nosotros mismos en lugar de los demás; a preferir la independencia en lugar de la interdependencia; a escoger las cosas grandes en lugar de las cosas pequeñas; a privilegiar ir rápido y solos, en lugar de ir lejos juntos. El camino sencillo no es el camino fácil; nadie nos prometió jamás que la comunidad o el discipulado cristiano serían fáciles. Unos versículos con frecuencia mal interpretados son aquellos en los que Jesús les dice a sus discípulos: «Vengan a mí todos ustedes que están cansados y agobiados, y yo les daré descanso. Carguen con mi yugo y aprendan de mí [...] Porque mi yugo es suave y mi carga es liviana». La gente cree que eso significa que si venimos a Jesús todo será fácil. (la palabra *suave* se mal interpreta como «fácil»). ¡Ja! Qué gracioso; mi vida era bastante fácil antes de conocer a Jesús. En cierta forma, la carga es más liviana pues cargamos las cargas de todo el mundo; pero Jesús nos dice que carguemos su yugo. La palabra yugo tenía diferentes significados: era la herramienta con la que se les ponían los arreos a los animales para los trabajos agrícolas; era la palabra que se usaba para aceptar las enseñanzas de un rabino (tal como Jesús pareciera utilizarla aquí). El yugo también era la palabra que se refería al brutal peso de la esclavitud y la opresión que los profetas nos llaman a romper (Isaías 58, entre otros pasajes). Una de las cosas que creo que Jesús hace es liberarnos del pesado yugo de la forma de vida opresiva. Conozco a muchas personas, tanto ricas como pobres, que se sienten sofocadas por el peso del sueño americano; se encuentran agobiadas por el trabajo duro y sin vida y por el consumismo al cual nos hemos atado. Ese es el yugo del cual somos liberados. El nuevo yugo tampoco es fácil (es una cruz, por el amor de Dios), pero lo llevamos juntos, es suave, y nos conduce al descanso, es especial a los peregrinos más cansados.

De hecho, si nuestra vida es fácil, estamos haciendo algo mal. Madre T también solía decir: «Seguir a Jesús es sencillo pero no es fácil. Ama hasta que te duela y luego ama más». Mi amiga Brooke, con quien fui a India y luego comencé *The Simple Way*, había puesto un letrero en su pared con este mensaje: «Sencillo pero no fácil». Una vez, cuando las cosas estaban particularmente difíciles, yo alteré ese mensaje y escribí: «Sencillo y difícil como una porquería». Dorothy Day, del Movimiento del Trabajador Católico, lo entendía bien y decía: «El amor es algo duro y terrible que se nos exige, pero es la única respuesta»[12]. Este no es un amor sentimental, sino algo que rompe el corazón, es lo más difícil y lo más hermoso en el mundo.

UN RECUDADOR DE IMPUESTOS DIFERENTE

En *The Simple Way* hemos tenido el cuidado de no pretender jamás que controlamos el mercado del «cristianismo radical» ni de

12. Robert Ellsberg, ed., *Dorothy Day: Selected Writings* [Dorothy Day: Escritos selectos], Orbis, Maryknoll, NY, 1992, p. 339.

divulgar una marca o un modelo. Lo increíble es que las historias de radicales ordinarios se encuentran en todos lados; historias de personas comunes que hacen cosas pequeñas con un gran amor a través de sus vidas, dones y carreras. Supe de un grupo de terapeutas de masaje que dedicaban sus días a lavar y masajear los pies cansados de los indigentes. Algunos manicuristas me contaron que visitan hogares de ancianos, y preguntan si hay ancianas que no reciban la visita de amigos o familiares. Luego se sientan con ellas, ríen, cuentan historias y arreglan sus uñas. En algunas de nuestras marchas por paz y justicia, quiroprácticos se nos unen por las noches para atender nuestros cuerpos cansados y así estar listos para el siguiente día. No muy lejos de casa, nuestros amigos cercanos de *House of Grace Catholic Worker* [Casa de gracia del trabajador católico] brindan servicios médicos gratuitos en su clínica, en donde enfermeros, doctores, quiroprácticos y dentistas atienden a personas sin seguro médico. Hay abogados que nos sacan de la cárcel, defienden los derechos humanos y nos acompañan ante juntas urbanísticas que no tienen categorías para entender nuestra forma de vida[13]. Los ejemplos son tan numerosos como las vocaciones, pero el llamado es el mismo: amar a Dios y a nuestro prójimo con nuestra vida entera, nuestras carreras y nuestros dones.

En los inicios de nuestra comunidad, parecía que teníamos un molde para el «discípulo radical», en el cual todos tenían que encajar. Sin embargo, en la medida en que hemos madurado (¿madurado? Talvez, que hemos crecido en sabiduría...), hemos visto la belleza de las diversas vocaciones y las múltiples dimensiones del discipulado cristiano. Una de las mejores cosas que las comunidades como la nuestra hacen es crear oportunidades para que las personas descubran y redefinan sus vocaciones. El vocablo vocación proviene de la misma raíz que el vocablo *voz*, que denota escuchar un llamado divino. Más allá de saber que Dios tiene un propósito para nuestras vidas, la mayoría de nosotros (en particular los no católicos) invertimos muy poca energía en la búsqueda de nuestra vocación, en especial a la luz de cómo las necesidades y el sufrimiento de nuestros vecinos nos pueden mostrar de qué forma podemos usar nuestros dones para propósitos divinos. Hay

13. Hemos estado ante tribunales y juntas urbanísticas por violar todo tipo de códigos. Se nos ha dicho que no podemos invitar a la gente a comer en nuestra casa, pues *The Simple Way* no tiene licencia para distribuir comida. Nos han dicho que hemos incumplido el «código de burdel», el cual prohíbe que personas sin parentesco vivan juntas. Graciosamente, uno de mis momentos favoritos fue cuando nos llevaron ante la junta urbanística, cuyo inspector se llamaba Jesús (un nombre latino muy común), y nuestro abogado judío dijo: «Una vez más, Jesús nos está causando todo tipo de problemas». Hermoso.

muchas personas que son infelices en sus trabajos debido a que no han escuchado el llamado de Dios. Agregaría que hay muchos cristianos que no tienen vidas espirituales plenas pues no comprenden sus dones o su propósito, y lo único que hacen es salir al campo misionero a salvar almas en lugar de transformar vidas y comunidades por medio de sus dones y los de las personas que los rodean. Ambos escenarios llevan al vacío y al agotamiento.

El concepto de múltiples dimensiones del discipulado cristiano es esencial cuando consideramos mantener un discipulado radical que sea multiétnico, de diversas generaciones y que incluya a solteros y a familias. De lo contrario, terminaríamos rodeados de personas que se ven, piensan y responden al evangelio como nosotros. Eso nos robaría el don de la comunidad y el significado de ser un cuerpo con muchos miembros diferentes. ¡Qué extraordinario debe haber sido sentarse a la mesa rodeado de una mezcla ecléctica de revolucionarios zelotes, recaudadores romanos de impuestos, campesinos, samaritanos, prostitutas y pescadores, quienes conspiraban para hallar una nueva forma de vida radical!

En la iglesia primitiva, cuando los nuevos creyentes se bautizaban, sus carreras cambiaban. Así como el bautismo era un símbolo que representaba la muerte de la vida vieja y la resurrección a una vida nueva, también había la sensación de que las formas viejas de vida ya no existían y de que algo nuevo se hacía presente. Para algunas personas como el recaudador de impuestos Zaqueo, a quien Jesús mandó a bajar del árbol de sicómoro al cual se había subido para ver a Jesús desde una distancia segura, el encuentro cara a cara significó una redefinición radical de su carrera tanto en lo social, lo económico y lo político. Él no vendió todo lo que tenía, sino la mitad de sus posesiones, para luego pagarle a la gente cuatro veces lo que les debía en representación de la antigua enseñanza levítica del Jubileo en que las deudas se perdonaban y las posesiones se redistribuían. (¡Necesitamos recaudadores de impuestos que cumplan el Jubileo!). Zaqueo siguió siendo un recaudador de impuestos (aunque al final quizá se fue a la bancarrota), pero a partir de ese momento, se convirtió en un recaudador de impuestos diferente. Para otros, el encuentro con Jesús significó dejar sus trabajos, como otro recaudador de impuestos llamado Leví (Mateo). Al conocer a Jesús, dejó todo e invitó a sus amigos recaudadores de impuestos a que se unieran al movimiento.

Algunas personas deben dejar sus empleos, mientras otros deben redefinirlos. Cuando tenemos un encuentro verdadero con Jesús y los pobres, es posible que sigamos siendo recaudadores de impuestos, pero seremos un tipo diferente de recaudador de impuestos. Podemos seguir siendo doctores, pero seremos un tipo de doctor diferente. Hipólito de Roma[14] (218 d. C.) lo dijo así: «Se hará una encuesta a fin de conocer cuáles son los oficios y las profesiones de aquellos que serán aceptados para ser parte de la comunidad. La naturaleza y el tipo de cada uno deben ser determinados [...] casa de prostitución, escultor de ídolos, cochero, atleta, gladiador [...] dejará de hacerlo o será rechazado. El soldado subalterno a nadie matará y, en caso de recibir la orden, no la ejecutará ni prestará juramento; si no estuviera dispuesto a seguir estas instrucciones, debe ser rechazado. El procónsul o magistrado que lleva la púrpura y tiene el poder de la espada deberá dejarlo o será rechazado. Cualquiera que ha de bautizarse o ya haya sido bautizado y que desee ser soldado debe ser rechazado porque ha menospreciado a Dios»[15]. Muchos sentimos en nuestro interior el choque entre la vieja y la nueva vida. Un empresario me dijo que había vendido su empresa en su totalidad y que ni siquiera se había quedado con alguna parte del dinero porque este solo lo había hecho infeliz. Otro empresario me contó que intentaba implementar una escala móvil de salarios sobre la base del tamaño de la familia de cada empleado, a fin de valorar a cada uno con igualdad. De esa manera, el director ejecutivo no ganaría más que el conserje o la recepcionista[16]. Un amigo se salió del ejército a causa de su nuevo nacimiento, y ahora pinta murales y predica mensajes de no violencia junto a nosotros aquí en Filadelfia.

Es como si trabajaras en una tienda de pornografía y te convirtieras a Cristo. La mayoría estaríamos de acuerdo con que debes repensar bien el rumbo de tu carrera. Pero, ¿por qué no hacer lo mismo con otros discípulos que han nacido de nuevo? ¿Qué pasa si alguien trabaja para *Lockheed Martin* (la compañía de armas

14. Nota del Traductor: Esta cita ha sido adaptada del escrito original conocido como la Tradición Apostólica, atribuida al escritor de la iglesia cristiana primitiva Hipólito de Roma, y de la cita que menciona acá el autor.

15. Hipólito, «Ordenación de la iglesia en la tradición apostólica», en *The Early Christians in Their Own Words* [Los primeros cristianos en sus propias palabras], Plough, Farmington, PA, 1997, (p. 16, del original en inglés).

16. En 1992 la Organización de las Naciones Unidas reportó que la diferencia de ingresos entre los más ricos y los más pobres del mundo se ha duplicado desde 1960. Hoy en día, el 20% de la población más rica recibe casi el 83% de los ingresos mundiales, mientras el 20% de los más pobres recibe menos del 2%. En 1965, el trabajador estadounidense promedio ganaba $7.52 por hora, mientras el director de la empresa ganaba $330.38 por hora; en la actualidad, el trabajador promedio gana $7.39 por hora, mientras el director ejecutivo gana $1,566.68 la hora, es decir, ¡212 veces más! (Ched Myers, «God Speed the Year of Jubilee!» [¡Dios, apresura el año del Jubileo!], *Sojourners*, mayo-junio de 1998).

más grande del mundo), o para compañías que a todas luces violan los derechos humanos como *Coca-Cola*, *Nestlé*, *Disney* o *Gap*?[17] Hemos recibido en nuestra comunidad a muchas personas (profesionales, padres de familia, economistas, enfermeras, militares) que nos hacen preguntas interesantes sobre su vocación y lo que la voz del Espíritu les está llamando a hacer con sus vidas.

No todos responden de la misma manera: algunos dejan sus casas y sus campos, mientras otros ponen sus posesiones a la disposición de la comunidad y abren casas para la hospitalidad, así como lo hicieron María, Marta y la familia de Pedro. Otros ocultan sus bienes y le mienten a Dios, por lo que caerán muertos así como Ananías y Safira. (Es una broma... al menos eso espero). Hay «Mateos» que encuentran a Jesús y venden todo. Pero también hay «Zaqueos» que conocen a Jesús y redefinen sus carreras. Así que no todos responden de la misma forma, pero debemos responder. Debemos buscar nuestra vocación a través de la voz de Dios y la voz de nuestro prójimo quien está sufriendo. Tanto Zaqueo como Mateo respondieron al llamado de Jesús en maneras radicales que no se conformaban al patrón de este mundo.

Aquí en Filadelfia, tengo un amigo llamado Atom. Es un científico que usa palabras rebuscadas y usualmente necesita un traductor. Atom empezó a estudiar su doctorado cuando tenía veintiún años. Luego, comenzó a reunirse con personas de The Simple Way y a leer la Biblia. Su primera reacción fue dejar todo, convertirse en un ciclista mensajero y orar toda la noche. (Hace poco, su madre me presentó como una de las personas que arruinaron a su hijo). Pero mientras más buscaba de Dios y sus dones, Atom sentía más fuerte su vocación. Al estudiar ciencias en el contexto de su vecindario mundial, Atom notaba que la falta de acceso al agua potable era la principal causa de muerte entre los niños en todo el

17. A *Coca-Cola* se le acusa de tener matones paramilitares en sus fábricas en Colombia. A *Nestlé* se le acusa de comercializar masivamente una fórmula para lactantes como sustituto de la leche materna para mujeres del tercer mundo. *Disney* ha sido acusada de mantener maquilas de explotación en Haití y Bangladesh; y *Gap* ha sido acusada de tener fábricas similares en Camboya y China. Estas son algunas de las empresas que de forma continua aparecen como violadoras de los derechos humanos, según documentan grupos que vigilan a las compañías. Algunas empresas, como *Gap*, han llevado a cabo mejoras significativas, pero, por lo general, esto solo sucede después de las protestas generalizadas que llaman la atención sobre sus abusos, y después de sus derrotas en los tribunales, tal como en el caso de Saipán en el año 2004. Estos son algunos de mis grupos favoritos que trabajan en pro de la responsabilidad empresarial y que recomiendan alternativas saludables:

Globalexchange.org
Sweatshopwatch.org
Corpwatch.org
Hrw.org (*Human Rights Watch*)
Iccr.org (*Interfaith Center on Corporate Responsibility* [Centro Inter Fe sobre Responsabilidad Corporativa])

mundo (alrededor de veinte mil mueren cada día por enfermedades con cura que son transmitidas por el agua). Los economistas predicen que en la próxima década, la principal causa de violencia y guerra no será el petróleo sino el agua. De ahí que Atom ha dedicado una gran parte de su vida a estudiar y trabajar en comunidades locales para solventar esta crisis la cual tiene solución. Y todo esto inició a partir de una vida sencilla en nuestra calle en un barrio céntrico deprimido de Filadelfia[18].

Tiempo después, la hermana de Atom, Rachel, se unió a *The Simple Way*. Ella había estudiado en una de las mejores escuelas culinarias del país y había trabajado en un restaurante de lujo en el centro de la ciudad. (Una vez, ella nos dio a escondidas, a Atom y a mí, una cena de $100 la cual nos cayó a la perfección: llenamos nuestros bolsillos con alimentos cuyos nombres no puedo ni pronunciar). En la medida en que ella leía las Escrituras y pasaba tiempo con amigos en situación de pobreza, sus dones comenzaron a emerger. Horneaba galletas con los niños del vecindario y preparaba cenas gourmet con personas de la calle. (No era cosa de todos los días que nuestros amigos de la calle comieran langosta). Atom y Rachel son radicales ordinarios que continúan descifrando sus vocaciones e invirtiendo sus vidas en otros.

MISIONEROS PARA LA IGLESIA

En realidad, nunca nos hemos considerado misioneros para los pobres. Jesús no era solo un misionero para los pobres, él era pobre. Nació como un refugiado de las tierras inhóspitas de Nazaret; anduvo por el mundo como un rabino sin hogar; sufrió la muerte horrible de los insurgentes y bandidos en la cruz; un imperio opresor lo ejecutó, y fue enterrado en una tumba prestada. Jesús no fue crucificado por ayudar a los pobres, sino por unírseles. Ese es el Jesús al cual seguimos.

En cierta ocasión, un pastor que durante un largo tiempo ha colaborado y ha sido un amigo de *The Simple Way* (¡y es el padre de uno de los fundadores!) afirmó: «Pensaba que ustedes eran misioneros, y que llevaban el evangelio a su vecindario; pero ahora veo que es en su vecindario donde ustedes han aprendido el evangelio, y que, en realidad, son misioneros para la iglesia».

Algunos somos católicos desilusionados, y otros somos evangélicos en recuperación. Cuando la gente me preguntaba si

18. El equipo a cargo de proyectos de agua es una colaboración de *Circle of Hope* [Círculo de Esperanza] (www.circleofhope.net/venteure) y del Comité Central Menonita.

éramos protestantes o católicos, me sentía tan desilusionado por ambos sistemas que mi respuesta era: «No, solo somos seguidores de Jesús». Ahora, debido a mi deseo porque la iglesia de Dios cobre vida y se convierta en una sola, cuando me preguntan si soy protestante o católico, les respondo: «Sí». Cuando la gente me pregunta si somos evangélicos, suelo definirlo de la misma forma que lo hice en la introducción de este libro: «En lo absoluto, queremos esparcir el reino de Dios como locos».

Nunca nos hemos considerado una «iglesia filial». Hay una congregación en casi todas las esquinas, por lo cual no creo que necesitemos más iglesias. Lo que en realidad necesitamos es una iglesia. Pienso que una iglesia es mejor que cincuenta. He intentado eliminar la forma plural *iglesias* de mi vocabulario, y me he enseñado a pensar en la iglesia de la misma manera que Cristo y los primeros cristianos lo hicieron. Las metáforas que se refieren a la iglesia siempre son singulares: un cuerpo, una novia. Escuché a un evangelista decirlo, entre nerviosismo y sudor, de esta forma: «Debemos unirnos en un solo cuerpo, porque Jesús viene por una novia no por un harén». Así que nosotros adoramos en nuestro vecindario. Algunos de nosotros vamos a la congregación Luterana, otros, a la Iglesia del Barrio, la cual se reúne en el viejo y restaurado edificio Metodista. Muchos somos miembros de *Circle of hope* [Círculo de Esperanza][19], una célula de la Iglesia *Brethren in Christ* [Hermanos en Cristo]. Hemos restaurado una bodega abandonada de unos siete mil quinientos pies cuadrados, en donde nos reunimos los domingos por la noche (estas son las «RP» o «reuniones públicas», una pequeña muestra de lo que la iglesia es en realidad). Otros son católicos y van a misa, y hay otros que no son católicos pero aun así van a misa. Hemos formado nuestro club de tareas afuera del edificio Presbiteriano, y hemos llevado a cabo un programa extraescolar Episcopal. La iglesia Luterana facilita duchas para que podamos tener grupos grandes durante la noche. Algunos trabajamos en la Clínica Gratuita que administra el grupo de Trabajadores Católicos, mientras otros colaboran con una comunidad hermana, llamada Nueva Jerusalén[20], la cual está comprometida con la recuperación de las adicciones. Y la lista continúa.

Se siente como un cuerpo, como una gran familia. Cada cierto tiempo, nos reunimos en las Noches de Celebración o Fiestas de Amor, en las que disfrutamos la buena comida, contamos historias,

19. www.circleofhope.net.

20. www.libertynet.org/njl.

cantamos y celebramos lo que Dios está haciendo entre nosotros. Una vez al año realizamos nuestra Reunión Familiar, un reencuentro estupendo de teólogos activistas, nuevos monjes, estudiantes, viejos amigos, trotamundos, revolucionarios y viejos cristianos normales (si es que tal cosa existe). Se trata de una hermosa red orgánica de células dentro del cuerpo. De forma constante, en nuestras reuniones, oramos los unos por los otros, así como Jesús oró y pidió que fuéramos uno solo: uno con los fieles discípulos de la iglesia establecida, uno con los fieles discípulos de la iglesia clandestina, uno con la antigua iglesia de nuestro pasado, una iglesia. Lo que el mundo en realidad necesita no es más iglesias, sino, una iglesia.

UN TIPO DE CULT-URA

Cuando uno experimenta una conversión radical, existe el riesgo de que la gente diga que nos han lavado el cerebro o que nos hemos incorporado a un culto. La verdad es que en nuestra cultura, el ruido y la basura de este mundo nos han contaminado a todos y necesitamos ser limpiados. Necesitamos mentes renovadas y despejadas para que puedan soñar de nuevo. Y no debemos olvidar que la palabra culto proviene de la misma raíz de la palabra *cultura*. Por lo tanto, ya que no esperamos el aterrizaje de un ovni, no nos preparamos para un suicidio colectivo ni almacenamos armas, nosotros estamos formando una cultura alternativa. No es una simple contracultura que reacciona a la cultura dominante. (Ni para ser el objeto del mercadeo de esta. No pasará mucho tiempo para que puedas comprar máscaras de gas para protestas antiguerra elaboradas por *Lockheed Martin*; o camisetas con la leyenda: «Haz de la pobreza historia», que han fabricado niños explotados en una maquila). Estamos creando una nueva cultura que, en muchas formas, es más amplia, más sostenible y menos «tribal» que el nacionalismo, y mucho menos peligrosa que el culto de la religión civil que está infectando a la iglesia. Pareciera que el culto imperial está sospechosamente más cerca de aquellos cultos infames en los que sus miembros almacenan armas, a la espera de su destino suicida, mientras estos, con pretenciosidad, se fortalecen en contra de toda verdad que los puede liberar de los espejismos que los están matando (aquellos cultos que aun ofrecen sacrificios de sangre a los dioses Mammón y Violencia en los altares de arena del desierto y de la jungla.

Como comunidad, tenemos una declaración doctrinal y así las personas pueden saber que no bebemos sangre de cordero ni sacrificamos animales (con excepción de un gato perdido que a cada rato llegaba a la casa... es una broma). La mayoría de congregaciones y comunidades cristianas tiene una declaración de fe que expresa su ortodoxia (es decir, la «recta creencia»), pero, por lo general, eso es todo. Para nosotros, la creencia es solo el principio; lo que en verdad importa es cómo vivimos y la forma cómo nuestra creencia se materializa. Por eso, también tenemos una declaración de ortopraxis (la «recta vida», la «recta práctica»). Ahí es donde la mayoría de comunidades de fe que se enfocan en la creencia se queda corta. Nos dicen en qué creen, pero no nos dicen cómo sus creencias afectan sus estilos de vida.

Al crear una nueva cultura, ahora somos parte de lo que hemos llegado a llamar una comunidad de comunidades, una red de relaciones entre organizaciones de base, comunidades con propósito y casas de hospitalidad en todo el país. Muchas de ellas son más antiguas (y más sabias) que nuestra comunidad, y algunas acaban de nacer. En casi todos los lugares donde me invitan a hablar, pequeños grupos de jóvenes, con fuego en su mirada, me dicen: «Hemos soñado lo mismo». Una parte de nuestra misión es hacer que la forma de vida del evangelio sea lo más accesible posible.

Los movimientos cristianos monásticos antiguos nos ayudan a entender lo que está sucediendo. Durante siglos, cuando la identidad de los discípulos cristianos se encontraba perdida, el Espíritu llevó a pequeños grupos de personas al éxodo, a la selva, al desierto o a los lugares abandonados dentro del imperio. Unos amigos nuestros, de la comunidad hermana *Rutba House* [Casa Rutba] en Carolina del Norte, organizaron una reunión con el fin de establecer un tipo de reglas monásticas y así conjugar muchos vínculos comunes de creencia y práctica que vemos en el movimiento contemporáneo del Espíritu[21]. No es que huyamos de algo, más bien, buscamos algo nuevo: «construir una nueva sociedad sobre las viejas estructuras de la sociedad», como dicen los Trabajadores Católicos, es decir, crear una cultura en la cual ser bueno sea más fácil para las personas.

ESCUELAS PARA LA CONVERSIÓN

Es una vergüenza que algunos evangélicos conservadores han monopolizado la palabra *conversión*. A algunos esa palabra nos da

21. Los frutos de esta conversación se encuentran en nuestro libro colaborativo *Schools for Conversion: Twelve Marks of a New Monasticism* [Escuelas para la conversión: Doce rasgos de una nueva vida monástica] y en el sitio web www.newmonasticism.org. He incluido un resumen de estos rasgos en el apéndice 1.

escalofríos. Sin embargo, esta significa cambiar, alterar, después de lo cual algo luce diferente a como se veía antes, tal como los automóviles modificados o la conversión de la moneda. Necesitamos convertidos, en el mejor sentido de la palabra; personas que se distingan por tener una mente y una imaginación renovadas; personas que no se conformen al patrón que destruye a nuestro mundo. De otro modo, solo tendríamos creyentes, y en estos días, los hay a montones. Lo que necesitamos es gente con una creencia sólida en que puede haber un mundo diferente que no pueda evitar comenzar a construirlo.

Entonces empezaremos a ver automóviles modificados: vehículos que funcionen con aceite vegetal en lugar de diesel; entones veremos casas convertidas: viviendas abastecidas con energía renovable; lavadoras que funcionen por la acción de bicicletas estacionarias, y sanitarios en los que se utilice agua sucia del lavamanos. Entonces veremos cómo las lágrimas se convierten en risa, pues las personas convertirán sus espadas en arados y fundirán sus armas para hacer saxofones y los oficiales de policía usarán sus porras para jugar béisbol.

Aunque todo el mundo creyera en la resurrección, pocas cosas cambiarían hasta que empezáramos a practicarla. Podemos creer en la resucitación cardiopulmonar, pero las personas seguirán muertas hasta que alguien les sople aliento de vida. Podemos decirle al mundo que hay vida después de la muerte, pero, en verdad, pareciera que el mundo se pregunta si hay vida antes de la muerte.

Hay un tipo de conversión que la gente experimenta no por cómo hablamos, sino por cómo vivimos. Nuestros pequeños experimentos en la verdad se vuelven escuelas de conversión, donde las personas pueden aprender el significado de dejar ir la vieja vida para recibir una nueva, sin tomar el camino ancho que conduce a la destrucción. La conversión no es un evento, sino un proceso que lentamente nos libera de las garras de la cultura.

NO SOLO BUENOS SAMARITANOS

A medida que practicamos la hospitalidad, llegamos a un punto donde el sufrimiento que nos rodea hace que nos preguntemos qué se necesita para reestructurar el mundo. Todos hemos escuchado el dicho: «Dale a alguien un pescado y comerá por un día; enséñale a pescar y comerá el resto de su vida». Pero nuestro amigo John Perkins nos desafía a ir más lejos. Él dice: «El problema es que nadie pregunta quién es el dueño del estanque». Al considerar el factor económico, algunos les daríamos el pescado a las personas; otros les enseñaríamos a pescar. Pero otros deben averiguar quién es el dueño del estanque y quién lo ha contaminado, pues estos factores también son preguntas esenciales para nuestra supervivencia. Debemos derribar la barrera que se ha construido alrededor del estanque y asegurarnos de que todos puedan acceder a él, ya que hay suficientes pescados para todos.

Una madre indigente una vez nos dijo que hay una gran diferencia entre administrar la pobreza y acabar con la pobreza. «Administrar la pobreza es un buen negocio; acabar con la pobreza es revolucionario». Con demasiada frecuencia, la iglesia ha sido el capellán de la economía corporativa mundial al cuidar a las víctimas del sistema. Siempre y cuando manejemos los efectos colaterales de la economía de mercado sin un sentido crítico, el mundo puede seguir produciendo víctimas. Pero como Dietrich Bonhoeffer dijo durante la época de injusticia que vivió: «No estamos solo para vendar las heridas de las víctimas debajo de la rueda de la injusticia, sino también para detener y estorbar la rueda». Es como cuando en la comunidad se inunda el inodoro, lo cual ocurre porque una docena de personas lo utiliza. Cuando este empieza a derramar agua, no solo limpias el desorden, sino también debes detener el flujo del agua que está causando el problema.

Este es el tipo de cosas que requieren trabajo en equipo y la humildad para admitir que juntos podemos lograr lo que para uno solo sería imposible. Cuando nos iba mal al tratar de ayudar a las personas a salir de la adicción a las drogas, nos detuvimos y concluimos: «¡Es obvio! Ninguno de nosotros ha sido adicto a la heroína». Así que nos hemos rodeado de amigos que tienen mucho que enseñarnos. Si estamos solos, vemos parcialmente, pero si estamos juntos la Biblia dice: «Ese amor se manifiesta plenamente» (1 Juan 4:17). Una de nuestras comunidades hermanas aquí en Filadelfia es Nueva Jerusalén, compuesta por personas en recuperación de la adicción a las drogas y al alcohol. Ellos nos han enseñado tanto acerca de la adicción a las drogas, al igual que nuestras propias adicciones y recuperación. Nos han enseñado que no podemos ver al enfermo sin ver lo que causa la enfermedad, que el pecado es tanto personal como social. (Ellos enseñan sobre «la política de las drogas» y la complejidad de la industria de las drogas). Las personas no son pobres solo por su pecado, sino por el nuestro (y la gente es rica por nuestro pecado). En la pared de Nueva Jerusalén hay un rótulo que dice: «No nos podremos recuperar del todo hasta que hayamos ayudado en la recuperación de la sociedad que nos ha enfermado».

Cuando ves que muchos de tus amigos desperdician sus vidas en las drogas, te preguntas de dónde vienen las drogas, y estas no provienen solo de los muchachos que las venden en la esquina. Cuando vemos la aglomeración de prisiones más grande en la historia de la civilización (con dos millones de ciudadanos presos y uno de cada tres hombres negros bajo restricción judicial), nos preguntamos qué tiene de bueno la enmienda decimotercera si la esclavitud es ilegal a menos que la persona sea condenada por un crimen. Cuando tratamos de enseñarles a los niños que no deben golpearse entre sí, y estos ven que el gobierno utiliza la violencia para hacer cambios, empezamos a considerar el significado de ser testigos de una paz que no es como la que el mundo da (Juan 14:27). Cuando vivimos entre las ruinas de un viejo vecindario industrial que ha perdido unos doscientos mil empleos y que ahora tiene setecientas fábricas abandonadas, nos preguntamos sobre la economía corporativa mundial, en especial, cuando vemos cómo las mismas compañías abusan de otros países «vecinos». El Dr. Martin Luther King lo dijo así: «Estamos llamados a jugar al buen samaritano en la carretera de la vida… pero un día debemos llegar a ver que todo el camino a Jericó debe ser transformado para que los hombres y las mujeres no sean constantemente golpeados y asaltados. La verdadera compasión es más que arrojar una moneda a un mendigo. Se trata de ver que un sistema que produce mendigos necesita una repavimentación. Estamos llamados a ser el buen samaritano, pero después de que sacas a tanta gente del foso, empiezas a preguntar si acaso todo el camino a Jericó necesita ser repavimentado»[22].

22. Martin Luther King Jr., «Un tiempo para romper el silencio», sermón predicado en la Iglesia Riverside, Nueva York, 4 de abril de 1967.

CAPÍTULO 6

LA ECONOMÍA DEL NUEVO NACIMIENTO

Sé
tomand
vida en
go, ya v
vida. Cu
vuelta a
querido
de imag
taba en
y comp
medici
el que
de din
solo te
demás
no nec

Per
araba
en las
tarme
evitar
tenía r

Sé
toman
vida e
go, ya
vida. C
vuelta
querido
de ima
taba er
y comp
medici
el que t
dinero

Hace poco, conversaba con unos amigos y unos ejecutivos muy adinerados sobre lo que significa ser la iglesia y seguir a Jesús. Uno de los empresarios nos comentó en confianza: «Yo también he estado pensando en seguir a Cristo y lo que eso significa, por lo que mandé a hacer esto». Se enrolló la manga de la camisa para mostrarnos un brazalete en el que había mandado a grabar las iniciales QHJ (¿Qué haría Jesús?). Era un brazalete de oro de veinticuatro quilates hecho a la medida. Quizá cada quien se puede identificar con este hombre por su ferviente deseo de seguir a Jesús y por la ejecución distorsionada de ese deseo, la cual está atada al materialismo de nuestra cultura.

MÁS ALLÁ DEL CORRETAJE COMERCIAL

Existen capas de aislamiento que separan a los ricos y a los pobres para que no exista contacto entre ambos. Están aquellas capas obvias como las cercas y los automóviles todoterreno, y existen aquellas más sutiles como la caridad. Apesar de que los diezmos, las donaciones exentas de impuestos y los viajes misioneros a corto plazo logran un buen cometido, también pueden funcionar como medios para apaciguar nuestras conciencias y aun mantener una distancia segura de los pobres. Ahora, piensa en el siguiente ejemplo patético del cual quizá ya te has enterado: se supo que las prendas de *Kathie Lee*, que le han generado a *Wal-Mart* más de trescientos millones de dólares en ventas anuales, eran elaboradas por adolescentes que trabajaban bajo pésimas condiciones en maquilas hondureñas. Las adolescentes, algunas de apenas trece años de edad, laboraban en turnos de quince horas ante vigilantes armados que las observaban, y recibían un pago de treinta y un centavos por hora. Sin embargo, la gran ironía es que las prendas que hacían para *Kathie Lee* se vendían con una etiqueta que prometía que «una parte de las ganancias de la venta de esta prenda será donada a diversas obras benéficas infantiles». Recientemente, *Kathie Lee* ha defendido los derechos de los trabajadores. La caridad puede ser un aislante peligroso.

Es mucho más cómodo despersonalizar al pobre para así no sentirnos responsables del catastrófico fracaso humano que provoca que alguien tenga que dormir en la calle mientras que otros tienen recámaras de sobra en sus casas. Podemos ser voluntarios en un programa social, o repartir comida y ropa que han sobrado con la ayuda de organizaciones sin tener que abrir nunca las puertas de nuestro hogar para compartir los alimentos o las habitaciones. Cuando lleguemos al cielo, seremos separados en dos grupos, las ovejas y los cabros, de los que Jesús habla en Mateo 25, según hayamos cuidado de los más pequeños entre nosotros. No estoy convencido de que Jesús nos vaya a decir: «Tuve hambre, y tú entregaste un cheque a United Way y ellos me alimentaron», o «necesité ropa, y donaste prendas al Ejército de Salvación y ellos me vistieron». Él no busca actos de caridad distantes, sino actos concretos de amor como: «Me dieron de comer; [...] me visitaron; [...]; me dieron alojamiento; [...] me vistieron».

Debido a los nuevos fondos gubernamentales y los proyectos de organizaciones religiosas, el modelo del trabajo social puede enredar a la iglesia en la eficiencia de los recursos y los servicios de agente intermediario, como si se tratase de una telaraña de «clientes» y «proveedores». Todo esto puede llevar a la iglesia a una lucha por mantener la visión de Dios sobre el nuevo nacimiento, en la cual todos somos una familia. Con gran facilidad, las organizaciones religiosas sin fines de lucro pueden reflejar lo que las organizaciones seculares hacen al mantener las mismas jerarquías de poder y separación entre los ricos y los pobres. Dichas organizaciones pueden simple y sencillamente facilitar el intercambio de bienes y servicios al colocar a una buena cantidad de profesionales en el medio, con el fin de garantizar que el rico no tenga que encontrarse con el pobre y que el poder no cambie de manos. Los ricos y los pobres se encuentran en mundos separados, y la desigualdad se administra con sumo cuidado, sin llegar a desmantelarla.

Cuando la iglesia se convierte en un espacio para el corretaje comercial en lugar de una comunidad orgánica, deja de vivir. Deja de ser lo que somos: la novia viviente de Cristo. La iglesia se convierte en un centro de distribución, un lugar donde el pobre llega a recibir cosas y el rico llega a dejar cosas. Ambos se retiran satisfechos (el rico se siente bien y el pobre recibe vestido y alimento), pero ninguno sale transformado. No se crea una nueva comunidad radical. Jesús no estableció un programa sino que modeló una forma de vida que encarnaba el reino de Dios, una comunidad donde las personas se reconcilian y nuestras deudas se perdonan, así como nosotros perdonamos a nuestros deudores (todos son términos económicos). El reino que Jesús mostró no se expandió por medio de establecimientos organizacionales o sistemas estructurales, sino como una enfermedad: a través del contacto, del aliento, de la vida. Se expandió a través de personas infectadas por el amor.

A menudo, personas adineradas me preguntan qué pueden hacer por *The Simple Way*. Podría pedirles unos cuantos miles de dólares, pero eso sería demasiado fácil para ambos. En su lugar, les pido que vengan a visitarnos. Extender un cheque nos puede hacer sentir bien y nos puede hacer creer que hemos mostrado amor al pobre. Sin embargo, observar casas ocupadas, ciudades donde miles ponen sus tiendas de campaña para vivir y niños hambrientos transformará nuestras vidas. Solo así seremos movidos para imaginar la economía del nuevo nacimiento y anhelaremos el fin de la pobreza.

Casi cada vez que conversamos con personas acomodadas sobre la voluntad de Dios de acabar con la pobreza, alguien dice: «¿Que no dijo Jesús: "A los pobres siempre los tendrán con ustedes"?». Muchos de los que sacan rápidamente este versículo se han aislado y distanciado de los pobres y actúan a la defensiva. Por lo general, les pregunto con amabilidad: «¿Dónde están los pobres? ¿Están con nosotros?». Con frecuencia, la respuesta es negativa. Cuando estudiamos las Escrituras, nos damos cuenta de la cantidad de versículos que hemos obviado, contextualizado e interpretado a nuestro favor. Por ejemplo, este versículo que dice que los pobres siempre estarán con nosotros, palabras que Jesús dijo en la casa de un leproso, después de que una mujer pobre y marginada enjuga sus pies con perfume. Los pobres estaban alrededor de Jesús, y él, lejos de decir con tono derrotista que no debemos preocuparnos por ellos ya que siempre estarán con nosotros, le señala a la iglesia su verdadera identidad: debe vivir cerca de los que sufren. Los pobres siempre estarán con nosotros, porque el imperio siempre producirá gente pobre y ellos encontrarán un hogar en la iglesia, una ciudadanía en el reino de Dios, donde «a los hambrientos los colmó de bienes, y a los ricos los despidió con las manos vacías».

Escuché que cuando le preguntaban a Gandhi si él era cristiano, a menudo respondía: «Pregúntenle a los pobres. Ellos les dirán quiénes son los cristianos».

LA COMPLEJIDAD DE LA SIMPLICIDAD

Como dice el antiguo dicho: «Vive simplemente para que otros simplemente vivan». La simplicidad es muy popular hoy en día. Todo el tiempo me invitan a dar conferencias acerca de cómo vivir una vida simple, y ¡me otorgan buenos honorarios por hacerlo! La gente escribe libros acerca de la simplicidad, y por ello gana mucho dinero. Es un fenómeno extraño. Muchos liberales hablan sobre la pobreza y la injusticia, pero rara vez se encuentran con los pobres y en sus vidas distanciadas disfrutan un consumo socialmente responsable aunque cómodo. También, hay muchos cristianos que hablan sobre cuánto Dios cuida de los pobres, pero no conocen a ninguno. No hay nada más desagradable que hablar de la pobreza en una cena suntuosa. En una ocasión, leí un anuncio en el que invitaban a un diálogo sobre la hambruna mundial, y el anuncio decía, con descaro: «Habrá refrigerio».

Qué mal que llevar una vida simple tenga que ser tan complicado. Una vida responsable es una paradoja, ya que a menudo genera preguntas sobre los privilegios. Toma mucho dinero o espacio «pasar por la tierra sin dejar huella». Mis vecinos no consumen alimentos orgánicos, pues no les alcanzaría el dinero para comprar en la tienda de productos alimenticios naturales de moda (si es que hubiera una cerca de donde vivimos). En cierta ocasión, una anciana afroamericana le comentó a un grupo de progresistas (yo era uno de ellos): «Todos mis ancestros solían comer alimentos orgánicos, y ellos mismos los sembraban. No era algo radical, tan solo era lo que se hacía antes de que arruináramos todas las cosas». Entre todos los vegetarianos militantes y los vegetarianos estrictos (que no comen carne ni productos derivados de animales), algunos de nosotros, en son de broma, nos llamábamos «gratuinianos», porque comíamos todo lo que fuera gratis. Es difícil descifrar cómo sopesar los cuestionamientos hacia nuestro estilo de vida, que a menudo nos puede atrincherar en la culpa y los privilegios. Es necesario tener gracia y un poco de humor los unos para con los otros. (A propósito, ¿cuánto pagaste por este libro?).

Cuando hablamos del materialismo y de la simplicidad, siempre debemos comenzar por el amor a Dios y al prójimo, de lo contrario actuamos movidos por la creencia legalista de que somos moralmente superiores, una creencia agobiada por el sentimiento de culpa. Nuestra simplicidad no representa una denuncia ascética sobre las cosas materiales para alcanzar la piedad a título personal, puesto que si repartimos entre los pobres todo lo que poseemos, pero no tenemos amor, nada ganamos con eso (1 Corintios 13:3). Muchos liberales progresistas me han enseñado que podemos vivir vidas con una simplicidad disciplinada y aun así estar lejos de los pobres. Podemos consumir alimentos orgánicos, tener una bolsa en común y aun así ser esclavos de Mammón (la personificación del dios dinero que Jesús menciona en los Evangelios). En lugar de estar atados a la noción de cuántas cosas necesitamos comprar, podemos ser esclavos de qué tan simple debemos vivir.

La simplicidad tiene significado en la medida en que se fundamente en el amor, las relaciones auténticas y la interdependencia. La redistribución aparece de forma natural cuando llega el nuevo nacimiento, cuando hay una visión de familia que va más allá de la biología o del nacionalismo. Al considerar el significado de «nacer de nuevo», como se dice en la jerga cristiana, debemos pensar qué significa nacer de nuevo en una familia en la que nuestros hermanos y nuestras hermanas se están muriendo de hambre. Entonces, entenderemos por qué el nuevo nacimiento y la redistribución están indisolublemente atados entre sí, como proclama un número de evangélicos cada vez mayor. Además, es escandaloso que la iglesia gaste dinero en ventanas y edificios cuando algunos miembros de la familia no tienen ni siquiera agua. Bienvenido a la familia disfuncional de Yahveh.

Así que es importante entender que la redistribución se origina en la comunidad, no antes de esta. La redistribución no es una receta para la comunidad. La redistribución describe lo que sucede cuando las personas se enamoran entre sí, al otro lado de las barreras de clase. Cuando la Biblia narra la historia de la iglesia primitiva en el libro de los Hechos, no dice que las personas eran de un mismo sentir porque vendían todas sus cosas. En su lugar, tenían todas las cosas en común, precisamente porque eran de un solo sentir y pensar, en la medida en que los ricos y los pobres nacían de nuevo en una familia en la que algunos tenían de más y otros se encontraban en gran necesidad. La redistribución no era algo rígido y sistemático sino un acto que fluía de forma natural, provocado por el amor a Dios y al prójimo. No soy comunista ni capitalista. Como dice Will O'Brien, del Seminario Alternativo de Filadelfia: «Cuando en verdad descubramos el amor, el capitalismo no será posible y el Marxismo no será necesario».

AYUNO Y CELEBRACIÓN

La generosidad es una virtud que no es exclusiva a aquellos con un don espiritual especial o una pasión filantrópica admirable. La generosidad está en el centro mismo de nuestro nuevo nacimiento. La cultura popular nos ha enseñado a creer que la caridad es una virtud, pero para los cristianos la caridad es solo lo esperado. La verdadera generosidad no se mide por cuánto regalamos sino por cuánto nos queda después de esto, en especial al observar las necesidades de nuestro prójimo. No tenemos el derecho de no ser generosos. Los primeros cristianos enseñaban que la caridad solo consiste en regresar lo que se había robado. En el siglo diecisiete, San Vicente de Paul dijo que daba pan a los mendigos, se arrodillaba y les pedía perdón.

Los primeros cristianos solían escribir que cuando no tenían suficiente comida para los hambrientos que llamaban a la puerta, toda la comunidad ayunaba hasta que todos pudieran compartir los alimentos. ¡Qué increíble economía del amor! Los primeros cristianos decían que si un niño se moría de hambre mientras un cristiano tenía comida de sobra, el cristiano era culpable de asesinato. Uno de los padres de la iglesia, Basilio el Grande, escribió en el siglo cuarto: «Cuando alguien le quita la ropa a otra persona, le llamamos ladrón. A uno que puede vestir al desnudo y no lo hace, ¿no deberíamos llamarlo de la misma manera? El pan en tu despensa le pertenece al hambriento; el abrigo en tu ropero le pertenece al desnudo; los zapatos que dejas arruinar le pertenecen al que anda descalzo; el dinero de tus bóvedas les pertenece a los destituidos». O como dijera Dorothy Day: «Si tienes dos abrigos, uno de ellos le pertenece al pobre». Con razón Juan el Bautista[1] solía relacionar la redistribución con el arrepentimiento al declarar: «Arrepiéntanse, porque el reino de los cielos está cerca» (Mateo 3:2), y «El que tiene dos camisas debe compartir con el que no tiene ninguna» (Lucas 3:11).

Al inicio, las personas que experimentan el compartir quizá lo hagan por un sentimiento de culpa o por obligación, pero las sustenta el incomparable gozo que el dar conlleva. Da gusto ver que otros reciban los regalos de Dios, en especial cuando han sido privados de recibirlos durante un largo tiempo. En Calcuta, una mendiga se me acercó en cierta ocasión para pedirme algo, y yo no tenía dinero. Pero al meter mi mano en el bolsillo, toqué una goma de mascar y se la regalé. Yo no sabía desde cuándo ella no masticaba una, o si quizá nunca lo había hecho. Observó la goma de mascar y sonrió con alegría. Luego, la partió en tres pedazos, y me entregó una parte a mí y otra a mi amigo pues ella deseaba compartir su alegría. Cuando se entrega un regalo a aquellos

1. Juan era un profeta del desierto que comía langostas silvestres, vestía ropa hecha de pieles de camello y quizá hasta llevaba rastas. Era el tipo de personas a quienes los cristianos de hoy podrían considerar cómicos. Él era primo de Jesús y le ayudó a preparar su camino. Algunos lo llaman Juan el Bautista, y yo creía que era porque él había sido el primer predicador bautista; pero ahora me uno a muchos estudiosos que se refieren a él como Juan el que Bautiza, debido a que él transmitía su mística señal del nuevo nacimiento y bautizó al mismo Jesús en el río Jordán. Todo esto ocurrió antes de que el viejo Herodes le cortara la cabeza.

que no han tenido los placeres simples de la vida, su alegría es tan rebosante que, a menudo, por instinto comparten en lugar de acaparar. En India, los niños a quienes les compraba un helado salían corriendo a llamar a sus amigos para que todos pudieran saborearlo. Recuerdo que en una ocasión visité a un numeroso grupo de estudiantes de primaria para hablarles acerca de la desigualdad de los recursos, e hicimos un simulacro para mostrar cómo el ochenta por ciento del mundo tiene el veinte por ciento de los recursos, y cómo el veinte por ciento del mundo acapara el ochenta por ciento de los recursos. (Lo que hicimos fue dividir los útiles escolares, la ropa y la comida en montones). Antes de terminar, justo después de decirles a los niños la frase de Dorothy Day de que si tienes dos abrigos, has robado uno, uno de los niños que estaban en la primera fila se quitó su chaqueta y la lanzó a la tarima. Con una gran sonrisa, el niño gritó: «¡Dénsela a los niños que no tienen abrigos!». Ese el gozo de compartir.

Hay una antigua historia de los padres y las madres del desierto, personas con una fe profunda que creyeron necesario irse al desierto para encontrar a Dios. Ellos vivían en pequeños grupos de comunidades (similares a la forma como nuestras comunidades viven ahora, solo que nuestro desierto son los barrios deprimidos y los lugares abandonados del imperio). En una ocasión, alguien les llevó un gajo de uvas como un regalo para la comunidad. El regalo era una exquisitez, algo así como regalarle trufas de chocolate a alguien hoy en día. Ellos estaban muy emocionados, y lo que ocurrió después fue fascinante. En lugar de devorar todas las uvas, no se comieron ninguna. Se las enviaron a la comunidad vecina para que sus miembros las disfrutaran. Y esa comunidad hizo lo mismo. Al final, las uvas pasaron por todas las comunidades y regresaron a la primera comunidad sin que nadie se las comiera. Simplemente, todos querían que los demás experimentaran el gozo de recibir el regalo. No sé qué ocurrió al final con las uvas. Quizá hicieron una fiesta o quizá hicieron un poco de vino con ellas, pero, sin lugar a dudas, Dios estaba feliz. Una de las frases en mi pared me recuerda esto cada día: «Lo mejor que se puede hacer con las mejores cosas de la vida es regalarlas».

Madre Teresa era una de esas personas que sacrifican los grandes privilegios porque se han percatado de la gran necesidad. A menudo, la gente me pregunta cómo era Madre Teresa. A veces es como si creyeran que ella resplandecía en la oscuridad o que tenía una aureola sobre su cabeza. Era pequeña de estatura, de piel arrugada, y preciosa, quizá un poco malhumorada, como una hermosa y sabia abuelita. Pero hay una cosa que nunca olvidaré: sus pies. Estaban deformados. Cada mañana, durante la misa, yo los observaba y me preguntaba si ella se había contagiado de lepra. Pero, por supuesto, no le iba a preguntar: «Madre, ¿por qué tiene los pies así?». Un día, una de las hermanas nos preguntó: «¿Han observado los pies de Madre Teresa?». Nosotros, asentimos con curiosidad. Agregó: «Sus pies se han deformado porque recibimos la cantidad exacta de zapatos donados para todos y Madre Teresa no desea que nadie se quede con el peor par, por lo que ella lo busca y se queda con él. Después de tantos años de hacer esto, sus pies se han deformado». Después de tantos años de amar a su prójimo como a sí misma, sus pies se han deformado.

Este es el tipo de ayuno que provoca el anhelo divino por la justicia, en el cual nuestros pies se deforman por un amor que pone al prójimo por encima de nosotros mismos y en el cual nuestro estómago gime junto con los estómagos hambrientos de la humanidad. Quizá esto era a lo que se Jesús refería cuando dijo: «Dichosos los que tienen hambre y sed de justicia» o rectitud (Mateo 5:6)[2]. ¿Cuántos de nosotros en verdad tenemos hambre y sed de justicia? Como vimos en el texto de Romanos 8 con respecto al gemido de la creación, mientras más nos acercamos a ese gemido, más nos unimos a él. Talvez ese sea el misterio del ayuno. Isaías nos dice: «El ayuno que he escogido, ¿no es más bien romper las cadenas de injusticia y desatar las correas del yugo, poner en libertad a los oprimidos y romper toda atadura? ¿No es acaso el ayuno compartir tu pan con el hambriento y dar refugio a los pobres sin techo, vestir al desnudo y no dejar de lado a tus semejantes?» (Isaías 58:6-7). El verdadero ayuno no es solo privarnos de los privilegios, sino también compartir con sacrificio para poner fin a los ciclos de la desigualdad, el gemido de la creación y el clamor de los que tienen hambre.

Algo que el ayuno conlleva es el sacrificio de los privilegios. Algunos tendremos que ayunar no solo para conectarnos con Dios, sino también con nuestro prójimo. Algunos talvez estemos hambrientos, y ahora podremos comer en la abundancia del banquete de Dios. Lo que es cierto es que los treinta y cinco mil niños que este día se están muriendo de hambre no necesitan ayunar para conectarse con Dios. En lugar de eso, nosotros somos quienes debemos ayunar para conectarnos con ellos y con Dios. Con razón, la iglesia de los corintios fue reprendida por deshonrar la Cena

2. En el hebreo, la misma palabra se usa para expresar rectitud y justicia.

del Señor al permitir que algunos llegasen a la mesa hambrientos mientras que otros llegaban satisfechos (1 Corintios 11:21-22). Los corintios no se habían reconciliado, por lo que necesitaban primero salir del altar para cuidar de su prójimo.

LA TEOLOGÍA DE LO SUFICIENTE

Además de fundamentar la simplicidad en el amor, también parece crucial que las prácticas económicas se basen en la teología. Estoy convencido de que la mayoría de las cosas alarmantes que ocurren en el mundo en el nombre de Cristo y del cristianismo son principalmente el resultado de una mala teología y no de personas con malas intenciones. (Al menos eso es lo que quiero creer.) Y la respuesta a la mala teología no es la falta de teología, sino una buena teología. Por lo que, en lugar de distanciarnos del lenguaje religioso y del estudio bíblico, ahondemos juntos en las Escrituras y corrijamos la mala teología con una buena teología, la concepción distorsionada de un Dios guerrero mediante la aceptación de nuestra lealtad al Cordero inmolado, y el evangelio de la prosperidad al seguir al Maestro que no tenía hogar.

Estoy convencido de que Dios no se equivocó ni creó demasiadas personas y muy pocos recursos. Dios no creó la pobreza, sino tú y yo, porque no hemos aprendido a amar a nuestro prójimo como a nosotros mismos. Gandhi lo expresó muy bien: «En la tierra hay suficiente para satisfacer las necesidades de todos, pero no tanto como para satisfacer la avaricia de algunos».

Este fue uno de los primeros mandamientos que recibieron nuestros ancestros bíblicos (aun antes de recibir los Diez Mandamientos) al encontrarse perdidos en medio del desierto, en algún lugar entre el imperio de Faraón y la Tierra Prometida: Cada quien recogería solo la cantidad que necesitara (Éxodo 16:16). En la historia del Éxodo, Dios envía maná del cielo y les asegura a los israelitas que tendrán lo suficiente. Cuando ellos guardan un poco para el siguiente día, Dios envía gusanos para destruir sus provisiones. (Quizá necesitemos unos cuantos gusanos hoy en día.) La orden era tomar consigo un gómer de maná (unas tres libras), como señal de la provisión diaria del pan. Por supuesto, escuchamos un eco sutil de esto en el Padre Nuestro cuando se nos enseña que oremos por el pan nuestro de cada día. (Orar por «mi» pan de cada día es una profanación; debemos orar por el pan «nuestro» de cada día, es decir, por el de todos.) Una y otra vez, escuchamos la promesa de que si tomamos solo lo que necesitamos, habrá suficiente para todos. (El apóstol Pablo hace alusión al pasaje de Éxodo en 2 Corintios 8:15, al corregir a la joven iglesia para que fuera fiel a la economía de Dios.)

Deuteronomio 15 nos ofrece otro vistazo a las causas de la pobreza. Dios dice primero: «Entre ustedes no deberá haber pobres», para luego decir «si hay algún pobre», y «a los pobres siempre los tendrán con ustedes». Aun cuando hay suficiente para todos, la codicia y la injusticia siempre provocarán que haya pobres sobre la tierra, por lo que Dios nos enseña la responsabilidad personal para con nuestro prójimo necesitado. Dios también establece períodos de descanso para la tierra y formas de provisión como la cosecha, durante la cual el pobre puede recoger comida de los campos. Además, Dios establece un plan para el Jubileo: intervalos regulares en los que se desmantela la desigualdad[3]. Dios, de manera sistemática, interrumpe los sistemas humanos que provocan la pobreza al saldar deudas, liberar a los esclavos y redistribuir las propiedades. Algunos dicen que los israelitas nunca vivieron el Jubileo a plenitud. Sin embargo, nuestro amigo Ched Myers dice: «Esa no es una excusa para ignorar los mandamientos de Dios. Eso equivale a decir que no necesitamos preocuparnos por el Sermón del Monte, ya que los cristianos nunca lo han practicado por completo».

A pesar de que hay una profunda sabiduría en el ascetismo monástico primitivo del desierto y en el voto de pobreza de los movimientos monásticos de hace siglos, siempre que hablo con mis vecinos o mis amigos sin hogar acerca de un «voto de pobreza», ellos o se ríen o me lanzan una mirada perpleja. Algunos me han preguntado: «¿Has sido pobre alguna vez?». He comenzado a observar lo miope de mi visión y lo limitado de mi lenguaje. Yo apestaba a privilegio. Por lo que sugeriría que buscáramos una tercera opción, que no sea el evangelio de la prosperidad ni el de la pobreza, sino el evangelio de la abundancia que se basa en la teología de lo suficiente. Como dice Proverbios: «No me des pobreza ni riquezas sino sólo el pan de cada día. Porque teniendo mucho, podría desconocerte y decir: "¿Y quién es el Señor?"»

3. El Jubileo levítico es la reestructuración unilateral e integral de Dios respecto a las propiedades de la comunidad, cuyo fin es recordarle a Israel que todas las posesiones y la tierra le pertenecen a Dios, y que ellos eran un pueblo en el éxodo que no debía regresar nunca al sistema de la esclavitud (Levítico 25:42). Esta celebración tenía que realizarse cada cincuenta años y era precedida por un «descanso de descansos», es decir, el año cuarenta y nueve (Levítico 25:8-12). El Jubileo (cuyo nombre proviene del vocablo hebreo yovel, el cuerno del carnero que se hacía sonar para anunciar la remisión) tenía como propósito desmantelar las estructuras de desigualdad económica y social al liberar a cada miembro de la comunidad de sus deudas (Levítico 25:35-42) mediante la recuperación de la tierra hipotecada o confiscada por parte de su dueño original (vv. 13, 25-28) y la liberación de los esclavos (vv. 47-55).

(30:8-9). Después de ver cómo tantos pobres se ven forzados a cometer delitos económicos debido a su pobreza y cómo tantos ricos se encuentran tan satisfechos en sus riquezas, al punto de que se olvidan que necesitan a Dios y a cualquier otra persona, creo que todos estamos preparados para algo diferente.

LA ECONOMÍA DE DIOS

Estudiar las Escrituras es algo que disfruto cada vez más. En Filadelfia, existe el llamado Seminario Alternativo, que es una red libre de personas que, juntas, estudian las Escrituras[4]. Ya sea que las personas posean un conocimiento académico o una sabiduría callejera, a cada quien se le valora como un maestro y como un alumno. En una de nuestras clases, estudiamos las porciones bíblicas que hablan de la economía... en una casa abandonada de nuestra cuadra. A la clase llegan personas sin hogar, ejecutivos de empresas, eruditos bíblicos, jóvenes radicales, católicos y protestantes. Allí pude echar un vistazo a lo desafiante y estimulante que debió haber sido en los días de Jesús el hecho de que recaudadores de impuestos, campesinos, zelotes y prostitutas se sentaran juntos a la misma mesa.

En los evangelios, vemos que el nuevo nacimiento y la redistribución están vinculados entre sí. Como vimos anteriormente, cuando Juan el Bautista preparaba el camino para Jesús, predicó sobre el arrepentimiento pero, a la vez, les dijo a las personas que regalaran su camisa extra. Por supuesto, las propias enseñanzas de Jesús están cargadas de historias de deudas, salarios de trabajadores, redistribución y cuidado de los pobres, además de que sus dos explicaciones acerca de la vida eterna tienen inconfundibles dimensiones económicas (el hombre rico y Lázaro y las ovejas y los cabros). A lo largo de todo el Nuevo Testamento aprendemos cómo el nuevo nacimiento y la redistribución están ligados entre sí. No podemos decir que amamos a Dios y pasar de lado a nuestro prójimo que está hambriento. Aunque nadie ha visto a Dios jamás, a medida que nos amamos los unos a los otros, Dios habita en nosotros. Una de las señales del Pentecostés es que no había necesitados entre ellos, ya que compartían todo lo que tenían.

Así que, a pesar de que en las Escrituras las enseñanzas sobre economía están entrelazadas, no supondré que estás interesado en

4. Ahora existe un movimiento nacional clandestino de seminarios llamado *Word and World* [La Palabra y el Mundo], que es una escuela nómada popular comprometida con «la construcción de puentes entre el seminario, el santuario y las calles» (www.wordandworld.org).

un análisis sustancioso de la economía bíblica o que todos disfrutan del estudio bíblico tanto como yo. Sin embargo, hay un pasaje en particular que revela los secretos de la abundancia de Dios y, si me lo permites, me gustaría seguir hablando de ello. (Y si no me lo permites, pásate al siguiente capítulo, pero no creas que aprobarás el examen.) El pasaje se encuentra en Marcos 10, en particular los versículos del 29 al 31, que dicen: «—Les aseguro —respondió Jesús— que todo el que por mi causa y la del evangelio haya dejado casa, hermanos, hermanas, madre, padre, hijos o terrenos, recibirá cien veces más ahora en este tiempo (casas, hermanos, hermanas, madres, hijos y terrenos, aunque con persecuciones); y en la edad venidera, la vida eterna. Pero muchos de los primeros serán últimos, y los últimos, primeros». Yo creo que este texto nos provee uno de los destellos más claros de por qué la redistribución es necesaria y por qué debemos celebrarla.

Justo antes de estos versículos, Jesús tuvo el encuentro infame con el joven rico (que ya hemos visto, pues logré introducir ese estudio bíblico a hurtadillas). Es una historia que, más que tratar el tema de si los ricos son bienvenidos al reino de Dios, habla sobre la naturaleza de dicho reino, cuya economía es diametralmente opuesta a la del mundo. En lugar de acumular cosas para sí, los seguidores de Jesús lo dejan todo y confían solo en la providencia de Dios. Los discípulos comenzaron a entenderlo al decir: «Lo hemos dejado todo y te hemos seguido». Luego, encontramos los versículos 29 al 31.

Unas cuantas cosas me llaman la atención del pasaje: el evangelio de Marcos nos asegura que al dejar nuestras posesiones y familias por fidelidad al reino de Dios, entramos a una nueva economía de la abundancia. Pero, si observas de cerca, notarás una diferencia entre las dos listas que son casi similares. Primero, tienes algo «extra» en la segunda lista: las persecuciones. ¡Sí! Las persecuciones vienen cuando optamos por un orden económico diferente al del patrón de este mundo. También, hay una omisión en la segunda lista, algo que los eruditos creen que Marcos dejó de lado de forma intencional: los padres. Al nacer de nuevo, dejamos a nuestra familia biológica. Ahora tenemos hermanas, hermanos y madres en todo el mundo. Sin embargo, la omisión de los padres en la lista es coherente con la enseñanza de Cristo en Mateo, de que no debemos llamar padre a nadie, excepto a Dios (23:9). En una época en que los padres eran considerados el sustento de la familia, la autoridad aparentemente indispensable y el centro de la provisión del hogar, esta declaración representa el triunfo final de Dios sobre el patriarcado. Solo Dios merece ser considerado Padre, Proveedor y Autoridad (y, por supuesto, Rey)[5].

Aquí yace el factor decisivo de estos versículos: la multiplicación no solo se dará en la edad venidera (con calles de oro, mansiones en el cielo, Cadillacs y coronas). La multiplicación de los recursos comienza «en este tiempo». Al considerar estos versículos con mis amigos eruditos Ched Myers[6] y Christine Pohl[7], y a medida que he vivido en comunidad con personas que comparten sus posesiones, me he dado cuenta de que la multiplicación divina comienza ahora, de forma literal y pragmática. Tanto aquel que se basa en la salud y la riqueza como el ascético penitente, pierde de vista la realidad más profunda de estos versículos, que nos enseñan una visión de la economía radicalmente nueva. Cuando dejamos nuestras familias biológicas y nuestras posesiones, confiamos en que otros también lo harán, y que habrá una abundancia que comienza ahora y que durará para la eternidad.

MULTIPLICACIÓN MÍSTICA

Yo solía decir que «Jesús era un sin hogar», y, a pesar de que en alguna medida eso es cierto, creo que en realidad Jesús tenía hogares en cada lugar a donde iba. Él les dejó claro esto a sus discípulos cuando les ordenó que no llevaran nada para su viaje: ninguna bolsa, ni comida de más, ni ropa, ni dinero, ni zapatos. (Excepto en el evangelio de Marcos, donde sí les permite llevar zapatos, así que quizá los llevaron consigo.) El hecho de que les haya ordenado no tomar esas cosas implica que algunos tenían acceso a ellas. No obstante, fueron enviados no bajo la simple pobreza de la vida ascética, sino con una nueva visión de la interdependencia, en la confianza de que Dios les proveería. Al entrar en una ciu-

5. Solo un comentario sobre las mujeres de nuestra comunidad que se reúnen de forma constante para discutir y estudiar de todo, desde teología hasta salud femenina. Ellas han estudiado y nos han presentado el libro de Paul R. Smith, *Is It Okay to Call God «Mother»?* [¿Está bien llamar a Dios «Madre»?], Hendrickson, 1993. A pesar de que creemos que Dios es Padre, el libro nos ayudó a ampliar nuestra mente, aun la de aquellos escépticos de la casa, con respecto a todas las características y los nombres atribuidos a Dios.

6. Ched Myers (http://www.bcm-net.org) es un erudito de mucha influencia para mí, además de ser mi amigo. Su libro: *The Biblical Vision of Sabbath Economics* [La visión bíblica de la economía del Día de Reposo], Tell the Word, Church of the Saviour, 2001, fue nuestro libro de texto para la clase sobre la economía de Dios en el Seminario Alternativo.

7. La catedrática del Seminario Asbury, Christine Pohl, ha realizado una gran labor como capellán de comunidades con propósito. En su libro: *Making Room* [Hacer Lugar], Grand Rapids: Eerdmans, 1999, busca revivir la visión de la hospitalidad cristiana.

dad, otros les abrirían las puertas de su hogar. Y, si no lo hacían, los discípulos debían sacudir el polvo de sus pies y marcharse. Lo increíble es que esto no solo aseguraba que la iglesia practicara la hospitalidad, sino que también dependiera de ella. La línea entre «nosotros» y «ellos» se disolvía, pues todos dependían de Dios y de los demás en una nueva economía.

Mientras que los teólogos y eruditos debaten sobre la esencia de los milagros de multiplicación que aparecen en los evangelios, pienso que hay algo que no se puede ignorar: la economía de Dios se caracteriza por la abundancia. Cuando los discípulos le dicen a Jesús que la multitud está hambrienta, él los manda a alimentarla. Cuando ellos se quejan del precio, pues aún piensan bajo la premisa de la economía de mercado, Jesús les dice que usen lo que tienen: el almuerzo de un niño, que consistía en panes y peces; y ahí es donde ocurriría una multiplicación mística[8]. Ese es el milagro: cuando entregamos nuestras posesiones, lo hacemos por fe, sabiendo que otros también entregarán sus posesiones. De hecho, en el desierto, una de las grandes tentaciones de Jesús fue utilizar su poder para convertir las piedras en pan y así alimentar a los hambrientos[9]. Sin embargo, él insiste en confiar en que ahora el cuerpo de Cristo proveerá «el pan nuestro de cada día».

Ahora tenemos hogares en todos lados. Cuando los seguidores de Jesús viajan a una ciudad, pueden quedarse con una familia. Cuando tengo un compromiso para dar una plática, siempre solicito quedarme con una familia en lugar de un hotel, y dependo de la hospitalidad de la iglesia, no de la economía de mercado. Cuando me piden que dé una conferencia, siempre les digo a quienes me invitan: «Si no hallan un hogar donde pueda quedarme, entonces, no podré ir». Es más agradable pasar una noche con una familia en su hogar que quedarme solo en la habitación de un hotel, pasando los canales de la televisión y evitando la seducción de las películas y los anuncios obscenos.

8. Que conste que la idea de la multiplicación mística no solo se limita al mundo de la economía. El todo es más que la suma de sus partes, y juntos podemos lograr lo que por separado nos sería imposible. Así como lo expresa el viejo pero grandioso refrán: «El trabajo compartido es más llevadero». Este es el regalo de la comunidad. Cuando un camión llega repleto de donativos, me tomaría horas descargarlo. Pero si toda la familia sale a descargarlo, logramos hacerlo en cuestión de minutos.

9. ¿Alguien recuerda la miniserie sobre Jesús que la cadena de televisión CBS pasó hace unos años? A pesar de que una gran parte de su contenido me pareció deficiente (¡leer el libro es mucho mejor!), la parte sobre la tentación en el desierto presenta a una niña que le pide a Jesús que convierta las piedras en pan, y él le responde al tentador: «Confiaré en mi iglesia». Eso debió haber sido algo difícil.

SUSURROS DE OTRA ECONOMÍA

Necesitamos echar mano de la imaginación para soñar cómo podría ser este tipo de interdependencia radical. En nuestra comunidad, una de las cuestiones que nos planteamos de forma continua es el seguro médico. Muchos nos preocupamos por no tenerlo, en especial cuando vemos que se agregan más niños a la vida comunal. Aun así, es difícil hacer uso de ese privilegio cuando muchos de nuestros vecinos no cuentan con él. Me inquieta recibir ayuda de parte del gobierno, ya que creo que cuidar los unos de los otros es la responsabilidad primaria de la nueva comunidad. Hace unos años, me encontré con un grupo conformado por miles de cristianos que reunían dinero cada mes para cubrir sus facturas médicas entre sí. Esto es más armonioso con el espíritu de la iglesia primitiva, con la noción de que somos una gran familia cuyo padre tiene una billetera grande. Así que ahora formo parte de esa comunidad, y cada mes recibo una carta en la que me informan quién está hospitalizado, cómo se utiliza mi dinero y cómo debo orar por mis hermanos y hermanas. Una y otra vez, he visto cómo la multiplicación divina cubre las necesidades de las personas. Hace unos años, tuve un accidente y el costo médico ascendió a diez mil dólares. Les presenté esa necesidad a la comunidad, y esta la cubrió por completo.

En Filadelfia, mantenemos un diálogo continuo acerca de la creación de una aldea de comunidades en donde intercambiemos cosas, compartamos lo que necesitemos y, si es posible, creemos una nueva moneda a través de la cual las personas intercambien horas de trabajo y sean valoradas no porque tengan dinero, sino porque estén dispuestas a ayudar a los demás y a ofrecer su tiempo como una forma de servicio[10]. Quizá una comunidad tenga un fontanero, pero necesite un jardinero; otra quizá tenga un jardinero pero necesita cobijas. Y quizá otra tenga las cobijas, pero necesita al fontanero. Es asombroso cómo la abundancia de Dios y los dones de sus hijos pueden proveer de forma mística para las necesidades de las personas.

Otros hemos tratado de pensar responsablemente sobre cómo buscar medios económicos alternativos, como la ropa, por ejemplo. Siempre que escuchamos algo preocupante con respecto al que fabrica nuestra ropa, hemos manifestado nuestro desacuerdo de diferentes maneras. Un amigo enfoca su trabajo en el estable-

10. Aun he hecho intercambios con amigos que me están ayudando con este libro. Es obvio que no les puedo ofrecer dinero puesto que donaremos todas las ganancias.

cimiento de un sueldo base mundial, al hacer la conversión del costo de la vida en diferentes partes del mundo y tratar de asegurarse de que las empresas paguen ese salario que les permitirá a las personas vivir. Algunos responden a la opresión al comprar en tiendas de segunda con fines benéficos, para que las empresas perciban nuestro dinero de manera ocasional. Así, es más probable que el dinero se destine a una familia o una entidad benéfica como el Ejército de Salvación. Otros cubren los nombres de las marcas para no promocionarlas, a menos que sepan que se trata de una institución que encarna los valores del reino. Algunos fabricamos nuestra propia ropa. Además de protestar en las calles en masa, tratamos de mostrarles a las personas aquellas alternativas que son más vivificantes, divertidas y sostenibles. En una ocasión, un grupo juvenil me escribió para contarme que todos ellos fabrican juntos su ropa. Mis pantalones tienes bolsillos especiales para portar botes de burbujas y tiza para dibujar en las aceras, mientras que una de mis compañeras del hogar usa un tutú. ¿Dónde más podrías encontrar algo así?

INTERDEPENDENCIA RADICAL

La realidad de la multiplicación divina se percibe solo cuando nos permitimos depender de Dios y vivir en una interdependencia radical con los demás. Yo logré avistar esto en la colonia de leprosos en Calcuta, y ahora lo puedo ver en mi vecindario. Kensington, uno de los distritos más pobres de Pennsylvania, está abandonado por la municipalidad de manera deliberada. Con frecuencia, en las calles prolifera la basura, y las paredes lucen cubiertas de grafito. Algunos de sus habitantes se sienten degradados y que no son valorados al igual que las personas de otros vecindarios. Sin embargo, para otros este abandono es un catalizador para la organización. Cuando la municipalidad se niega a remover la nieve de nuestras calles, salimos a jugar en ella y, luego, la paleamos juntos. Cuando la basura se acumula, tenemos una buena excusa para hacer una fiesta en la cuadra, acordonar la calle, limpiarla y jugar a mojarse en los hidrantes.

Una familia muy querida es propietaria de la pequeña tienda Josefina, frente a nuestra casa. Nos hemos vuelto inseparables. Sus hijos nos visitan para hacer las tareas escolares, participar en nuestro campamento de teatro y para vencernos en el juego de cartas Uno (aunque a veces hacen trampa). Nosotros les ayudamos a reconstruir su casa, y ellos nos enseñan español. En ocasiones, necesitan transporte para reabastecer la tienda o para recoger a los niños. Nos dimos cuenta de que, sin costo adicional, podíamos brindarles seguro vehicular bajo nuestra póliza. Así, les prestamos nuestros automóviles, y ellos nunca nos cobran por los comestibles. No somos buenos samaritanos ni tampoco una eficiente organización sin fines de lucro que les provee. Con ellos somos familia, y entre nosotros el dinero ha perdido su relevancia. Hace poco tuvimos que llevar el automóvil al mecánico. Después de su reparación, nos lo regresaron sin una factura. Al preguntarle al mecánico, me dijo que nosotros cuidábamos a una familia que él apreciaba mucho, por lo que la reparación era nuestro regalo, ya que debíamos cuidar los unos de los otros. Es divertido ver cómo el dinero pierde su poder. Como dijo uno de los primeros cristianos: «Haz que Mammón se muera de hambre con tu amor». Espero que Mammón ande hambriento por aquí.

Con razón Jesús le dijo al joven rico que le resulta más fácil a un camello pasar por el ojo de una aguja, que a un rico entrar en el reino de Dios. Eso no quiere decir que los ricos no son admitidos o bienvenidos. Significa que es casi imposible para ellos entender la visión de una comunidad interdependiente, que depende de Dios y de los demás. Aunque puedan estar espiritualmente hambrientos de Dios y del sentido de comunidad, los ricos creen en la ilusión de que son individuos autónomos y autosuficientes, y esa creencia es incompatible con la porción del evangelio que dice que donde dos o tres están reunidos, Dios está en medio de ellos. Sin embargo, «para Dios todo es posible», como dice el texto en Marcos 10. Las piedras pueden clamar, los burros pueden hablar, los muertos pueden resucitar y los ricos se pueden liberar de sus riquezas y entrar al reino de Dios. ¡Sí!

En los suburbios, me he encontrado con una comunidad conformada por un grupo de familias de mediana edad que han decidido hacer un pequeño experimento en comunidad. Comenzaron a prestarse las herramientas de jardinería y las podadoras. Lavaban su ropa juntos y se prestaban las máquinas. Se habían dado cuenta de que era más divertido lavar su ropa y pasar tiempo juntos mientras esperaban que la tarea terminara (algo que los pobres saben desde hace tiempo). No pasó mucho tiempo para que las familias plantaran un jardín comunitario y establecieran una guardería cooperativa. Algunos hasta se mudaron para vivir juntos. Les pareció algo muy natural. Al final, la comunidad fue tema para la primera plana del periódico, y uno de los que había iniciado el movimiento me comentó: «¿No te parece extraño? Lo que estamos haciendo sale en la portada del periódico. Simplemente, esto es algo que parecía lógico».

Existen tantos experimentos de vida en comunidad y de hospitalidad en diversos contextos económicos y sociales que lo mejor que puedo hacer es darte un vistazo de ellos. Pero hay una hermosa historia que no puedo evitar mencionar. Un matrimonio que no podía tener niños conoció a una mujer sin hogar y con seis meses de embarazo, y la invitaron a quedarse en su casa. La experiencia se convirtió en algo tan especial que decidieron seguir viviendo juntos para ayudar en la crianza de la bebé mientras la madre perseguía su sueño de regresar a la escuela y graduarse de enfermera. Desde entonces, han vivido juntos durante más de una década. Son una familia, la niña es ahora una adolescente y su madre es enfermera. En un desgarrador giro en la historia, la esposa ahora está muy enferma de esclerosis múltiple, pero la enfermera que vive en el hogar cuida de ella, tal como la esposa una vez lo hizo para con la enfermera. Este es el regalo de la providencia mística y la interdependencia radical.

Otro grupo de personas que amo mucho es el que conforman unos joyeros del Reino Unido. Muchos habían sido negociantes en la economía de mercado mundial. La industria de la joyería tiene fama de perversa, se le conoce a menudo como el mercado del «diamante de sangre» y es responsable del significativo sufrimiento de muchos obreros alrededor del mundo, quienes derraman sangre, lágrimas y hasta sus propias vidas al extraer gemas y metales preciosos que ni si quiera pueden adquirir. Sin embargo, estos negociantes del Reino Unido experimentaron un choque entre su fe y la industria, el principio antiguo de: «No se puede servir a la vez a Dios y a las riquezas». En lugar de simplemente abandonar la industria como grupo, decidieron transformarla al «practicar la resurrección», como nosotros lo llamamos. Viajaron a Bolivia, Colombia y a lo largo de África, y hallaron personas que trabajan en la industria de los diamantes con quienes ahora mantienen relaciones de amistad. Hoy día, el grupo de negociantes británicos son pioneros en un increíble negocio de joyas llamado Cred. Cuando nos conocimos en su tienda en Inglaterra, uno de sus fundadores me comentó: «¿Puedes imaginar el sentimiento de satisfacción que obtienes cuando te pones tu anillo de boda y sabes que, desde el momento en que el diamante fue extraído hasta que el anillo se coloca en tu dedo, cada obrero recibió un trato digno y respetuoso?». Como su esposa es teóloga, ella agregó la teología y la filosofía que rigen su visión. Esto le otorga integridad al evangelio que predicamos. Ahora estas personas son una raza diferente de joyeros, pues han encontrado el carácter sagrado de Jesús y de su prójimo en el mundo.

EL TEÓLOGO BROMISTA

Me encanta la forma como Jesús maneja las finanzas, con tanta sagacidad e imaginación. Primero que todo, él es muy cuidadoso: «Judas, hazte cargo del dinero». (Por supuesto, Judas vende a su hermano por treinta monedas de plata, pero eso lo dejaremos para otro día.) Jesús fue siempre listo cuando las personas intentaban tenderle trampas. En un punto de los evangelios (Mateo 22:15-22), vemos que la élite religiosa intenta atrapar a Jesús al observar si él paga sus impuestos. Ellos le dan una moneda y le preguntan: «¿A quién pertenece esta moneda?». A lo que Jesús con mucha cautela responde: «Denle al césar lo que es del césar y a Dios lo que es de Dios». Me encanta que él encoge sus hombros y les dice que si la moneda tiene la imagen y la inscripción del césar que se la devuelvan a él. El césar puede tener su propia moneda, pero no tiene el derecho de tomar lo que es de Dios, y la vida es de Dios. El césar puede gravar su imagen en cosas de esta tierra, que las polillas y el óxido destruirán, pero el césar tiene la imagen de Dios gravada en él. Dios creó al césar, y eso quiere decir que el césar no es Dios.

En otra ocasión (Mateo 17:24-27), las autoridades vienen y le preguntan a Pedro si Jesús paga los impuestos del templo y Pedro, de forma natural, les responde que sí. Sin embargo, más tarde, cuando Pedro ve a Jesús, este hace algo inusual (como siempre). Manda a Pedro a traer un pez y le dice que encontrará «una moneda de cuatro dracmas en su boca», que era la cantidad exacta para pagar el impuesto. ¿Hay alguien más a quien le parezca extraño esto?[11] Por lo regular, los peces no portan dinero en sus bocas. Toda la escena se exagera con esta sátira, con este teatro callejero[12]. ¡A quién le interesan los impuestos si un apestoso pez tiene

11. Un historiador del primer siglo le añade profundidad al punto del significado del pez al observar que se creía que el emperador (él se refería a Domiciano) controlaba a los animales y a toda la naturaleza, y que aun los peces saltaban para lamer su mano.

12. Hay un viejo proverbio de los campesinos que captura el humor y la ironía de lo que Jesús quiere decir: Cuando el emperador pasa por delante, el campesino se inclina ante él... y se tira un gas. Con una subordinación revolucionaria, le entregamos al imperio lo que nos pide, pero no bajo sus propios términos. El césar puede tener sus monedas, que el óxido destruirá; pero la vida y la naturaleza son de Dios. Y si el césar nos quita la vida, aun así nos levantaremos de la tumba.

dinero en su boca! Eso es fascinante. Yo creo que en este punto Jesús dice: «Puedes tomar tu dinero. Yo hice ese pez».

Dios creó al césar, y también creó los cielos y la tierra. El césar no puede hacer eso. Dad al césar lo que es del césar. Ahora bien, el césar puede quedarse con sus monedas, pero la vida le pertenece a Dios y el césar no tiene derecho a quitarla. Una vez que le hayamos entregado a Dios lo que le pertenece, no queda mucho para el César.

Creo que al hablar de la economía, es necesario que tengamos ese tipo de imaginación y creatividad para salirnos del desorden que hemos creado. Nada cambiará hasta que tengamos el tipo de imaginación que Jesús tenía para hacer desaparecer el acaparamiento y para celebrar un sueño más liberador que el sueño americano. El mercado dominará la visión del Jubileo de Dios hasta que tengamos la valentía de arriesgarnos y conspirar cómo redistribuir la riqueza, con la misma pasión y fervor de la gente que la persigue.

Hace un par de años, sucedieron dos cosas. En primer lugar, ganamos un juicio por mala conducta policial en la Ciudad de Nueva York. La policía había estado arrestando a personas sin hogar por dormir en las calles, y las habían acusado de alteración del orden público. Cientos de personas se juntaron para llamar la atención hacia esa situación, y muchos dormimos en la calle para expresar nuestra postura de que eso no debería considerarse un delito. En una de esas noches que dormía en la calle, me arrestaron. Pasé por un largo proceso legal, al final del cual me declararon inocente para posteriormente interponer una demanda civil por arresto y acusación ilegales y mala conducta policial. Además de sentar precedente, ganamos alrededor de diez mil dólares. Sin embargo, sentíamos que el dinero no me pertenecía a mí o a The Simple Way, sino a todas las personas sin hogar de Nueva York, por todo lo que tienen que soportar. Esa era su victoria.

En segundo lugar, después de recibir nuestro estudio bíblico sobre la economía, recibimos un regalo anónimo de diez mil dólares, dinero que alguien había invertido en la bolsa de valores para luego entregarlo a los pobres.

Así que veinte mil dólares era suficiente dinero para despertar la imaginación colectiva. Así, pensamos: ¿Qué tal si tuviéramos una celebración de Jubileo este día? La idea se extendió más allá de *The Simple Way* y, poco después, amigos de todas partes consideraron la idea con una sonrisa en sus rostros. ¿Dónde debíamos celebrar? Dónde más sino en Wall Street, ante la economía mundial. También decidimos que esta no sería una celebración de un solo día, sino una celebración antigua, que se remontaría a Levítico 25, y un festejo eterno de la Nueva Jerusalén. Decidimos enviar cien dólares a cien comunidades diferentes que encarnan el espíritu del Jubileo y la economía del amor. Cada uno de los billetes enviados tenía la palabra «amor» escrita en ellos. Así que invitamos a todos a venir al Jubileo en Wall Street.

Después de meses de risas y sueños, el Jubileo realmente sucedió. Fue un gran día. Todos estábamos listos (a pesar de que aún sentíamos mariposas en el estómago). Unas cuarenta personas trajeron todo el cambio en monedas que pudieron cargar: más de treinta mil monedas en sacos, tazas de café, maletines y mochilas. Otras cincuenta personas nos encontrarían en Wall Street. Una docena de personas se movilizó antes para esconder los «tesoros», es decir, cientos de billetes de dos dólares distribuidos en parques, servilleteros y cabinas telefónicas del bajo Manhattan. Poco a poco, a las ocho y quince comenzamos a entrar, como en un continuo goteo, a la plaza pública ubicada frente a la entrada principal de la Bolsa de Valores de Nueva York. Deliberadamente, todos nos vestimos de diversos modos para acoplarnos al ambiente: algunos parecían personas de la calle (unos lo eran), otros parecían turistas, mientras que otros lucían como empresarios. El rumor de la redistribución se había esparcido por toda Nueva York, y casi un centenar de personas de los barrios y callejones se había reunido. Habíamos coreografiado la celebración como si se tratase de una obra teatral, en la que Wall Street sería el escenario de nuestro teatro contra el terrorismo. A las ocho y veinte, la hermana Margaret, nuestra monja de setenta años, y yo dimos un paso al frente para proclamar el Jubileo.

«Algunos de nosotros hemos trabajado en Wall Street, y algunos hemos dormido en Wall Street. Somos una comunidad en lucha. Algunos somos ricos que tratamos de escapar de la soledad. Otros somos pobres que intentamos escapar del frío. Algunos somos adictos a las drogas y otros, adictos al dinero. Somos personas destrozadas que necesitamos de los demás y de Dios, pues reconocemos el desastre que hemos provocado en nuestro mundo y cuánto esto nos afecta. Ahora trabajamos juntos para construir una nueva sociedad que se levante sobre las viejas estructuras. Otro mundo es posible. Otro mundo es necesario. Otro mundo ya está aquí».

Después, la hermana Margaret tocó el cuerno del carnero (como solían hacerlo nuestros ancestros judíos), y proclamamos:

«¡Que comience la fiesta!». Diez personas se colocaron en los balcones arriba de la multitud, y lanzaron cientos de dólares en billetes que llenaron el aire. Luego, soltaron rótulos con los mensajes: «Detengan el terrorismo», «compartir», «amar» y «En la tierra hay suficiente para satisfacer las necesidades de todos, pero no tanto como para satisfacer la avaricia de algunos (Gandhi)».

Las calles se tornaron plateadas. Nuestros «peatones», «turistas», «sin hogar» y «empresarios» comenzaron a sacar las monedas. Utilizamos tiza para decorar las aceras del lugar y llenamos el aire de burbujas. El gozo era contagioso. Alguien llevó roscas de pan y empezó a repartirlas, mientras otras personas regalaban su ropa de invierno. Un barrendero de la ciudad nos guiñó el ojo, a la vez que nos enseñaba una pala llena de dinero. Alguien más abrazó a otra persona y le dijo: «Ahora podré comprar mis medicinas».

La idea funcionó. No teníamos idea de lo que sucedería[13]. Sabíamos que provocar de forma intencionada el encuentro entre Mammón y Dios era peligroso. Sin embargo, esto es, precisamente, a lo que nos hemos comprometido en nuestra vida. Existen riesgos, pero somos personas de fe que creen que dar es más contagioso que acaparar, que el amor puede convertir al odio, que la luz puede vencer a las tinieblas y que el césped puede atravesar el concreto... aun en Wall Street.

13. La policía llegó con toda su fuerza, pero se vio desarmada debido al gozo (era difícil no reírse al ver las burbujas y la tiza en las aceras). Más tarde, uno de ellos me comentó que llevaba la orden de «deshacerse de ellos», pero que no pudo identificar quiénes eran «ellos». Entre risas, nos dijo que la próxima vez que tuviéramos un Jubileo, podíamos hacerlo afuera de su estación.

CAPÍTULO 7

JURAR LEALTAD CUANDO LOS REINOS CHOCAN

Me he familiarizado en buena medida con el dualismo de la iglesia norteamericana. En una ocasión, después de realizar un viaje a Irak para protestar contra la guerra, fui a Willow Creek e impartí una conferencia titulada: «El escándalo de la gracia». Más tarde, me explicaron que los púlpitos no son para exponer mensajes políticos. Pensé en lo que pudo haber sucedido si el Reverendo King no hubiera permitido que el evangelio se volviera político. Mientras caminaba hacia el vestíbulo, mi corazón se quebrantó al reparar en algo que jamás había visto: la bandera de Estados Unidos colocada en un lugar destacado al frente del auditorio. Y nunca en mi vida me sentí tan destrozado al observar que la cruz estaba ausente, ya que tanto la bandera como la cruz son espirituales. Y ambas son políticas. Será peligroso el día en que se retire con más facilidad de la iglesia la cruz que la bandera. No es extraño que a aquellos que buscan a Dios les sea difícil encontrarlo en estos tiempos. Es difícil saber dónde termina el cristianismo y dónde comienza Estados Unidos[1]. Nuestra moneda muestra la leyenda: «En Dios confiamos». El nombre de Dios está escrito en el dinero de Estados Unidos, y la bandera estadounidense está en los altares de Dios.

POLITIQUERÍA

Talvez podamos explicar por partes la palabra *política* a quienes de forma instantánea sentimos náuseas al oírla mencionar. La palabra política se deriva de la palabra griega *polis*, como en «metrópolis» o «Indianápolis». La palabra tiene sus raíces en los conceptos de «ciudad», «civil», «ciudadano», «cívico»; básicamente lo que significa ser una sociedad de personas. Todo aquello que involucre a humanos que viven juntos con un objetivo es político, una *polis*. Como pueblo de Dios, estamos construyendo una nueva sociedad sobre las viejas estructuras, una nueva *polis*, la Nueva Jerusalén, la ciudad de Dios. Esto es, de manera esencial, un acto político. Sin lugar a dudas, imaginar los valores radicales y contraculturales del reino de Dios es en esencia político. Imagina si se suprimieran de los evangelios todas las menciones de rey, reino, Señor, Salvador, coronas, estandartes y tronos (todos términos del

1. Dos de los signos más alarmantes que he visto son una camiseta con colores rojo, blanco y azul que decía: «*jesUSAves*» [Jesús salva, con énfasis en la sigla USA, Estados Unidos de América]; y una nueva línea del tradicional símbolo cristiano del pez para colocar en el automóvil, que en lugar de decir «Jesús» en el centro del pez ahora dice «Bush». La verdad es más extraña que la ficción: visita el sitio www.bushfish.org

léxico imperial). Un evangelio que no es político no es evangelio en lo absoluto. La raíz de la palabra *lealtad* significa «Señor»; que es precisamente la razón por la que los primeros cristianos fueron ejecutados: por prometer lealtad a otro reino, a otro Señor (traición). En 2004, mientras la elección presidencial se llevaba a cabo, muchos estudiamos las Escrituras[2] y consideramos lo que significa aclamar a Jesús como Señor, o como presidente. Cuando las personas preguntaban por quién votaría, mi respuesta era: «Mi presidente ya ascendió al trono y ya dio su discurso del Estado de la Unión. No creo que Dios necesite un comandante en jefe o un millonario en Washington, y tengo poca fe de que alguna de las opciones encarne las Bienaventuranzas, el Sermón del Monte y el fruto del Espíritu. Declararé mi lealtad desde las cimas de las montañas y me uniré al coro de los santos y mártires. Y levantaré la bandera del amor por encima de todas las banderas». Después de todo, votamos todos los días al vivir como vivimos, al adquirir lo que compramos y al escoger a quién prometemos lealtad, así que por eso decidí votar por otro candidato, pues no lo encontré en la papeleta nacional. Y estaba decidido a no permitir que mi voto se limitara a una cabina privada, a una votación secreta o a una conversación tabú.

SALIR DE BABILONIA

Además de *política*, existen otras palabras que en ocasiones causan problemas a las personas. La jerga cristiana incluye palabras como fe, fiel y fidelidad que son difíciles de comprender. Estas son palabras complejas, sobre todo para las personas fuera de la cristiandad. Si buscas la palabra fe en el diccionario, la mayoría de las definiciones gira en torno a «plena confianza, lealtad incuestionable y fidelidad absoluta». Aunque requiera un poco de imaginación para aquellos con arraigada mente cristiana, tratemos de pensar en la fe como lealtad (como la de un esposo fiel). ¿A qué somos leales? Muchos son leales a los partidos políticos y la mayoría de las personas es fiel a sus amigos. Los patriotas son fieles a sus países. ¿A qué son leales los cristianos?

La fe en el Imperio Romano era una virtud fundamental para los mediterráneos del primer siglo. La palabra griega para fe, *pistis*, se utilizó para describir la lealtad al césar. Las personas tenían fe en el césar, y, de manera recíproca, el césar era fiel al momento

2. Docenas nos reuníamos para tener estudios bíblicos que llamábamos Noche del Reino. Nuestro propósito era entender cómo podíamos jurar lealtad cuando los reinos chocan.

de preservar la paz y la prosperidad. Se mataba a las personas por ser desleales. Fue precisamente por su infidelidad a Roma y su fidelidad a Jesús, que Juan, el escritor del Apocalipsis, fue perseguido y exiliado por el emperador Domiciano. No es de extrañar que los primeros cristianos fueran etiquetados por funcionarios imperiales como «los infieles». Una y otra vez, los primeros escritos cristianos nos hablan de cómo los tribunales imperiales tildaron a los cristianos de ateos y los ejecutaron por este crimen capital. Los cristianos habían perdido toda su fe en el imperio y se habían convertido en fieles sólo de Dios, como el único que podía preservar la paz y la prosperidad. Ellos confesaron a Jesús como su único emperador (Hechos 17:7), predicaron el reino de su Dios y juraron lealtad al Cordero sacrificado. Actualmente, hay muchas cosas que me encantan de la canción patriótica estadounidense *America the Beautiful* [América, la hermosa] y, sin embargo, el libro de Apocalipsis ofrece una clara advertencia de que toda gloria que damos a Babilonia es gloria que pertenece solo a Dios. Como mi amigo Tony Campolo dice: «Podemos vivir en la mejor Babilonia del mundo, pero aún es Babilonia, y somos llamados a "salir de ella"».

Juan advierte a la iglesia en Asia Menor que sea «fiel hasta la muerte» (Apocalipsis 2:10). Él describe un matrimonio entre Dios y su pueblo. Su pueblo debe ser leal a su amante, Yahveh, y su fe debe estar solamente en Dios; la Nueva Jerusalén, adornada como una novia. Juan compara a Roma con la ramera seductora, Babilonia la Grande, y advierte a los cristianos que el imperio los seducirá con un esplendor falso y los previene contra el coqueteo con sus placeres y tesoros, que pronto se acabarán. Los cristianos no deben impresionarse por el poder de Babilonia ni deslumbrarse con sus joyas. En lugar de beber la sangre de la humanidad de su copa de oro del sufrimiento (17:6), deben elegir la copa eucarística llena con la sangre del nuevo pacto. No somos leales a la triunfante águila dorada (con ironía, también es un símbolo del poder imperial de Roma), sino al Cordero sacrificado.

CUANDO LOS REINOS CHOCAN

Poco después del 11 de septiembre, viajé al medio oeste estadounidense para dar una conferencia a una gran congregación. (Y no, no era Willow Creek.) Antes de levantarme para predicar, un guardia de honor militar presentó la bandera de los Estados Unidos en el altar. El coro entro en fila, uno por uno, vestidos de rojo, blanco y azul, al tiempo que el «Himno de batalla de la República» sonaba de fondo. Sabía que yo estaba en un gran problema. La congregación prometió lealtad a la bandera, y yo deseaba que todo fuera un sueño. No lo fue. Me levanté a hablar, agradecido de poder estar detrás de un gran podio, no fuera que alguien tratara de arrojarme la Biblia que hay en las bancas de la iglesia. Me adelanté a predicar la verdad en el amor, mis piernas temblando, y logré hacerlo bien, con muchos abrazos y unas cuantas cartas enérgicas. Esta es una dramática (aunque dolorosamente cierta) ilustración de la confusa colisión del cristianismo y del patriotismo que se ha expandido en todo nuestro territorio.

Vi una pancarta colgada junto al ayuntamiento en el centro de Filadelfia, que decía: «Mátalos a todos y permite que Dios los clasifique». Una calcomanía de parachoques decía: «Dios juzgará a los malhechores. Solo tenemos que entregárselos». También, vi a un soldado usando una camiseta que decía: «Fuerza Aérea de EE. UU… no morimos, sólo vamos al infierno para reagruparnos». Otras eran menos dramáticas: vallas color rojo, blanco y azul que decían: «Dios bendiga a nuestras tropas». El «Dios bendiga a Estados Unidos» se convirtió en una estrategia de mercadeo. Una tienda tenía un anuncio colgado en su ventana que decía: «Dios bendiga a Estados Unidos: hamburguesas a $1»[3]. El patriotismo se dispersó por todas partes, incluso en nuestros altares y templos. En la secuela del 11 de septiembre, la mayoría de las librerías cristianas tenía una sección con libros sobre el evento, calendarios, devocionales, botones; todos ellos decorados con los colores de los Estados Unidos, cubiertos de barras y estrellas y espolvoreados con águilas doradas.

Este arranque de nacionalismo revela el profundo anhelo que todos tenemos por una comunidad, una sed natural por la intimidad que hubiera sido mejor que reconocieran los liberales y los cristianos progresistas. El 11 de septiembre destrozó al individuo autónomo y autosuficiente. Pudimos observar un país con personas frágiles y quebrantadas que anhelaban una comunidad: personas con quienes llorar, sentir enojo y sufrir. Las personas no querían estar solas en su dolor, su rabia y su miedo.

Pero lo qué ocurrió después del 11 de septiembre me partió el corazón. Los cristianos conservadores se unieron en torno a los tambores de guerra. Los cristianos liberales se dirigieron a las

3. Además, vi un letrero en el que la letra «b» se había caído de la frase: *God Bless America* [Dios bendiga a Estados Unidos]. Por lo que simplemente decía: *God less America* [Dios reduce a Estados Unidos]. Creo que deseaban alcanzar a otro público. ¡Ja!

calles. La cruz fue sofocada por la bandera y pisoteada por los pies de manifestantes enojados. La comunidad de la iglesia se perdió, así que muchos de los hambrientos encontraron comunión en la religión cívica del patriotismo estadounidense. Las personas sufrían y clamaban por sanidad, por la salvación en el mejor sentido de la palabra, como el ungüento con el que se cura una herida. Las personas que anhelaban un salvador ponían su fe en las manos frágiles de la lógica humana y la fuerza militar, que siempre nos han defraudado. Siempre se han quedado cortas en comparación con la gloria de Dios.

LOS VALORES FAMILIARES NO TRADICIONALES

Desesperado por las secuelas del 11 de septiembre, le pregunté a Steven, uno de los chicos de mi vecindario, qué era lo que deberíamos hacer. Steven ha crecido en el centro de la ciudad, ha presenciado algunas situaciones difíciles y está muy familiarizado con la violencia. Ahora tiene alrededor de trece años y siempre ha sido uno de mis maestros. Cuando él tenía ocho años, me dijo que trató de averiguar quién inventó la pistola. Un día corrió y dijo:

—Oye, oye, lo descubrí. Yo sé quién inventó la pistola.

—¿Quién? —le pregunté.

—Satanás... porque Satanás quiere que nos destruyamos los unos a los otros, y Dios quiere que nos amemos los unos a los otros.

Así que cuando le pregunté, dos días después del 11 de septiembre, cuando él tenía diez años, lo que debíamos hacer, él lo pensó con detenimiento y dijo:

—Bueno, esas personas hicieron algo muy malo —yo asentí con la cabeza.

Él continuó:

—Pero siempre digo que (¡él tenía diez años!), «Dos errores no hacen un acierto». No tiene sentido que nosotros les devolvamos el daño. Además, todos somos una gran familia.

Entonces su rostro se iluminó, me miró con los ojos bien abiertos y dijo:

—¡Shane, eso significa que tú y yo somos hermanos!

Nos reímos y pensé para mí: *Steven, dile eso al mundo*.

Jesús ofrece una nueva visión de la familia. Jesús le dice a un hombre llamado Nicodemo que para entrar en el reino de Dios, tiene que nacer de nuevo (Juan 3:1-8). En un punto de los evangelios, alguien le dice a Jesús que su madre y sus hermanos biológicos están afuera, y Jesús dice: «¿Quiénes son mi madre y hermanos? [...] Cualquiera que hace la voluntad de Dios es mi hermano, mi hermana y mi madre» (Marcos 3:31-35). Él tenía una nueva definición de la familia, basada en la idea de que somos adoptados como huérfanos en la familia de Dios, y que este nuevo nacimiento crea un nuevo parentesco que va más allá de la biología, la geografía o la nacionalidad. El nuevo nacimiento se relaciona con ser adoptado en una nueva familia: sin fronteras. Con nuevos ojos, podemos ver que nuestra familia es a la vez local y mundial, que incluye y a la vez trasciende a la biología, las tribus o nacionalidades. Una visión renovada del reino de Dios con hermanos y hermanas en Afganistán e Irak, Sudán y Birmania, el norte de Filadelfia y Beverly Hills. Cualquier perspectiva que limite esa visión es demasiado miope para un Jesús cuya propia familia biológica lo llamó loco por decir cosas que desbarataron los valores familiares tradicionales.

Hay un pasaje donde Jesús dice que a menos que tú odies a tu propia familia, no estás preparado para ser su discípulo (Lucas 14:26). Ese era uno de mis versículos favoritos en la secundaria. Algunas personas tratan de explicarlo al decir que Jesús se refería a que el amor por nuestra familia debería verse pequeño en comparación con nuestro amor por Dios, y hay algo de verdad en eso. Sin embargo, particularmente en el evangelio de Lucas, la palabra utilizada es «odio», al igual que cuando Jesús habla de odiar a los enemigos. Es cierto que Jesús no nos impide amar a nuestras familias. Él ama tanto a su mamá que cuando está muriendo en la cruz, le dice a Juan que ahora ella será su mamá (otra vez se muestra el nuevo sentido de parentesco, ya que no estaban biológicamente relacionados). También está claro que Jesús está usando un lenguaje fuerte para extender nuestra visión de familia y reino, extendiendo nuestro amor en lugar de sofocarlo. Talvez el amor más infinito que podemos experimentar es el de una mamá por su pequeño bebé o el de un esposo por su esposa, y Jesús está diciendo que el amor mismo debe extenderse en nuestro nuevo nacimiento. El mismo amor desesperado de una madre por su bebé, o el que un niño o una niña tiene por su papi, se extiende a todos los de nuestra familia humana. La familia biológica es una visión demasiado pequeña. El patriotismo es demasiado miope. El amor por nuestros propios familiares y por las personas de nuestro propio país no son cosas malas, pero nuestro amor no se detiene en la frontera. Ahora tenemos una familia que es mucho más amplia que la biología, que va mucho más allá del nacionalismo. Jesús nos está diciendo que tenemos familia en Irak, en

Afganistán, en Palestina. Tenemos miembros de la familia que se mueren de hambre y están sin hogar, o muriendo de Sida o que están en medio de la guerra.

La realidad de nuestro nuevo nacimiento debería molestarnos. En ocasiones lo hace, tal como en el profundo gemir que se extendió por nuestra nación tras el tsunami de 2004. Las personas esperaban en fila para adoptar niños huérfanos por el desastre, y un sentido de solidaridad y familia se extendió por todo el planeta. O consideremos los cientos de familias que abrieron sus propios hogares a aquellos afectados por el huracán Katrina en 2005. Las personas de todo el país hicieron enormes sacrificios con el fin de integrar en sus familias a sus vecinos desplazados, a sabiendas de que la carga era demasiado grande para soportarla solos. Y se hizo un poco más ligera a medida que más y más personas decidieron llevarla juntas.

Sin embargo, de regreso en la época de Jesús, al igual que en la nuestra, la familia es una de las barreras más significativas para las personas que potencialmente podrían tomar riesgos, que dejarían todo por el camino de la cruz. Esto podría explicar por qué Jesús tiene algunas cosas duras que decir acerca de nuestros lazos terrenales, tales como no enterrar a nuestros muertos, o dejar atrás a nuestras madres y padres y todo aquello «nacido de la carne». Estas lealtades terrenales crean una miopía que se interpone en el camino de la visión de Dios y la justicia, que son más grandes que la tribu, el clan o la nación. La violencia siempre se basa en un sentido miope de la comunidad, ya sea nacionalismo o pandillas. Anhelamos personas junto a quienes luchar, con quienes llorar y con quienes celebrar. En mi vecindario, los niños hablan de sus «fam», refiriéndose a las personas de sus pandillas a quienes protegerían, a cualquier costo. Los murales de grafito y las paredes de los veteranos nos ayudan a recordar a las personas de nuestras tribus que han muerto. Martin Luther King percibió esta miopía tanto en los guetos como en la guerra de Vietnam y deseaba que nuestra visión fuera más amplia que nuestra «fam» o nuestro país. Como King dijo, estamos «obligados por alianzas y lealtades que son más amplias y más profundas que el nacionalismo [...] La convocatoria para un compañerismo de todo el mundo que eleva la preocupación de vecindad más allá de la tribu, raza, clase y nación es en realidad una llamada para un alcance global y con amor incondicional para todos los hombres»[4].

4. Martin Luther King Jr., «*Un tiempo para romper el silencio*» (discurso, reunión del clero y laicos preocupados por Vietnam, Iglesia de Riverside, Nueva York, 4 de abril de 1967).

La tragedia de la reacción de la iglesia ante el 11 de septiembre no es que nos manifestamos junto a las familias en Nueva York y Washington D.C., sino que nuestro amor solo reflejó las fronteras y las lealtades del mundo. Lamentamos la muerte de cada soldado, como deberíamos, pero no sentimos la misma rabia y el mismo dolor por cada muerte iraquí, o por las personas maltratadas en el incidente de la prisión de Abu Ghraib. Nos alejamos cada vez más de la visión de Jesús, que se extiende más allá de nuestro amor racional y los límites que hemos establecido. No hay duda de que debemos lamentar aquellas vidas que se perdieron el 11 de septiembre. Debemos lamentar las vidas de los soldados. Sin embargo, con la misma pasión e indignación, debemos lamentar cada vida iraquí que se perdió. Ellos son igual de valiosos, ni más ni menos. En nuestro nuevo nacimiento, cada vida perdida en Irak es tan trágica como una vida perdida en Nueva York o Washington D.C. Y la vida de los treinta mil niños que mueren de hambre cada día es como seis 11 de septiembre que ocurren cada día, un tsunami silencioso que sucede todas las semanas.

HACIA IRAK

Comencé a escuchar otras voces que hacían eco a la de mi amigo Steven. Conocimos a un hombre llamado Bob McIlvaine. Su hijo de veintiséis años, Bobby, murió en los ataques del 11 de septiembre. Junto a Bob, he hablado en varias vigilias y manifestaciones por la paz, y él se ha convertido en un buen amigo de nuestra comunidad. Cuando habla, usa la gorra de béisbol de Bobby y siempre llora. Él comparte su dolor y rabia por la pérdida de su hijo. Y luego dice: «Pero no ha habido un momento en que haya pasado, en el que creyera que más violencia resolvería algo. No quiero que ningún padre sienta lo que yo siento ahora mismo». Él está muy consciente de que las personas de Irak son padres, familias y niños. Él y otras personas que perdieron a miembros de su familia crearon un grupo llamado *Families for Peaceful Tomorrows* [Familias por un Mañana en Paz], cuyo lema es «Nuestro dolor no es un clamor por la guerra». Varios de ellos fueron a Irak para estar con las familias de allí. Ellos comparten las historias de personas iraquíes que los llenaron de abrazos, flores y regalos para enviarlos a las familias que perdieron a sus seres queridos en los ataques del 11 de septiembre. Estas son las historias que debieron hacer noticia, historias que se ahogaron por el alboroto de la guerra.

Durante este tiempo, pesaron mucho en mi corazón los niños de nuestro vecindario, a quienes estamos tratando de enseñar a no golpearse entre sí. He sentido el carácter de la violencia en nuestro vecindario, y he visto el fruto amargo del mito de la violencia redentora. Oí a un niño declararle la guerra a otro niño, a quien llamaba terrorista. Creo que me cansé de las personas que se lastimaban entre sí, en mi vecindario y en nuestro mundo. Las palabras del reverendo Martin Luther King hicieron eco en mi espíritu. Mientras él enseñaba continuamente a la rechazada y furiosa juventud urbana que la violencia y las armas no solucionarían sus problemas, se dio cuenta de que ellos estaban recibiendo mensajes contradictorios: «Les había dicho que las bombas molotov y los fusiles no resolverían sus problemas. Pero preguntaron, y con todo derecho, ¿qué pasa con Vietnam? Ellos preguntaron si nuestra propia nación no usaba dosis masivas de violencia para resolver sus problemas. Sus preguntas me impactaron, y supe que nunca más podría elevar mi voz contra la violencia de los oprimidos en los guetos, sin primero hablar con claridad al mayor proveedor de violencia en el mundo en la actualidad: mi propio gobierno»[5].

Cada vez que nuestro gobierno decide utilizar la fuerza militar para lograr un cambio en el mundo, le enseña una vez más a nuestros hijos el mito de la violencia redentora, el mito de que la violencia puede ser un instrumento para el bien. Esta es exactamente la lógica de la que estamos tratando de deshacernos, sobre todo aquí en el centro de la ciudad y más aún para aquellos que prometimos lealtad a la cruz en lugar de a la espada y prestamos atención al reproche de Jesús a Pedro: «Porque los que a hierro matan, a hierro mueren» (Mateo 26:52). La violencia nos infecta. Empezamos a creer que la violencia puede traer la paz a nuestro mundo, a nuestros vecindarios, a nuestros hogares, a nuestros corazones. Pienso en el jardín conmemorativo a pocas cuadras de mi casa, cerca de la escuela del centro de la ciudad de la que provenía la mayoría de graduados que murieron en Vietnam; no es coincidencia que se encuentre en uno de los vecindarios más pobres de nuestra ciudad. Muchas veces me gustaría sacar una espada y cortarle el oído a alguien, así como Pedro. Pero...

Empecé a considerar lo que significa prometer lealtad a Jesús y a su cruz. Después de casi un año de discernimiento, en la búsqueda de la sabiduría de Dios y de amigos cercanos, decidí unirme al coro de pacifistas, al testimonio increíble de *Voices in*

5. ibíd.

the Wilderness [Voces en el Desierto][6], *Christian Peacemaker Teams* [Equipos de Pacifistas Cristianos][7] y *Peaceful Tomorrows* [Futuros Pacíficos][8]. Después de evaluar el costo de ir a Irak y el costo de no ir a Irak, fui a Bagdad en marzo de 2003 con el Iraq Peace Team [Equipo de Paz de Irak]: un equipo de clérigos, sacerdotes, veteranos, médicos, periodistas, estudiantes y ciudadanos preocupados. Hice una declaración sobre mis motivos para ir[9], y me dirigí a Irak, donde terminé viviendo el mes más hermoso y terrible de mi vida. Estuve allí durante los bombardeos de Bagdad; visité casas, hospitales y familias, y fui a servicios de adoración con los cientos de cristianos iraquíes que conocí allí.

En esencia, fui a Irak porque creo en un Dios de gracia inimaginable. Prometí lealtad a un rey que amó tanto a los malhechores que murió por ellos, enseñándonos que hay algo por lo que vale la pena morir, pero nada por lo que valga la pena matar.

Fui a Irak tras los pasos de un Dios ejecutado y resucitado. El Jesús de los marginados sufrió una ejecución imperial por un régimen opresor de élites ricas y piadosas. Y ahora él me desafía y me incita a que venga y le siga, a que levante mi cruz, a que pierda mi vida para encontrarla, con la promesa de que la vida es más poderosa que la muerte y que es más valiente amar a nuestros enemigos que matarlos.

Fui a Irak para detener el terrorismo. Existen extremistas, tanto musulmanes como cristianos, que matan en nombre de sus dioses. Sus líderes son millonarios que viven en la comodidad, mientras que sus ciudadanos mueren abandonados en las calles. Sin embargo, creo en otro reino que pertenece a los pobres y a los pacifistas.

Fui a Irak para interponerme en el camino de la guerra. Miles de soldados han ido a Irak, dispuestos a matar a personas que no conocen, a causa de una lealtad política. Fui dispuesto a morir por personas que no conozco, a causa de una lealtad espiritual.

Fui a Irak como un misionero. En una época de guerra omnipresente, mi esperanza es que el establecimiento de la paz cristiana se convierta en el nuevo rostro de las misiones mundiales. Podremos permanecer al lado de los que se enfrentan a la ira inminente del imperio y susurrar: «Dios te ama, yo te amo, y si mi

6. www.vitw.org

7. www.cpt.org

8. www.peacefultomorrows.org

9. La declaración se incluye en el apéndice 2. Y mi diario completo de Irak puede leerse y copiarse de nuestro sitio web: www.thesimpleway.org

país bombardea al tuyo, voy a estar ahí contigo». De lo contrario, nuestro evangelio tiene poca integridad. Como uno de los santos dijo: «Si vienen por los inocentes y no pasan por encima de nuestros cuerpos, entonces maldita sea nuestra religión».

Fui a Irak con la esperanza de interrumpir el terrorismo y la guerra, en pequeñas o grandes maneras, en momentos de crisis y en los ritmos cotidianos. Fui a Irak como un extremista del amor.

FAMILIA EN IRAK

Mirando atrás ahora, me da vergüenza pensar en lo sorprendido que estaba por haber encontrado amigos y familia en Bagdad. Es como si pensara que Irak estaba lleno de muchos Osama Bin Laden y Saddam Hussein, y no de familias y de niños, justo como los nuestros[10]. Me acerqué en especial a uno de los chicos «lustradores de zapatos», un niño sin hogar de alrededor de diez años de edad llamado Mussef, que lustraba zapatos para sobrevivir. El primer día que lo conocí, me estaba pidiendo dinero para comprar algo de comer. Yo ya había sido advertido de no caer en el hábito de darles dinero a los niños que rondaban frente a nuestros apartamentos. Cuando obstinadamente dije que no a sus implacables intentos sobre mi billetera, él se volteó y murmuró una serie de obscenidades. Volví mi cabeza, escandalizado, y él se fue corriendo. No fue la mejor primera impresión. Sin embargo, día tras día nos empezamos a caer bien. Salíamos a caminar juntos, dábamos volteretas y le gritábamos a los aviones: «¡*Salaam*!» [¡Paz!]. Todos los días, cuando yo salía del apartamento, él corría a toda velocidad hacia mí, saltaba en mis brazos y me besaba en la mejilla. Y yo tenía los zapatos más brillantes de Bagdad.

Un día, Mussef se unió a nuestro grupo en una caminata hacia el centro de la ciudad en la que llevábamos imágenes de niños y familias iraquíes que sufrían a causa de la guerra y las sanciones. Los periodistas tomaban fotografías y nos entrevistaban mientras permanecíamos en una de las intersecciones más transitadas de Bagdad. Mussef comenzó a entender lo que sucedía. Su rostro brillante se volvió lúgubre. Nada de lo que yo hacía le hacía sonreír. Cuando ya el grupo regresaba a casa y las cámaras se habían ido, Mussef y yo nos sentamos. Allí él imitó bombas que caían e hizo el sonido de la explosión mientras rodaban lágrimas de sus ojos. De pronto, se volteó y me agarró del cuello. Comenzó a

10. De hecho, la población iraquí es muy joven. La UNICEF reporta que casi la mitad de la población es menor de veinte años.

llorar; su cuerpo temblaba cada vez que aspiraba con dificultad. Yo comencé a llorar. Estaba feliz de que las cámaras se hubieran ido mientras llorábamos como amigos, como hermanos y no como el individuo en busca de la paz y la víctima a su lado. Después, lo llevé a comer, al estilo de un banquete, y repartí propinas a todos de forma extravagante, para que mi invitado fuera bienvenido. Cada cinco minutos, él me preguntaba: «¿Estás bien?» Yo asentía con la cabeza y le preguntaba: «¿Estás bien?». Y él asentía[11].

En Irak, nosotros éramos considerados los invitados y recibíamos una calurosa hospitalidad: comidas que corrían a cuenta de la casa, viajes en taxi gratis de parte de los conductores. En sus mentes, el ser gente ordinaria nos separaba de nuestro gobierno. El pueblo iraquí era increíblemente fuerte. Aun en medio de los bombardeos, llevaban a cabo bodas, festivales de música y competencias de fútbol en las calles.

Un día, tuvimos una celebración de cumpleaños para una joven llamada Amal, que cumplía trece años. Organizamos un banquete en el que asamos carne a la parilla en un parque cercano. Jugamos todo tipo de juegos locos, hicimos burbujas y malabares, dimos saltos mortales y corrimos en círculos hasta que no pudimos permanecer en pie un minuto más. Mientras llevábamos a cabo un pequeño juego de voleibol con globos, comenzaron a estallar bombas en la lejanía. Todos los adultos se miraron con inquietud el uno al otro, pero seguimos jugando. Luego, hubo una explosión muy cerca y algunos nos agachamos junto con los niños pequeños. Observé a esta joven adolescente que tuvo un coraje con el que yo sólo podía soñar; miró de forma profunda en mis tímidos ojos y me dijo: «Todo está bien; no tengas miedo». Y me golpeó en la cabeza con el globo. Estos niños crecieron con el ruido de las bombas (en 1998 y en 1991), y sin embargo, aún juegan en el parque con la gente que viene del país que está destruyendo el suyo. Amal solía bromear al decir que ella cambiaría su forma de pensar con respecto a la guerra si Bush bombardeara su escuela. Cuando le preguntamos qué deseaba para su cumpleaños, ella dijo «Paz». Y no fue porque nosotros le dijéramos que la pidiera. Ella en verdad creía que algún día las personas podían dejar de matarse entre sí. Mientras las bombas continuaban resonando al fondo, se me recordó una vez más que la vida es más poderosa que la muerte, que los niños les pueden enseñar a los viejos tiranos y a los cínicos cómo amar. Allí, recordé los versículos de Isaías

11. Para ser sincero, ambos estábamos muy atemorizados; pero cada uno nos queríamos asegurar de que el otro no comenzara a llorar de nuevo.

que profetizan la venida de un pueblo y una creación reconciliada, donde «El lobo vivirá con el cordero, el leopardo se echará con el cabrito, y juntos andarán el ternero y el cachorro de león». Las últimas palabras del versículo son: «Y un niño pequeño los guiará» (Isaías 11:6).

Mientras estuve en Irak, me invitaban a servicios de adoración casi a diario. Los cristianos en Bagdad me dieron mucha esperanza en la iglesia. Uno de los servicios de adoración más poderosos que he experimentado jamás, tuvo lugar unos días antes de regresar a casa. Cientos y cientos de cristianos de todo el Medio Oriente se habían reunido: católicos, protestantes y ortodoxos. Leyeron una declaración de la iglesia cristiana dirigida a la comunidad musulmana, en la que manifestaban que los amaban y que creían que habían sido creados a imagen de Dios. Luego, entonamos himnos conocidos, como «*Amazing Grace*» [Sublime Gracia]. Dijimos la oración del Señor en muchos idiomas. Luego, nos dirigieron hacia la cruz e hicimos una oración similar a la de Jesús cuando estaba en la cruz: «Perdónanos, porque no sabemos lo que hacemos». Cientos y cientos de personas siguieron tratando de llegar al servicio y terminaron reuniéndose afuera, mientras sostenían candelas. Fue un momento santo.

Luego, tuve la oportunidad de conocer a uno de los obispos que había organizado la reunión y le expliqué que estaba sorprendido de ver cuántos cristianos había en Irak. Él me miró un poco perplejo, y luego me dijo con amabilidad: «Sí, mi amigo. Aquí es dónde todo comenzó. Esta es la tierra de tus ancestros. Ese es el río Tigris y el Éufrates. ¿Has leído acerca de ellos?». Yo estaba anonadado por mi ignorancia y por las antiguas raíces de mi fe. Esta es la tierra de mis ancestros. El cristianismo no se inventó en los Estados Unidos. ¿Qué tal eso?

El obispo prosiguió para decir que la iglesia del Medio Oriente estaba muy preocupada por la iglesia en Estados Unidos. El me dijo:

—Muchos estadounidenses están de acuerdo con esta guerra —Yo asentí.

Luego él me preguntó:

—Pero, ¿qué están diciendo los cristianos? —Mi corazón se hundió. Traté de explicarle que muchos de los cristianos en los Estados Unidos estaban confundidos y que creían que era una forma en que Dios podría liberar al pueblo iraquí.

Él negó con su cabeza y dijo, muy humildemente:

—Pero eso no es lo que los cristianos creemos. Nosotros creemos que son «bienaventurados los que procuran la paz». Creemos que si matas a hierro, a hierro mueres. Nosotros creemos en la cruz»

Lágrimas brotaban de mis ojos al tiempo que dijo:

—Estaremos orando por ustedes. Estaremos orando por la iglesia de Estados Unidos... para que sea la iglesia.

CAMINO DE ÁNGELES

Dejé Bagdad junto a otros miembros de nuestro equipo de paz en un convoy compuesto por tres automóviles que se dirigían hacia Jordania a través del desierto oriental de Irak. Los puentes estaban destruidos, los escombros cubrían las calles y vehículos destruidos estaban esparcidos por todo el camino. A pocas horas de haber emprendido el viaje, comenzamos a buscar gasolina. Una de las gasolineras había sido bombardeada y otra más, abandonada. Luego otra. Ya con los tanques vacíos, nos detuvimos en una última gasolinera, también vacía. Allí, se nos unió una camioneta llena de estudiantes de la Universidad de Bagdad que se dirigía hacia el campo de refugiados en Jordania. En un momento, ellos quitaron la batería de su camioneta, la colocaron en el surtidor de gasolina, utilizaron la energía de la batería y llenaron nuestro vehículo de gasolina. De allí partimos con un vigor renovado. Los caminos se volvieron cada vez más traicioneros. Había buses bombardeados y ambulancias incineradas. Fue necesario hacer virajes bruscos para desviarnos de los postes de luz, de partes de carro y de la metralla. Pronto pudimos ver las gigantes nubes de humo en el cercano horizonte, debido a impactos de bombas, sucedidos sólo segundos antes. Una de las bombas estalló a sólo un kilómetro de distancia. Los conductores se pusieron cada vez más tensos y manejaban a una velocidad de ochenta millas por hora para minimizar la posibilidad de convertirnos en «daño colateral» en esta guerra.

Comenzamos a perdernos de vista, cuando, de pronto, una de las llantas de nuestro automóvil, el último del convoy, estalló con una fuerte explosión y dimos vueltas fuera de control. El auto cayó en una zanja y volcó. Pudimos salir por las puertas, hacia la parte de arriba del auto, para sacarlos a todos. Los cinco estábamos heridos y muy nerviosos, y dos tenían heridas que amenazaban sus vidas (una persona sangraba profusamente de la cabeza). Lo primero que vi fue el automóvil de unos civiles iraquíes que se habían detenido a ayudarnos. (Fue el primer auto en pasar y sólo había transcurrido un minuto después del accidente.) Sin titubear, nos subieron a su auto y nos llevaron a la ciudad más cercana, mientras ondeaban una manta blanca por la ventana, pues los aviones de guerra no cesaban de sobrevolar sobre nuestras cabezas. De forma milagrosa, a tan solo unos minutos de distancia, se encontraba una pequeña localidad llamada Rutba, una ciudad de unos veinte mil habitantes situada cerca de ciento cincuenta kilómetros al este de la frontera de Jordania. Mientras nos conducían al hospital, muchos pensamientos pasaron por mi mente, incluso la preocupación de ser tomados como rehenes, por lo que les pasé una hoja de papel en la que les explicaba en árabe quiénes éramos. Ellos asintieron y se sonrieron.

Al entrar en la ciudad, nos preocupamos mucho al ver que había sido devastada por los bombardeos. Antes de poder bajarnos del automóvil, los médicos nos saludaron y la ciudad comenzó a reunirse. Al enterarse de que muchos de nosotros éramos estadounidenses, el doctor principal nos pregunto en voz muy alta: «¿Por qué esto? ¿Por qué? ¿Por qué su gobierno está haciendo esto?». Nosotros nos habíamos hecho esta pregunta frecuentemente. Con lágrimas en los ojos, el doctor explicó que sólo unos días antes, una de las bombas había impactado el hospital, en la sala de niños. Así que no nos pudieron llevar al hospital. Con una sonrisa digna agregó: «Pero ustedes son nuestros hermanos y cuidaremos de ustedes. Cuidamos de todos: cristiano, musulmán, iraquí, estadounidense… no importa. Todos somos seres humanos. Todos somos hermanos y hermanas». Luego, improvisaron una pequeña clínica con cuatro camas y salvaron la vida de mi amigo, al tiempo que se disculpaban de la falta de suministros debido a las sanciones. Las personas de la ciudad comenzaron a traer cobijas y agua. Cuando preguntamos si podíamos regresar al automóvil para recoger nuestros pasaportes y maletines, nos observaron como si estuviéramos locos y nos explicaron que aún sus ambulancias habían sido destruidas por las bombas. Sin embargo, nos sonrieron y nos invitaron a vivir en Rutba.

En ese momento, los otros carros de nuestro convoy ya habían regresado y nos encontraron, pues la camioneta con estudiantes universitarios les había informado del accidente. Y tuvimos una hermosa reunión. (Después de ver el automóvil accidentado, ellos no estaban seguros de que estuviéramos con vida.) Terminamos nuestra débil jornada por la zona de guerra, e hicimos una corta parada para recoger nuestras posesiones y dirigirnos hacia la frontera. Al retirarnos del lugar, las personas de la ciudad y los doctores nos abrazaron, nos besaron y colocaron sus manos en sus corazones. Ofrecimos pagar a los doctores, pero ellos insistieron en que nos habían cuidado como a su familia. Sólo nos hicieron una petición: «Háblenle al mundo de Rutba». Y lo hemos hecho. Mis amigos cercanos, Jonathan y Leah Wilson-Hartgrove, quienes estaban en ese convoy conmigo, comenzaron una comunidad sólo unas semanas después de llegar de Irak. La comunidad se llama la Casa de Rutba y ellos hacen lo posible para poner en práctica la hospitalidad que recibimos en esa pequeña ciudad.

Esta historia es un testimonio de la tremenda valentía y generosidad del pueblo iraquí. Ella ejemplifica nuestro tiempo en Bagdad, en toda su belleza y en todo su horror. Cuando las personas de Rutba pusieron sus manos sobre sus corazones como una señal de respeto, me impactó ver cuán parecido era ese gesto al saludo a la bandera para jurar lealtad. Era como si ellos tocaran su corazón para jurar amor y cuidado por nosotros, una hermosa señal de lealtad que va más allá de la familia y lo biológico, una lealtad cuyo único estandarte es el amor.

Fue refrescante encontrar familia en Irak y traer a casa todas esas historias de nuestros hermanos y hermanas. También fue alentador llevar al pueblo iraquí las historias de cientos y cientos de acciones proféticas y creativas que se llevan a cabo en Estados Unidos en busca de la paz. Algunos de los que regresaron de Irak comenzaron a vigilar, presionar y reclamar en las calles y en los edificios federales. Más de un ciento de personas fueron arrestadas por bloquear las puertas del edificio federal de Filadelfia. Se habían reunido no en la ira polarizada de las protestas callejeras, sino en la subordinación revolucionaria y pasiva, de la cual habla el influyente teólogo menonita John Howard Yoder[12]. La subordinación revolucionaria expone los males del poder y la violencia sin tener que imitarlos, al permitir de forma gentil que ellos se destruyan a sí mismos y luego levantarse de entre los escombros. Esta perspectiva, por supuesto, es vista en el ejemplo de Jesús que fue llevado como «oveja al matadero». Fue a través de la subordinación revolucionaria que él «Desarmó a los poderes y a las potestades [...] y los humilló en público al exhibirlos en su desfile triunfal». (Colosenses 2:15). El suyo fue un sufrimiento redentor y humilde que golpeó en la cara al arrogante mito de la redención a través de la violencia. Las personas que protestaban en Filadelfia no acusaban a nadie ni tampoco daban gracias a Dios «porque no eran como los otros pecadores». Ellos simplemente se golpeaban

12. John Howard Yoder, *The Politics of Jesus* [La política de Jesús], Grand Rapids: Eerdmans, 1972.

el pecho y decían «Dios, ten misericordia de nosotros que somos pecadores, por el desorden que hemos hecho en tu mundo». De hecho, muchos de ellos cubrieron su boca con cinta adhesiva para simbolizar el silencio de su voz. Recuerdo escuchar acerca de eso cuando estaba en Irak. Alexa, la primera niña en vivir en nuestra comunidad *The Simple Way*, sostenía un cartel que decía: *Toddlers for Peace* [Niños pequeños por la paz]. También recuerdo ver una fotografía de Michelle, mi compañera de comunidad, con un botón que decía: «Tengo familia en Irak». Yo sé que ella pensaba en mí. Y sabía que estaba pensando más ampliamente: en los niños iraquíes y en los soldados estadounidenses, una familia que sufría demasiado debido a que no sabemos lo que hacemos, como lo percibió un hombre sabio.

Hubo un momento muy hermoso justo después de que regresé de Irak, cuando los niños del gueto alzaron su voz en contra de la violencia en nuestras calles y en nuestro mundo. Los niños de mi cuadra habían pintado con tiza en la acera un slogan que decía: «No más guerra: por siempre». Una vez más el césped atraviesa el pavimento, el amor vence al odio y la no violencia se hacía presente en las calles del gueto. Nosotros estábamos aprendiendo el Camino del Príncipe de Paz, y les estábamos enseñando ese Camino a nuestros hijos.

Una de las cosas que se volvió dolorosamente clara para mí en Irak es que lo que hoy está en juego no es solo la reputación de Estados Unidos sino del cristianismo, y eso es lo que me quita el sueño. Escuché en Irak que personas llamaban a los líderes estadounidenses: «Cristianos extremistas», así como en Estados Unidos los líderes les llaman a ellos: «Musulmanes extremistas». Todos están declarando la guerra y pidiendo la bendición de Dios. Una tierna madre iraquí alzó sus manos al cielo y dijo: «Tu país declara la guerra en el nombre de Dios y pide su bendición y eso es exactamente lo que mi país está haciendo. ¿Qué clase de Dios es este? ¿Qué ocurrió con el Dios de amor, con el Príncipe de Paz?». Su pregunta me persigue hasta hoy.

Una mujer en Estados Unidos se me acercó después de una charla acerca de mis experiencias en Irak, y me dijo con profunda sinceridad que ella no estaba muy interesada en la política; pero que solo deseaba que los iraquíes musulmanes conocieran la gracia y el amor de Jesús. Yo le dije que eso era precisamente lo que yo quería. Juntos analizamos el carácter de nuestro mundo y nos preguntamos: ¿Estarán cerca los musulmanes de entender el evangelio de paz y al Dios de Amor? La respuesta a esa pregunta fue muy clara para nosotros mientras nos sentamos a orar de forma silenciosa.

Muy a menudo hacemos lo que tiene sentido para nosotros, y luego le pedimos a Dios que lo bendiga. En las Bienaventuranzas, Dios nos dice qué es lo que él bendice: a los pobres, a los que buscan la paz, a los hambrientos, a los que lloran, a los que hacen misericordia. Por eso, no deberíamos pedir la bendición de Dios si estamos dispuestos a dañar al que hace el mal. Es algo muy conocido por nosotros que tenemos un Dios misericordioso para con los pecadores, porque si él no lo fuera, todos estaríamos en graves problemas. Por esa razón este pecador está muy feliz. En lugar de hacer lo que nos parece y pedirle a Dios que lo bendiga, deberíamos mejor rodearnos de aquellos a los cuales Dios promete bendecir para que no tengamos necesidad de pedirle a Dios su bendición pues eso es simplemente lo que él hace.

Al regresar de Irak, impartí conferencias en muchos lugares: desde mega iglesias para manifestaciones de activistas, hasta las Naciones Unidas. He escuchado muchas historias hermosas de valor. Congregaciones han adoptado la visión divina y sin fronteras del amor de Dios y han alzado la bandera iraquí y afgana al lado de la bandera estadounidense en sus altares. En un principio, yo creía que había ido a Irak por los mismos iraquíes y por los niños de mi vecindario. Pero, a medida que he viajado, me he dado cuenta que también fui por nuestros amigos y familiares miembros del ejército. Una y otra vez, los soldados venían a mí con lágrimas en sus ojos y desahogaban sus conflictos internos al sentir que la lealtad espiritual y la lealtad nacional chocaban entre sí. Muchos soldados llegaban al altar para pedir perdón por lo que hicieron en Irak. Un soldado joven se acercó al altar mientras yo hacía una invitación a deponer las «armas» y dejar las cargas en el altar. Este joven nos comentó que él se encontraba en una de las embarcaciones que lanzó los misiles *Tomahawk* hacia Bagdad cuando yo me encontraba allí y que ahora él cargaba con esto en su corazón, pero juntos oramos y clamamos a Dios. Otro soldado mayor vino a mí y me dijo: «He estado por todo el mundo con el ejército. Estuve en Afganistán. Estuve en Irak». Con lágrimas en sus ojos, me comentó acerca de la lucha que sostenía con su identidad y me mostró sus placas de identificación que portaba en el cuello. Una y otra vez, soldados han visitado nuestra comunidad y se han quedado a vivir con nosotros; hemos ayudado a algunos de ellos para que abandonen el ejército. Otros soldados han vuelto como misioneros y se han convertido en líderes de estudios bíblicos en el ejército, como si fueran un movimiento cristiano clandestino. Otro amigo que todavía está en la fuerza aérea me comentó que realizaban estudios bíblicos en la milicia, donde leían libros de autores como Walter Wink y John Howard Yoder, profetas del pacifismo cristiano[13].

JURAMENTO DE LEALTAD

El avivamiento significa que ahora tenemos un nuevo paradigma de «nosotros» y «ellos». Nuestra identidad principal ya no es biológica. Nuestra lealtad central ya no es nacional. Nuestros pronombres cambian. Nuestro nuevo «nosotros», según lo enseña Jesús, es la iglesia, el pueblo de Dios que hace la voluntad del Padre. Es verdad que en ocasiones Estados Unidos actúa de esa manera. Y hay ocasiones en que no. Al escuchar que «nosotros» fuimos atacados, ¿pensamos en «nosotros» la iglesia o en «nosotros» como estadounidenses? ¿Cuál es nuestra identidad principal? Cuando la administración del presidente Bush anunció que un estilo de vida había sido atacado, estaba en lo correcto, pero no era el evangelio el que había recibido el ataque. No era casualidad que lo que se atacó no fue el Consejo Mundial de Iglesias, sino los símbolos de la economía global corporativa y las armas que los protegerían. Hoy, más que nunca, debemos preguntarnos qué puede llevarnos a un mundo más seguro y sostenible. En lo personal creo que Dios nos ha dado una visión al respecto, una visión que es muy diferente a la del sueño americano. Un soldado que conocí regresó de Irak muy perturbado. Me comentó: «Arriesgué mi vida por el sueño americano y ni siquiera estoy seguro de creer ya en él. Estoy convencido de que el mundo no puede seguir permitiéndose ese sueño». Con razón Jesús se entristeció al mirar hacia Jerusalén y clamó: «¡Cómo quisiera que hoy supieras lo que te puede traer paz!» (Lucas 19:42).

Por los últimos años desde que estuve en Irak, el sonido de la guerra ha menguado y el clamor desesperado de los sobrevivientes solitarios se ha expandido alrededor del mundo. Y en estos ásperos tiempos de dolor, he podido observar tantas señales de esperanza de que la historia no se repetirá una vez más con otro derramamiento de sangre valiosa. Casi cada denominación del Consejo Mundial de Iglesias declaró que la guerra en Irak no era

13. De hecho, él me ayudó con la edición de este libro para asegurarse de que no le predicara a los ya convencidos. Después de leer el manuscrito, él me envió un correo electrónico para decirme que se siente desgarrado por su servicio militar, ya que él es un soldado muy respetado y no sabe qué hacer después.

la voluntad de Dios y que no concordaba con ninguna tradición cristiana, incluyendo la teoría de la guerra[14]. El Papa se pronunció y envió un convoy a Bagdad mientras nos encontrábamos allí. Teólogos evangélicos de todo el mundo han escrito de forma exhaustiva respecto a la guerra en Irak y sus alternativas (como mi amigo René Padilla, de Argentina, autor del libro War and Terror: A Latin Perspective [Guerra y Terror: Una perspectiva latina]). Esta amplia voz le da credibilidad a la pizca de cristianismo que se observa acá en Estados Unidos. Después de viajar fuera del país, he sido bendecido al ver a una iglesia mundial con tal integridad, una iglesia que, en su mayor parte, no sufre la polarización y el dualismo del evangelismo de Estados Unidos.

14. Hace poco, estuve en una conferencia metodista y escuché a los obispos manifestar su preocupación por la identidad cristiana y por la tradición metodista en particular (debido a que el presidente profesa una fe metodista). En línea con Mateo 18:15-20, ellos han pedido reunirse con el presidente y le han enviado una carta en la que expresan gran preocupación y declaran que lo hecho en Irak no concuerda con la enseñanza de Wesley, con la teología metodista o solo con una simple práctica de guerra. Estas son grandes señales de esperanza.

CAPÍTULO 8

¡JESÚS ME HIZO HACERLO!

Sé c
tomand
vida ent
go, ya v
vida. Cu
vuelta a
querido
de imag
taba er
y comp
medici
el que
de din
solo te
demás
no nec

Per
araba
en las
tarme
evitar
tenía r

Sé
toman
vida e
go, ya
vida. C
vuelta
querido
de ima
taba er
y comp
medici
el que t
dinero

Cuando llegué a casa de Irak, una mujer se me acercó, apuntó con su dedo a mi cara y me dijo: «¿Cómo te atreves a ser tan descuidado con tu vida y hacer que tu madre pasara por todo eso? Jesús estaría agitando su dedo en tu cara y diciendo: "¿Cómo te atreves a ser tan imprudente?"». Yo escuché en silencio, y me preguntaba de cuál Jesús estaba hablando. ¿Del Jesús que murió en una cruz romana e invitó a sus discípulos a que hicieran lo mismo? ¿Del Jesús que enseñó a sus discípulos que si querían encontrar sus vidas, deberían perderlas? (Y la mayoría de ellos lo hizo; algunos quizás dejaron atrás a algunos padres enojados.) Durante siglos, los cristianos han sido encarcelados, golpeados y ejecutados por predicar a ese Jesús. ¿Cómo iba yo a decirle a esta encantadora dama que Jesús era realmente el responsable de mi viaje a Irak en el ardor de los bombardeos, y que esa no había sido una decisión racional que yo tomaría incluso en mis peores días?

Tuve un profesor universitario que decía: «Habrá a tu alrededor gente que andará por la vida de puntillas, solo para llegar seguros a la muerte. Pero queridos niños, no anden de puntillas. Corran, salten, brinquen o bailen, pero no anden de puntillas». En los días que asistía al grupo de jóvenes, vi demasiados aspirantes a locos radicales de Jesús, quienes se quedaron en el camino porque nunca los habían retado para experimentar la aventura de una vida revolucionaria. Cuando yo era líder de jóvenes, uno de los muchachos de la escuela secundaria que había «entregado su vida a Jesús» fue arrestado unas semanas después por tener ácido en la escuela. Recuerdo haberle preguntado con decepción: «¿Qué pasó, hermano? ¿Qué salió mal?». Él solamente encogió sus hombros y dijo: «Me aburrí». ¿Aburrido? Dios, perdónanos por todos aquellos que hemos perdido porque hicimos del evangelio algo aburrido. Estoy convencido de que si perdemos a los jóvenes por la cultura de las drogas y del materialismo, de la violencia y la guerra, es porque no los desafiamos y no porque no los entretenemos. Es porque hacemos el evangelio demasiado fácil y no es porque lo hacemos demasiado difícil. Los muchachos quieren hacer algo heroico con sus vidas, por ello juegan videojuegos y se enlistan en el ejército. Pero, ¿qué van a hacer ellos con una iglesia que les enseña a andar de puntillas por la vida tan solo para llegar seguros a la muerte?

EL PELIGRO DE LA SEGURIDAD

No sé de dónde sacamos la idea de que el cristianismo es seguro o que los cristianos deben tomarlo con tranquilidad. Al crecer, yo siempre pensé que los cristianos eran ciudadanos rectos y buenos, pero a medida que conozco más a Jesús, en más problemas pareciera que él me metiera. Bien lo dice Soren Kierkegaard: «El querer admirar, en lugar de seguir a Cristo, no es un invento de las personas malas; no, es más bien un invento de los que quieren mantenerse separados a una distancia segura de Jesús»[1].

Algunos cristianos toman tan pocos riesgos, que no es extraño que las personas tengan tanta dificultad de creer en el cielo. La mayoría de nosotros vive con tanto temor a la muerte, que es como si nadie creyera ya en la resurrección. A veces la gente me pregunta si me asusta vivir en el centro de la ciudad. Por lo general, les respondo: «Me dan más miedo los suburbios». Las Escrituras dicen que no debemos temer a los que matan el cuerpo, pero sí al que puede destruir el alma (Mateo 10:28). Aunque los guetos pueden tener su dosis de violencia y crimen, los suburbios son el hogar de las fuerzas demoníacas más sutiles: el adormecimiento, la autocomplacencia y la comodidad. Son estos los que pueden carcomer nuestras almas.

Mi querida madre, que Dios la bendiga, tiene algunas cosas que decir acerca de la seguridad. Repito, soy su único hijo, por lo que hay mucho en riesgo para ella. Cuando me ha visto ir a la cárcel y viajar a Irak, con la mano de Dios evidentemente en todo ello, mi mamá ha aprendido mucho acerca de la fe, la seguridad y el riesgo. No ha sido fácil, pero no hace mucho me dijo: «Me he dado cuenta de que nosotros los cristianos no hemos sido llamados a la seguridad, pero se nos ha prometido que Dios estará con nosotros cuando estemos en peligro, y no hay mejor lugar para estar que en las manos de Dios». Talvez el lugar más peligroso en que puede estar un cristiano es en la seguridad y la comodidad.

En su libro *El León, la Bruja y el Ropero*, C.S. Lewis describe este encuentro peligroso con el Dios que debería hacernos a todos temblar. Lucy está a punto de conocer a Aslan, el león, y pregunta: «¿Es... es él un hombre?».

> —¡Aslan, un hombre! —exclamó el Castor, con voz severa—. Ciertamente, no. Ya les dije que es el Rey del bosque y el hijo del gran Emperador más allá de los Mares. ¿No saben quién es el Rey de los Animales? Aslan es un león... *El* León, el gran león.
>
> —¡Oh! —Exclamó Susana—. Pensé que era un hombre. Y él..., ¿se puede confiar en él? Creo que me sentiré bastante nerviosa al conocer a un León.

1. Soren Kierkegaard, *Provocations: Spiritual Writings of Kierkegaard* [Provocaciones: Escritos espirituales de Kierkegaard], Charles E. Moore, Plough, Farmington, PA, 2002, p. 86.

—Así será, queridita —dijo la señora Castora—. Eso es lo normal. Si hay alguien que pueda presentarse ante Aslan sin que le tiemblen las rodillas, o es más valiente que nadie en el mundo, o es, simplemente, un tonto.

—Entonces, es peligroso —dijo Lucía.

—¿Peligroso? —Dijo el Castor—. ¿No oyeron lo que les dijo la señora Castora? ¿Quién ha dicho algo sobre peligro? ¡Por supuesto que es peligroso! Pero es bueno. Es el Rey, les aseguro[2].

Ese es el Dios que he llegado a conocer; un Dios que no es para nada seguro, pero que es un Dios bueno.

UN AMANTE PELIGROSO

Hoy en día, no mucha gente se presenta ante Dios con rodillas temblorosas. Las Escrituras dicen que los demonios creen en Jesús y «tiemblan» (Santiago 2:19). Pero la mayoría de cristianos ya no tiembla cuando piensa en Jesús; todo se ha vuelto tan ordinario y rancio. En la mayor parte de mi vida, no tenía mucho por qué temblar, excepto el infierno. Ahora la situación ha cambiado. Es Dios el que hace temblar a los demonios del infierno. No le tengo miedo al infierno. Este es difícil de entender, pero sé lo mucho que quiero que la gente experimente el amor y la gracia de Dios, y sé que Dios es mucho más bueno que yo, así que eso me ayuda a descansar confiadamente. Además, Jesús le asegura a Pedro que «las puertas del infierno no prevalecerán contra la iglesia»[3]. Así que no es el infierno lo que me hace temblar, sino Dios, porque no tengo ni idea de lo que él me retará a hacer después.

Por un lado, el estremecimiento es como el de los nuevos amantes: vertiginoso, obsesionado, enamorado. Nos aferramos a cualquier retrato o historia de nuestro nuevo amor que podamos encontrar. Cada vez que alguien menciona su nombre, nuestros ojos brillan y nuestros corazones saltan: es ese tipo de estremecimiento. Jesús, con el que quiero quedarme dormido en sus brazos, con el que quiero perderme en un bosque, con el que quiero vivir y morir: mi amante.

Por otra parte, es un escalofrío de asombro temeroso. No tengo ni idea de lo que va a pasar después; solo levanto mis manos al

2. C.S. Lewis, *El León, la Bruja y el Ropero*, Editorial Andrés Bello, Santiago de Chile, 2000, p. 27.

3. Las puertas se construían en las paredes alrededor de las ciudades para protegerlas de los forasteros. Se hacían con fines defensivos y no ofensivos, por lo que muchos teólogos sugieren que cuando Jesús dice que las puertas del infierno no prevalecerán, se refiere al hecho de que él y la iglesia arrasarán contra las puertas del infierno para rescatar a los que están dentro.

aire y espero, como al montarme en una montaña rusa. ¿Alguna vez has visto la película *El Rey León*? Es como esa parte en donde las hienas están hablando de Mufasa, y una de ellas dice su nombre y todas tiemblan y dicen: «¡Ah! ¡Dilo otra vez, dilo otra vez... Mufasa... ah!». A este tipo de temblor me refiero. «Jesús... ah, dilo otra vez». Solo de pensarlo siento mariposas en el estómago. Ese es el Jesús que yo amo. Y ese es el Jesús que me mata de miedo. Hay muchas otras opciones de vida que no te llevarán a la cárcel, ni harán que se burlen de ti, ni te clavarán a una cruz. Y hay maneras mucho más fáciles de ser popular que tratar de seguir a Jesús. Pero no estoy tan seguro de que ser popular sea la gran cosa.

EL RECUERDO DE SER POPULAR

Supongo que todo el mundo trata de ser popular. Recuerdo esos días. Yo solía ser popular, me llevaba con la multitud de respetables Metodistas Unidos, modelaba mi corbatín y mis pantalones cortos de color caqui (ah, sí lo hice) y portaba mi bandera de la Confederación. (Bueno, eso era popular solo en el este de Tennessee en la década de los ochenta.) Pero el estar a la moda tuvo un abrupto final; mi popularidad arruinada por un Dios que lo tiene todo al revés. Escuché ese susurro inquietante de Jesús que me decía que incluso los paganos pasan el rato con sus amigos populares, y que, en vez de eso, tenía que ser extraordinario y llevarme con los no tan populares: aquellos que se sientan solos en el comedor, las personas que hablan consigo mismas y que tienen aromas peculiares. De hecho, Apocalipsis nos advierte que hay que ser caliente o frío, porque si somos tibios (una manera antigua de decir «popular»), Dios nos vomitará de su boca (Apocalipsis 3:16). Ese fue el fin de lo popular: quedó atrás, cubierto por el humo proveniente de las personas incendiadas por Dios. Empecé a meditar que talvez debería tener cuidado con las cosas que son populares y normales, porque Jesús no parece ser de ninguna de las dos.

Hace unos años, cuando usaba trenzas multicolores, me levanté para hablar ante varios cientos de jóvenes después de que me presentaran como «el cristiano más popular que jamás haya existido». Sorprendido y un poco angustiado por la presentación, pedí unas tijeras. Me paré en el escenario, tomé mis tan preciadas trenzas y dije: «Queridos míos, temo que me he vuelto demasiado popular. Los cristianos no han sido llamados a ser populares. Hemos sido llamados a ser extraordinarios». Y luego me las corté todas. (Por supuesto, los muchachos pensaron que eso había sido genial.)

Como el teólogo francés Jacques Ellul dijo una vez: «Los cristianos deberían ser alborotadores, creadores de incertidumbre, agentes de una dimensión incompatible con la sociedad». Después de todo, seguimos a alguien que, sin duda, tuvo muchos adjetivos asociados a su reputación, y popular no era uno de ellos. (Por un lado, no es un vocablo arameo.) Por no mencionar al viejo Juan el Bautista vestido con piel de camello y comiendo langostas, peor que cualquier traje de segunda mano o penitencia de programa televisivo de desafíos como *Fear Factor* [Factor Miedo]. No te crucifican por ser popular: te crucifican por vivir de una forma radicalmente diferente a las normas de todo lo que está a la moda en el mundo. Por lo general, son las personas populares las que más se molestan, ya que estás perturbando su orden. De hecho, fueron los líderes religiosos y políticos populares los que mataron al Amante de Nazaret. Algunas cosas nunca cambian.

CIUDAD DE EMPUJE FRATERNAL

Jesús nos enseña que no tiene nada de extraordinario amar a nuestros amigos y familiares, a las personas que piensan y se ven como nosotros. Él dice que incluso los paganos y los pecadores aman a sus amigos (Mateo 5:46-47). Pero nosotros debemos ser extraordinarios: debemos amar a las personas que no piensan como nosotros ni se parecen a nosotros, incluso a nuestros enemigos.

Uno de mis pasajes favoritos está en Lucas 14, donde Jesús nos dice cómo hacer una fiesta. Sólo que no le llama fiesta exactamente. Él le está hablando a un grupo de religiosos, por lo que le llama un banquete, pero en realidad está hablando de una fiesta. Él dice: «Cuando des una comida o una cena, no invites a tus amigos, ni a tus hermanos, ni a tus parientes, ni a tus vecinos ricos; no sea que ellos, a su vez, te inviten y así seas recompensado. Más bien, cuando des un banquete, invita a los pobres, a los inválidos, a los cojos y a los ciegos. Entonces serás dichoso, pues aunque ellos no tienen con qué recompensarte, serás recompensado en la resurrección de los justos» (versículos 12-14). Nunca había estado en una fiesta como esa. Todas las fiestas que mis amigos hacían, cristianos o no, eran de esas a las que invitas personas que son como tú: amigos, parientes, vecinos ricos, sí. Quizás se nos pasó por alto este versículo. Aquí tenemos a Jesús diciéndonos que no hagamos fiestas de ese tipo.

Hace unos años alcancé a ver un esbozo del tipo de fiesta que Jesús quiere que hagamos, aunque nos metió en algunos problemas. Filadelfia había iniciado la aprobación de una ley anti-indigentes, por lo que era ilegal dormir en los parques, era ilegal pedir dinero en las calles, era ilegal acostarse en las aceras. (¡Incluso decidieron que entrara en vigor el día del cumpleaños del Dr. King!). Con ironía, la razón de muchas de estas leyes fue el Parque Love, el cual es un sitio histórico en Filadelfia conocido como uno de los mejores lugares para patinar (lo cual también se volvió ilegal). El Parque Love era un lugar donde personas sin hogar pasaban su tiempo. Era visible, seguro y céntrico. La gente sabía que podía ir allí a dar comida y ropa a la gente de la calle. Solíamos ir cuando estábamos en la universidad. Hay algunos respiraderos de vapor muy agradables que mantienen calientes a las personas (y a unas grandes ratas también). Una de las más audaces ordenanzas que emitieron fue prohibir toda comida en el parque. Específicamente se leía: «Todas las personas deben cesar y desistir de distribuir alimentos». Comenzaron a multar a todos los que seguíamos distribuyendo comida. Nos preguntábamos cuál era el significado de amar al prójimo como a nosotros mismos, cuando al prójimo lo encarcelaban por dormir y comer. Así como San Agustín dijo: «La ley injusta no es ley». ¿Qué significa someterse a la autoridad y, sin embargo, defender la ley del amor de Dios? O bien había que invitarlos a nuestra casa (en la cual no había capacidad suficiente) o deberíamos estar con ellos en solidaridad. Así que, hicimos una fiesta en el Parque Love.

Unas cien personas nos reunimos ahí con nuestros amigos sin hogar. Adoramos, cantamos y oramos. Luego, servimos la Santa Cena, lo cual era ilegal. Sin embargo, con el apoyo del clero y de los oficiales de la ciudad, y con la policía y los medios de comunicación alrededor nuestro, celebramos la Santa Cena. La mayoría de policías solamente se sentó a ver, sin atreverse a arrestar a nadie, en especial durante la Santa Cena. Después, continuamos «partiendo el pan», que eran unas *pizzas* que habíamos llevado. Tuvimos un banquete de amor, para luego pasar la noche en el parque con nuestros amigos sin hogar. Semana tras semana hicimos lo mismo, mientras la policía nos vigilaba y los medios de comunicación se mantenían a la espera. Y luego, una noche después del servicio de adoración, mientras dormíamos bajo el rótulo del «Amor», el cual habíamos cubierto con un gran signo de interrogación, la policía rodeó el parque y nos arrestó a todos. No fue la mejor manera de despertarnos. Nos llevaron a la cárcel esposados.

Una y otra vez, muchos dormimos a la intemperie, y una y otra vez nos arrestaron, aunque a veces la policía mostraba simpatía y estaba de acuerdo en que no nos debían arrestar por dormir. Incluso, varios abogados prestigiosos nos llamaron para ofrecernos sus servicios de representación. Estábamos muy agradecidos, y hasta los invitamos para que llegaran a apoyarnos, pero decidimos que uno de nuestros amigos indigentes, que por sí mismo no tenía la capacidad de tener abogados de lujo, nos representara. Así fue como nuestro amigo Fonz aceptó ser nuestro portavoz.

Estábamos frente al juez, y yo me había puesto una camiseta que decía «Jesús era un sin hogar». El juez me pidió que pasara al frente y así lo hice.

Leyó en voz alta el mensaje de mi camisa y dijo:

—Ejem… yo no sabía eso.

Le dije:

—Sí señor. En las Escrituras, Jesús dice que «Las zorras tienen madrigueras y las aves tienen nidos […] pero el Hijo del Hombre no tiene dónde reclinar la cabeza».

El juez se detuvo, pensativo, y dijo:

—Ustedes podrían tener una oportunidad.

Y la tuvimos.

Antes de ir al tribunal, leímos todos los pasajes de las Escrituras en donde Jesús advierte a sus discípulos que serían arrastrados ante las cortes y puestos en las cárceles, y todos esos pasajes tuvieron un nuevo significado para nosotros. Jesús les advirtió que no debían preocuparse por lo que deberían decir, así que no nos preocupamos. Cuando llegó nuestro momento para declarar, Fonz se puso de pie en el tribunal y dijo: «Su Señoría: creemos que estas leyes están equivocadas». Todos dijimos: «Amén a lo que él dijo».

La fiscal de distrito[4] tenía toda su información lista. Ella no estaba bromeando. Nos enfrentábamos a numerosos cargos, tiempo en prisión, miles de dólares en multas y horas y horas de servicio comunitario (¡imaginen eso!).

El juez le dijo a la corte:

—Lo que está en discusión aquí no es si estas personas violaron la ley: eso está muy claro. Lo que se cuestiona aquí es la constitucionalidad de la ley.

La fiscal replicó:

—La constitucionalidad de la ley no está ante este tribunal —Y arrojó sus papeles sobre la mesa.

4. La verdad, cuando estábamos en el tribunal una vez, por accidente llamé a la fiscal de distrito perseguidora, en lugar de fiscal. ¡Uy!

El juez replicó:

—La constitucionalidad de la ley está ante toda corte. Permítanme recordarle a la corte que si no fuera por las personas que violaron las leyes injustas, nosotros no tendríamos la libertad que tenemos. Todavía estuviéramos en esclavitud. Esa es la historia de este país desde el Motín del Té hasta el movimiento por los derechos civiles. Estas personas no son criminales, son luchadores por la libertad. Yo los declaro inocentes de todos los cargos.

Los periódicos calificaron esto como una «Decisión revolucionaria de la corte». Y el juez nos pidió una camiseta con el mensaje: «Jesús era un sin hogar».

Logramos atisbar lo que Pablo y Silas vieron cuando cantaron y oraron en aquella celda de la cárcel hasta que «se abrieron todas las puertas y a los presos se les soltaron las cadenas» (Hechos 16:26). Empecé a creer que en verdad así es como Jesús quiere que hagamos las fiestas. Y yo sabía que hablaba en serio cuando dijo: «Si el mundo los aborrece, tengan presente que antes que a ustedes, me aborreció a mí [...] En este mundo afrontarán aflicciones, pero ¡anímense! Yo he vencido al mundo» (Juan 15:18; 16:33). De hecho, recuerdo haber pensado que si el mundo no nos odia, talvez deberíamos cuestionarnos si en realidad somos parte de otro reino. Y, por supuesto, la oración «perdona nuestras deudas» tiene un nuevo tono cuando estás sentado en la cárcel acusado de allanamiento ilegal.

Hasta el día de hoy, me aferro a un dicho que mantuve conmigo en ese tribunal, las palabras del Dr. King: «No hay nada malo con una ley de tráfico, que dice que tienes que hacer un alto cuando la luz del semáforo está en rojo. Pero cuando un furioso incendio está ocurriendo, el camión de bomberos se pasa esa luz roja y el tráfico normal es mejor que se aparte de su camino. O cuando un hombre se está desangrando hasta la muerte, la ambulancia pasa por esas luces rojas a toda velocidad. Hay un incendio furioso [...] para los pobres de esta sociedad. Los desheredados de todo el mundo están sangrando, hasta la muerte, de profundas heridas sociales y económicas. Ellos necesitan brigadas de conductores de ambulancia que ignoren las luces rojas del sistema actual hasta que la emergencia se resuelva»[5].

Y recuerdo lo que uno de los oficiales de policía dijo una noche, mientras nos llevaban a la cárcel. Al inspeccionarme, encon-

5. Esto es del libro del Dr. King *El clarín de la conciencia*. Lo encontré en mi colección favorita del Dr. King: *Un Testamento de Esperanza*, editado por James M. Washington, Harper, San Francisco, 1986, (p. 647 del original en inglés).

tró la Biblia en uno de mis bolsillos. «Tendremos que quedarnos con esto», dijo. Nunca antes me habían quitado la Biblia, así que le pregunté por qué me la quitaba. Sonrió y dijo: «Es un libro peligroso. No podemos dejar que lo lea». Me puse a reír. Su comentario le dio un nuevo significado a la frase «la espada del Espíritu». Sin embargo, mientras más pensaba en ello, más me parecía cierto, este sí es un libro peligroso. Durante siglos ha conseguido que muchas personas mueran, sean golpeadas y encarceladas.

CONSPIRAR AL LADO DE DIOS

Es gracioso, nunca he pensado en mí como alguien peligroso, ni tampoco las personas que me conocen lo han hecho. Pero me enteré de que algunos piensan que sí podría serlo.

Después de regresar de Irak, participé en una reunión llamada La Mesa[6] en las Bahamas, donde un grupo de teólogos, pastores y viejos amigos se reúne para chismorrear y broncearse. Pasamos un momento espectacular. Al salir rumbo a Filadelfia, yo estaba, como siempre, muy temprano en el aeropuerto. (Se ha hecho costumbre que me revisen «al azar» cada vez que viajo.) Pero esta vez, las cosas fueron un poco diferentes. El oficial del puesto de control me pidió que me hiciera a un lado para ser interrogado, y lo hice con mucho gusto. Me preguntaron lo que hacía (lo cual es difícil de explicar). Me preguntaron la razón de mi estadía en las islas, y les dije que había llegado para hablar con unos amigos. Me preguntaron de qué habíamos hablado, y decidí irme por lo seguro al responder: «De Jesús». Quizá no fue la mejor respuesta porque me sentaron y me interrogaron. Registraron todas mis cosas (fotos, artículos, libros) y revisaron todas mis carpetas, página por página. Me preguntaron sobre mi viaje a Irak, lo cual no traté de evadir. (De todos modos, parecían tener un conocimiento Orwelliano de ello). Pero con gusto les conté todo sobre mi viaje a Irak y sobre el evangelio que me estaba metiendo en tantos problemas. Parecían genuinamente interesados. Durante las siguientes dos horas, me atacaron con preguntas, y después me dijeron que tenía que regresar al siguiente día para hacerlo todo de nuevo. A esas horas era obvio que ya había perdido mi avión. Así que, de forma letárgica, acepté. (Hay peores lugares para quedarse atrapado.) Al día siguiente, repetimos la plática con unos cuantos oficiales más. Esa vez fue un poco más rápida, pero confiscaron

6. Si alguna vez tienes que sufrir por Cristo en las islas Bahamas, asegúrate de visitar a nuestros amigos de la Iglesia de la Comunidad Nueva Providencia (www.npcconline.org).

todos mis botones[7] antes de que me dejaran ir. Ya en el avión, me alegré de estar finalmente ahí, y pensé que era libre para volver a casa. Sin embargo, cuando el avión se disponía a aterrizar, se escuchó un anuncio en el intercomunicador: «¿Podría el pasajero Shane Claiborne apretar el botón de llamada, por favor?». Así que miré alrededor, un tanto avergonzado, y apreté el botón. La azafata se acercó y me dijo que había un par de oficiales que necesitaban hablar conmigo y que me estaban esperando a mi llegada. Empecé a preguntarme si acaso estaba en uno de esos programas de cámara escondida.

Cuando aterrizamos, dos oficiales vestidos de civil me escoltaron fuera del avión de forma casual, y me mostraron sus carnés del Departamento de Seguridad Nacional. De manera sospechosa, se mostraron amigables cuando nos sentamos para conversar. Dudo al contar esto porque parece una historia de Hollywood, pero no es broma, ellos abrieron un archivo muy grueso que tenía mi nombre. Pude ver fotos, artículos y partes del sitio web de The Simple Way. Y conversamos. Les hablé del evangelio, y les advertí que eso les podría causar problemas, incluso hasta perder sus empleos, pero que todo valía la pena. Con brillo en sus ojos, me dejaron ir. Les dije: «Adiós... hasta que nos encontremos de nuevo». En realidad, creo que solo estaban siendo cautelosos, ya que al parecer algunos de los terroristas del 11 de septiembre habían pasado por las Bahamas. Disfruté hablar sobre mis experiencias y el evangelio con ellos.

Cuando pienso en todo esto, no puedo dejar de sonreír al saber que unas cuantas personas que van a Irak a amar a sus enemigos y a llevar medicamentos para los niños iraquíes, puedan ser percibidos como una posible amenaza[8]. Pero ahora he empezado a leer algunos pasajes de las Escrituras de una forma diferente. Solía pensar en demonios y exorcismos cuando leía en la Biblia sobre «principados y potestades». Pero cuando lo ves un poco más de cerca, se lee: «Porque nuestra lucha no es contra seres humanos, sino contra poderes, contra autoridades, contra potestades que dominan este mundo de tinieblas, contra fuerzas espirituales

7. Los botones se habían elaborado a mano en *The Simple Way* y llevaban inscritas frases tan amenazadoras como: «Si el terror es el enemigo, entonces el amor es el héroe», «Dios bendiga a todos» y «Jesús es mi presidente».

8. Por no mencionar que el Gobierno de EE. UU. ha iniciado una demanda contra el grupo con el que viaje a Irak, y algunos de nosotros podríamos incluso enfrentar la cárcel. Sin embargo, eso no nos preocupa mucho. Incluso, el juez designado por Bush ha dicho que el caso del gobierno no se ve muy prometedor, y que los fiscales tienen un largo camino por delante.

malignas en las regiones celestiales» (Efesios 6:12)[9]. Conozco a algunos buenos oficiales de policía y a un par de oficiales del Departamento de Seguridad Nacional lo suficientemente bien, como para darme cuenta de que ellos no son el enemigo. No obstante, está ocurriendo algo en el mundo, y hay poderes muy reales que se interponen en el camino del Espíritu de Dios. Estoy desarrollando los ojos para poder verlos.

John Dominic Crossan es uno de los eruditos contemporáneos que estudian al Jesús histórico y los principios del cristianismo, y es, además, una figura muy controversial. Ya sea con el Seminario de Jesús o la derecha religiosa, Crossan cataliza el debate a medida que las personas desean entender a Jesús. Con astucia, prefiero evitar las cuestiones teológicas que él revuelve, pero uno de sus libros[10] comienza con una fascinante historia. Se trata de un fantástico sueño en el que Crossan relata cómo Jesús viene a él y le dice:

—He leído tu libro y está muy bien. Así que ahora, ¿estás listo para unirte a mí y a mi visión?

Crossan hace una pausa y responde:

—Yo no creo que tenga el valor, Jesús, pero sí lo expliqué muy bien ¿no?

Jesús le agradece por su contribución a la enseñanza de la Biblia y con un susurro lo reta:

—Eso no es suficiente... Ven y sígueme.

Después de escribir cientos de páginas sobre este Jesús, Crossan se encuentra desconcertado, sabiendo muy bien que le va a costar todo lo que tiene y lo que cree; tal vez incluso hasta su propia vida.

Hace unos años, un amigo y yo cenamos con Dominic Crossan. Al conversar con él sobre nuestros débiles intentos de seguir tras la revolución campesina, de la cual él ha escrito, sus ojos brillaron de emoción. Casi se podía oler el aroma fresco del

9. Es muy común decir que Pablo escribió estas palabras durante sus dos años de prisión en Roma. Es interesante ver que la palabra que utiliza aquí para referirse a las autoridades contra las que luchamos, es la misma palabra que utiliza en los conocidos versículos de Romanos y que la gente usa para hablar de las atrocidades cometidas por los líderes mundiales. Cuando las personas citan Romanos 13:1: «Todos deben someterse a las autoridades públicas, pues no hay autoridad que Dios no haya dispuesto, así que las que existen fueron establecidas por él», para decir que no debemos hacer nada que vaya en contra de los líderes del gobierno, los invito a escuchar eso mismo con oídos de cristianos iraquíes. ¿Fue Saddam Hussein puesto por Dios? No tenemos tiempo aquí para todas las cosas que suceden. Sugeriría que leyeras el libro de Walter Wink, The Powers That Be [Los que mandan], Galilee Trade, 1999, y visitar el sitio http://Jesusradicals.com, si andas buscando una discusión animada.

10. John Dominic Crossan, *Jesús: Una biografía revolucionaria*, Planeta, Barcelona, España, 1996.

evangelio, que se elevaba por encima de las sofocantes páginas de la academia. Me dijo que él había conocido una gran cantidad de cristianos evangélicos, pero no a muchos que todavía creyeran realmente en lo que el gran rabino dijo.

Por lo tanto, si el mundo nos odia, sepamos que primero el mundo odió a Jesús. Si te preguntas si vas a estar seguro, basta con ver lo que le hicieron a Jesús y a los que le siguieron. Hay maneras más seguras para vivir que ser un cristiano. Y hay formas más populares de vivir que tratar de seguir el Evangelio. Pero mira el lado bueno: Si terminas en una cárcel, históricamente estarás en muy buena compañía. La cárcel siempre ha sido un lugar importante para los cristianos. En tiempos de injusticia, se convierte en la casa del cristiano. Así que vive muy bien, y que te golpeen mucho. Baila hasta que te maten, y luego bailaremos un poco más. Así es como esta cosa parece funcionar.

CAPÍTULO 9

JESÚS ES PARA PERDEDORES

Sé
tomand
vida en
go, ya
vida. Cu
vuelta a
querido
de imag
taba en
y comp
medici
el que
de din
solo te
demás
no nec

Per
araba
en las
tarme
evitar
tenía

Sé
toman
vida e
go, ya
vida. C
vuelta
querido
de ima
taba en
y comp
medici
el que
dinero

Hace algunos años, en un callejón del centro de la ciudad, conversaba con un hombre indigente que comenzó a hablar acerca de Dios. Él conocía la Biblia, sin embargo, se refería a «los cristianos» en tercera persona. Por fin, un poco confundido, le pregunté:

—¿No eres cristiano?

—¡Ah, no! —me respondió—, yo soy bastante desordenado.

Le pregunte qué significaba ser un cristiano y me dijo:

—Ser alguien que tiene todas las cosas en su lugar y sin problemas.

Le confesé que, entonces, yo tampoco era cristiano y que no estaba seguro de haber conocido alguno, y nos reímos[1]. Leímos el pasaje donde Jesús les dice a los fariseos («los que tenían todo en su lugar»): «No son los sanos los que necesitan médico sino los enfermos [...] Porque no he venido a llamar a justos sino a pecadores» (Mateo 9:12-13).

El evangelio trae buenas nuevas para las personas enfermas y es perturbador para aquellos que creen tenerlo todo en su lugar. A lo largo de nuestra vida, algunos siempre hemos escuchado que somos desdichados, pero el evangelio nos recuerda que somos hermosos. Otros siempre hemos escuchado que somos hermosos, no obstante el evangelio nos recuerda que también somos desdichados. La iglesia es un lugar en el cual nos podemos poner de pie y decir que somos desdichados y todos moverán su cabeza y estarán de acuerdo, pero nos recordarán que también somos hermosos.

Algo que he aprendido de los creyentes y los activistas, por igual, es que la comunión puede edificarse sobre un sentido colectivo de arrogancia moral o de quebrantamiento. Ambos son magnéticos. La gente es atraída hacia las personas que lo tienen todo en su lugar o parecen tenerlo. Pero las personas también son atraídas hacia aquellos que no lo tienen todo en su lugar y no fingen tenerlo.

El cristianismo se puede edificar sobre el hecho de aislarnos de los hacedores de maldad y pecadores, y crear una comunidad de piedad religiosa y pureza moral; ese es el cristianismo con el que yo crecí. Pero el cristianismo también se puede edificar sobre el hecho de compartir con los pecadores quebrantados y hacedores de maldad de nuestro mundo, que claman a Dios y gimen por gracia; ese es el cristianismo del cual me he enamorado.

1. De hecho, uno de los mejores letreros de cartón para mendigar que he visto es el que elaboró un amigo muy querido que, al verse en tiempos difíciles, pasaba parado en la esquina de una calle. El letrero solo decía: «Necesito gracia».

En Lucas 18:10-14, Jesús cuenta la extraordinaria historia acerca de dos personas que oraban: «Dos hombres subieron al templo a orar; uno era fariseo, y el otro, recaudador de impuestos. El fariseo se puso a orar consigo mismo: "Oh Dios, te doy gracias porque no soy como otros hombres —ladrones, malhechores, adúlteros— ni mucho menos como ese recaudador de impuestos. Ayuno dos veces a la semana y doy la décima parte de todo lo que recibo". En cambio, el recaudador de impuestos, que se había quedado a cierta distancia, ni siquiera se atrevía a alzar la vista al cielo, sino que se golpeaba el pecho y decía: "¡Oh Dios, ten compasión de mí, que soy pecador!". Les digo que éste, y no aquél, volvió a su casa justificado ante Dios».

El fariseo, miembro de una de las sectas del judaísmo conformada por la élite religiosa en el Imperio Romano, se jactaba de su devoción y obediencia moral y agradecía a Dios porque no era como los «hacedores de maldad». Luego, tenemos al recaudador de impuestos, que se pone de pie a lo lejos y no se atreve ni a mirar al cielo; solo se golpea el pecho y dice: «¡Oh Dios, ten compasión de mí, que soy pecador!». Es el recaudador de impuestos, y no el fariseo, quien va a casa justificado delante de Dios.

EL PROBLEMA DE HACER EL MAL

Si se lleva a los extremos, la infección farisaica de la arrogancia moral (los fariseos estaban obsesionados con la pureza), que Jesús compara con la levadura que se abre paso entre la masa, nos conduciría a considerar que nuestro rol es liberar al mundo de los perdedores y hacedores de maldad (ya sea que definamos hacedores de maldad como militaristas o los anarquistas), tal como arrancamos la maleza de nuestros jardines. Solo unos cuantos tercos anarquistas o Jerry Falwell[2] argumentarán que Estados Unidos se merecía lo que ocurrió el 11 de septiembre. Y solo unos cuantos elocuentes escritores de discursos llamarán «bueno» a Estados Unidos. Después de todo, Jesús nos advierte que «nadie es bueno sino sólo Dios» (Marcos 10:18).

2. Esta es la cita exacta de la respuesta de Jerry Falwell, dos días después del 11 de septiembre, en una entrevista en el *Club 700*, dirigida por Pat Robertson, quien hizo un gesto de aprobación: «En verdad creo que los paganos, las que abortan, las feministas, los homosexuales y las lesbianas que activamente tratan de hacer de eso un estilo de vida alternativo, la ACLU, *People for the American Way* [Pueblo a favor del estilo estadounidense], a todos los que intentan secularizar a Estados Unidos los señalo con el dedo y les digo: "Ustedes ayudaron a que esto sucediera"». Posteriormente, Falwell emitió una bien justificada disculpa (vea http://archives.cnn.com/2001/US/09/14/Falwell.apology).

Muchos queremos las mismas cosas, deseamos que el mundo se libere de la maldad, queremos justicia, deseamos liberar al oprimido. La pregunta es ¿cómo hacemos eso? Con ironía, la mayor parte de violencia proviene de un deseo profundo de justicia. A nadie le gusta tener maleza en el jardín y a nadie le gusta la maldad en el mundo. A todos nos gustaría liberar al mundo del mal (y tener jardines sin maleza), lo cual, quizá, sea la razón por la que las charlas del bien y del mal son tan atractivas. El problema, dice Jesús, es que si tratamos de arrancar la mala hierba del jardín, también arrancaremos el trigo. En Mateo 13:24-30, él da un firme mandamiento de dejar que la mala hierba y el trigo crezcan juntos y que Dios las separe al momento de la cosecha, y nosotros no somos Dios. Rich Mullins solía decir: «Yo sé que el Señor dijo "la venganza es mía", y yo solo quiero trabajar en la obra del Padre» (él estaba bromeando, por supuesto).

Si has visto la película de Mel Gibson, *La Pasión de Cristo* (si no, te recomiendo que solo leas el libro), sabes que después de verla no puedes evitar experimentar el abrumador sentimiento del amor de Jesús por los hacedores de maldad. Aun cuando los soldados romanos lo azotan y rasgan su carne, él exclama: «Padre [...], perdónalos, porque no saben lo que hacen». La gran pregunta parece ser: ¿Qué hacer con el mal? Y cuando se trata de la lógica del mundo sobre la violencia redentora, los cristianos tienen una gran piedra de tropiezo en sus manos: la cruz.

Todo se remonta al principio, al pecado original, en el jardín del Edén. A Adán y Eva se les invita a disfrutar de todos los frutos, excepto de uno: El árbol del conocimiento del bien y del mal. La serpiente los tienta a comer del fruto, pues les dice que si lo hacen serán como Dios. Tanto Adán como Eva caen en la tentación, y la humanidad aún sigue deseando el fruto de ese árbol, el cual es bueno pero acarreó maldición. Sin embargo, es el único fruto reservado solo para Dios. No es para parejas jóvenes, ambiciosas y desnudas, ni para viejos militares impetuosos y armados hasta las narices.

En verdad, el Sermón del Monte y las Bienaventuranzas no parecen ser las mejores herramientas para guiar a un imperio o a una súper potencia. La verdad de que debemos perder nuestras vidas para encontrarlas no parece ser un buen plan para la seguridad nacional. Así como el viejo trovador Woody Guthrie canta: «Si Jesús predicara en Nueva York lo que predicó en Galilea, nosotros lo enterraríamos en la tumba de nuevo» (en especial, si lo hiciera en *Wall Street*). Creo que esa es la razón por la que escuchamos tanto acerca de las bendiciones de Dios y de la expansión de nuestro territorio, pero muy poco sobre la cruz o el amor por nuestros enemigos. Llegamos a un punto donde nos damos cuenta de que tratamos de servir a dos señores y es necesario que decidamos a cuál de los dos serviremos, ya que nuestros brazos no son tan grandes como para cargar la cruz y la espada.

Podemos aprender de las sangrientas páginas de la historia. Mientras que con más vigor tratemos de extraer el mal desde la raíz y por la fuerza, este más ascenderá. Por cada musulmán extremista que muere, se crea otro. De la misma forma, mientras más amemos a nuestros enemigos con pasión, más reduciremos el mal. De la misma manera, este es el caso de los mártires: Por cada cristiano asesinado en manos del mal, otro crecerá, convertido por el amor fiel y el sacrificio personal de los mártires. Los acontecimientos demuestran que el cristianismo se esparce más rápidamente cuando somos asesinados a mano de malhechores, sin tomar represalias. Esa ha sido la historia del crecimiento de la iglesia durante las grandes persecuciones. Los perseguidos escribían que por cada uno de ellos que moría, diez se convertían, tal como lo expresa el dicho: «En la sangre de los mártires está la semilla de los santos». La paradoja es que la iglesia es más saludable en tiempo de persecución y se enferma en tiempo de comodidad, calma y poder. Hoy día, no es sorprendente que las estadísticas muestren que los musulmanes están menos abiertos al cristianismo de lo que estaban hace años. Los extremistas farisaicos siguen vivos en cada religión: En el islamismo, el cristianismo y el judaísmo.

La historia de la iglesia está llena de movimientos de piedad, como el de los puritanos, quienes se distinguieron por apartarse de los impíos y consideraron que era su deber destruir todo lo que no era puro en el mundo. Las páginas de la vida de la iglesia están llenas de vergonzosas manchas de sangre, que los movimientos cristianos han dejado al tratar de liberar al mundo del mal a fuerza de espada: Los mártires, los herejes, la muy utilizada guillotina de la reforma inglesa y los crueles castigos de la inquisición española. En tales tiempos, la cruz siempre sale perdiendo[3].

Pero aun así hay un susurro constante de la cruz. La historia de la iglesia también está llena de movimientos cuyos miembros permanecieron fieles a la cruz. Aun cuando parecía que el mundo

3. En verdad, dudo mencionar otra vez la miniserie de CBS, *Jesús*, a no ser que creas que vale la pena invertir tiempo en ella. Pero hay una escena fabulosa en la que el Tentador está con Jesús en el huerto del Getsemaní, poco antes de su crucifixión. El diablo le dice: «Jesús, ellos no comprenden tu cruz; ellos nunca entenderán tu cruz», y le muestra imágenes de las cruzadas y las guerras santas, toda la sangre derramada en el nombre de Dios. Y le pregunta a Jesús si aun así quiere morir por eso. Quizá esa fue la última tentación.

los destruiría, los cristianos sabían que Dios permanecería fiel, así como ellos eran fieles.

La historia también está llena de movimientos de personas que clamaron a Dios, que dijeron ser impías y que identificaron y confesaron sus pecados, tal como la Iglesia de la Confesión de Europa y el avivamiento universitario en Estados Unidos, los cuales empezaron con humildes confesiones de pecados, con personas que se golpeaban el pecho ante Dios y los hombres. Quizá una de las cosas más poderosas que la iglesia contemporánea puede hacer es confesar sus pecados ante el mundo, arrodillarse con humildad y arrepentirse de las terribles cosas que se han hecho en el nombre de Dios. El autor Don Miller, en su libro *Tal como el Jazz*, cuenta el encantador relato de cómo él y sus amigos se vistieron de monjes y armaron un confesionario en su campus universitario, el cual era conocido como pagano. Pero en lugar de escuchar las confesiones de otras personas, ellos confesaban sus pecados como cristianos y los pecados del cristianismo a todo aquel que estuviera dispuesto a escuchar y perdonar. Creo que el mundo estaría dispuesto a escuchar a una iglesia de rodillas, una iglesia que no finja ser perfecta o tener todas las respuestas. Yo creo que una sanidad mística y sacramental puede iniciar dentro de nosotros para luego expandirse dentro de las heridas de nuestro mundo.

Jesús nos advierte de tener cuidado de la levadura de los fariseos, la cual hoy es muy infecciosa, tanto en los círculos liberales como en los conservadores. Estos últimos se ponen de pie y dan gracias a Dios porque no son como los homosexuales, los musulmanes o los liberales. Los liberales se ponen de pie y agradecen a Dios porque no son como los militaristas, los acomodados y de buen estatus social, ni como los conservadores. Esto es igual a arrogancia moral, solo que con distintas definiciones de maldad. Esto puede paralizarnos en el juicio y la culpa, así como robarnos la vida. En lugar de separarnos de todos aquellos que consideramos impuros, quizá estaríamos mejor si golpeáramos nuestro pecho y le pidiéramos a Dios que tenga la suficiente misericordia para salvarnos de la fealdad presente, y que haga nuestras vidas tan hermosas de manera que las personas no puedan resistir esa gracia.

LAS GRIETAS PERMITEN QUE LA LUZ ENTRE

El monje y filósofo místico español del siglo dieciséis, San Juan de la Cruz, entendió el vacío y el dolor de la existencia humana. (Él escribió un libro titulado *La noche oscura del alma*...

¡Dios mío hasta los chicos góticos lo comprenden!). El autor acuñó el dicho: «Las grietas permiten que la luz entre». (Sí, Leonard Cohen lo dice muy bien en su canción *Anthem* [Himno]). Por alguna razón, a Dios le gustan las vasijas quebradas. Estoy convencido de que Jesús no vino solo para transformar a las personas malas en personas buenas, sino también para darles vida a los muertos. Podemos ser morales, pero no tener vida; muchos conservadores y liberales me han enseñado eso, y yo mismo he sido víctima de la infección farisaica de la levadura. Existen muchas personas que son «puras» en lo moral, pero carecen de cualquier vida, gozo o celebración. Para algunos, esta «pureza» significa no tocar nada que sea «secular»; para otros, significa no comer nada que no sea «orgánico». Pero si la pureza no nace de las relaciones, si no libera a los oprimidos y a los opresores, si no se distingue por amor apasionado puro, entonces, es la misma antigua arrogancia moral que no logra más que alardear de nuestra virtud y hacer que las demás personas de este mundo vean lo sucias que son. No importa dónde aparezca, la levadura impide que veamos la imagen de Dios en cada ser humano, ya sea un soldado o un centurión, un recaudador de impuestos o un corredor de bolsa, un zelote o un anarquista. Nadie está fuera del alcance de la redención.

El recaudador de impuestos sabe que es un pecador y solo clama a Dios, por gracia. Cuando nos damos cuenta de nuestro quebrantamiento, los ojos se abren para ver nuestro propio rostro en los rostros de los oprimidos y nuestras propias manos en las manos de los opresores. Es entonces cuando todos somos verdaderamente libres.

El recaudador de impuestos nos enseña, al igual que Jesús, que este evangelio es para personas enfermas, no para los justos. Esto causa el levantamiento de una nueva raza de extremistas. Somos pecadores que golpeamos nuestros pechos y clamamos a Dios: «Ten compasión de nosotros». Golpearemos nuestros pechos afuera de la Casa Blanca, las clínicas de aborto, el 11 de septiembre en Nueva York y afuera de los guetos de Filadelfia. No dañaremos a nadie (aunque puede ser que nuestro pecho nos duela un poco). Amaremos a los hacedores de maldad, aun cuando esto nos cueste la vida. Y, entonces, veremos a los hacedores de maldad volverse extremistas por gracia. Esta es la historia de nuestra fe.

EL DIOS DE LOS PERDEDORES

Cada vez que alguien me dice que ha rechazado a Dios, yo le respondo: «Háblame acerca del Dios al que has rechazado». Cuando describen a un Dios de condenación; leyes; truenos; personas con el ceño fruncido, cabello gris, y reuniones aburridas, suelo confesarles: «Yo también he rechazado a ese Dios».

He conocido a muchos cristianos que dicen: «Si las personas supieran de todas mis luchas y debilidades, nunca desearían ser cristianos». Yo creo que lo opuesto es la verdad. Si las personas supieran, en realidad, lo ineptos que somos en todo nuestro quebrantamiento y vulnerabilidad, sabrían que pueden intentarlo también. El cristianismo es para las personas enfermas. Rick Mullins solía decir: «Cada vez que las personas dicen "los cristianos son hipócritas", yo respondo: "¡Claro! Cada vez que nos reunimos confesamos que somos hipócritas y débiles, necesitados de Dios y los unos de los otros"». Sabemos que no podemos vivir solos; la buena noticia es que no tenemos que hacerlo, pues hemos sido creados para vivir en comunidad.

En la introducción de su antología de Salmos, Bono, el gran teólogo (y decente estrella de rock), lo dice así: «El hecho de que las Escrituras estén llenas de estafadores, asesinos, cobardes, adúlteros y mercenarios solía impactarme; ahora, es una fuente de gran alivio»[4]. Considera al rey David, a quien muchos cristianos recuerdan como el hombre conforme al corazón de Dios. David quebrantó casi todos los Diez Mandamientos en dos capítulos de la Biblia: Él codició, cometió adulterio, mintió, asesinó (todo esto, después de que respondiera al llamado de Dios). Aun así, él es uno de los perdedores en el que Dios confió y a quien utilizó. El evangelio de Mateo nos presenta la genealogía de Jesús, la cual podría competir con cualquiera de nuestras familias en el termómetro de disfuncionalidad. Una de mis partes favoritas es cuando Mateo llega a la sección de la genealogía que involucra el escándalo sexual de David con Betsabé; él escribe: «David fue el padre de Salomón, cuya madre había sido la esposa de Urías». ¡Ja! El nombra a otras mujeres en el linaje, pero cuando llega a Betsabé, se asegura de que recordemos todo lo que sucedió (David mató a Urías). ¡Qué desorden! Así que, si ese es el linaje del hijo de Dios, ninguno de nosotros puede ser demasiado malo. No es una maravilla que las personas siempre preguntaran sobre Jesús: «¿De quién es este niño? ¿No es de Nazaret?». Galilea era el centro de las revueltas y

4. Bono, *Introduction* [Introducción], *Selections from the Book of Psalms* [Selecciones del Libro de los Salmos], Pocket Canons, Grove, Nueva York, 1999.

los levantamientos campesinos. Era notorio que no era un buen lugar. Cada vez que las personas llaman «mal lugar» a nuestro vecindario, lo cual es común entre los residentes locales, se refieren a que nada bueno puede provenir de allí; pero les recuerdo que eso es exactamente lo que la gente decía de Nazaret, y vean lo que de ahí surgió.

Considera el hecho de que Jesús relató parábolas como las del Buen Samaritano. Mira al héroe: ¿un samaritano? A los judíos no les simpatizaban los samaritanos, pues creían que estos tenían conceptos errados acerca de Dios y la adoración. Los judíos ni siquiera caminaban a lo largo de Samaria. No obstante, Jesús cuenta una historia en la cual un samaritano es el héroe, y el sacerdote, que pasa de largo ante su prójimo, es el perdedor. Ese era el tipo de cosas que molestaba a la élite religiosa.

Hace poco, hablé en una gran reunión de jóvenes. Después, una multitud de adolescentes se me acercó y me pidió mi autógrafo. Al principio, la idea me causó risa, pero, luego, comencé a sentir dolor en mi corazón a medida que me decían que era inusual que se acercaran al ponente. Cada noche, me quedaba hasta que todos los chicos se iban. Orábamos, contábamos chistes, nos sentábamos y cantábamos; era increíble, y todavía algunos pedían autógrafos. Así que les expliqué que les escribiría una nota, la cual decía: «Esto no es un autógrafo, pues yo no tengo nada especial que tú no tengas; nunca olvides que eres hermoso, al igual que todos los demás; y nunca olvides que eres un tonto, al igual que todos los demás». Sí, mi mano se cansó, pero creo que ellos empezaron a entenderlo. En alusión a la historia del Antiguo Testamento, en la cual Dios habla por medio de un burro, Rich Mullins solía decir: «Dios habló a Balán por medio de su asno y ha hablado por medio de estos, desde entonces». Así que, si Dios elige usarnos a nosotros, no debemos sentirnos importantes; ni debemos dar por sentado que Dios no puede usar a alguien, sin importar cuán desagradable o torpe parezca ser.

Un amigo, que es un destacado líder de jóvenes, me contó acerca de un retiro espiritual que, entre lágrimas, confesiones y escalofríos espirituales, hicieron con varios adolescentes en la «cima de la montaña». En su ruta hacia la cima, se les pinchó una llanta de la camioneta de la peor manera: bajo la lluvia, sin herramientas y con una llanta de repuesto defectuosa. Mientras los jóvenes miraban por la ventana, mi amigo perdió el control y se salió de sus casillas. Comenzó a gritar, se salió de sí, profirió malas palabras y pateó la bendita llanta. Al fin, logró poner el auto en marcha, se subió y les pidió a todos que permanecieran callados y que lo dejaran solo por un momento. Un poco avergonzados, se dirigieron al lugar del retiro, con algunas risitas provenientes de la parte trasera de la camioneta. Mi amigo me comentó que el retiro estuvo igual que en años anteriores: hubo alabanza, enseñanza y el llamado al altar. Pero ese año, algo extraño sucedió: Uno de los chicos más rudos del gueto le dijo que había entregado su vida a Jesús. Mi amigo estaba un poco sorprendido y le pidió que le contara como había sucedido: «¿Fue el mensaje, el llamado al altar?». El joven respondió: «No, fue cuando subíamos, cuando te vi maldecir el auto. Pensé que si tú puedes ser cristiano, yo también puedo intentarlo».

Existen muchas personas que desean volver a la vida, que saben muy bien que han hecho el mal y que desean escuchar no solo de un Dios que abraza a los hacedores de maldad, sino también de una iglesia que hace lo mismo.

VENCER LA OSCURIDAD

En los primeros días de nuestra comunidad, Michelle, una de las compañeras fundadoras de *The Simple Way*, y yo nos dirigíamos a comprar pan. Caminábamos debajo del tren elevado, a tan solo una cuadra de distancia desde nuestra casa. Esta es una calle conocida por la prostitución y el tráfico de drogas, en donde el aire se siente grueso por las lágrimas y las luchas. Pasamos por un callejón donde se encontraba una mujer andrajosa, con frío y con muletas. Se me acercó y me preguntó si quería sus servicios. Eso nos partió el corazón; sin embargo, nos apresuramos a comprar el pan. Luego, nos dimos prisa para volver a casa, y, al pasar, saludamos a la mujer. Cuando llegamos a casa, nos dimos cuenta de que el paquete estaba roto y el pan se había echado a perder. Tendríamos que regresar y ambos sabíamos lo que eso significaba: tendríamos que pasar por donde aquella mujer estaba. Pasamos por el callejón y la vimos llorar y temblar. Fuimos por el pan y cuando regresábamos, no pudimos pasar de largo. Nos detuvimos y le dijimos que nos preocupábamos por ella, que era preciosa, que valía más que unos cuantos dólares por hacer juegos en la avenida. Le explicamos que teníamos una casa, y que esta era un lugar seguro donde podía tener abrigo y comer unos bocadillos; así que tomó sus muletas y se vino con nosotros.

Tan pronto entramos a la casa, ella empezó a llorar de manera histérica. Michelle la tomó en sus brazos. Cuando se calmó, le dijo:

«Todos ustedes son cristianos, ¿verdad?». Michelle y yo nos miramos sorprendidos, pues no le habíamos mencionado nada acerca de Dios o de Jesús y nuestra casa no tenía una cruz en la ventana o un letrero fluorescente que dijera «Jesús salva», ni siquiera un pequeño pez en la pared, con mensaje cristiano. Ella dijo: «Sé que son cristianos porque ustedes brillan. Alguna vez yo estuve así de enamorada de Jesús; en ese entonces, yo brillaba como diamante en el cielo, así como las estrellas. Pero este es un mundo frío y de tinieblas, y yo perdí mi brillo hace un tiempo, lo perdí en esas calles». Cuando terminó esas palabras, nosotros estábamos llorando. Nos pidió que oráramos con ella para que pudiera brillar de nuevo, y así lo hicimos. Oramos para que este mundo de tinieblas no pudiera robar nuestro brillo.

Los días y los meses pasaron y no la vimos más. Un día, alguien llamó a la puerta y yo fui a abrir. En las gradas, había una agradable dama, con una contagiosa sonrisa de oreja a oreja. Nos vimos el uno al otro. Nosotros vemos a muchas personas, así que traté de fingir que la recordaba; pero ella me descubrió y me puso en evidencia. Dijo: «Desde luego que no me reconoces, pues ahora brillo de nuevo, estoy irradiando». Entonces, me di cuenta. Ella siguió explicando lo intensamente enamorada que estaba de Jesús, una vez más. Nos expresó que quería darnos algo en agradecimiento por nuestra hospitalidad, pero confesó, con tristeza: «En el tiempo que estuve en las calles lo perdí todo, excepto esto». Sacó una caja y, con una disculpa, dijo que ella solía fumar mucho y siempre guardaba los puntos Millas Marlboro de los paquetes de cigarrillos. «Así que, esto es todo lo que tengo, pero quiero que ustedes lo tengan». Ella me entregó una repleta de cientos de ellas. Ese es uno de los regalos más preciados que jamás me han dado; fue como recibir las últimas monedas de la viuda y son muy útiles como separadores para la Biblia. Ahora, en cualquier lugar donde hablo, siempre que abro la Palabra, veo una Milla Marlboro (los ancianos de la iglesia levantan las cejas) y me acuerdo de todas las vidas quebrantadas que han perdido su brillo en el pasado.

EL ESCÁNDALO DE LA GRACIA

Existe otra persona que sintió que el mundo mató el bien que había en ella: un joven que fue un condecorado veterano de la Guerra del Golfo en 1991. Recuerdo haber leído las cartas que él escribió mientras estaba en la guerra; en ellas le contaba a su familia lo duro que era matar. Le explicaba que sentía que se convertía en un animal, pues, día tras día, matar se volvía más fácil. El nombre de este joven era Timothy McVeigh. Después de servir en las Fuerzas Armadas Especiales, volvió a casa horrorizado, enloquecido, deshumanizado y se convirtió en el peor terrorista doméstico que alguna vez hemos visto. Sus escritos claman en contra de los derramamientos de sangre que vio y causó en Irak: «¿La gente piensa que los empleados públicos de Irak son menos humanos que los de la ciudad de Oklahoma? ¿Piensan que los iraquíes no tienen familiares que llorarán la pérdida de sus seres queridos? ¿Creen que matar extranjeros es, de alguna manera, diferente a matar estadounidenses?»[5]. Sin duda, su mente estaba trastornada de manera trágica, a causa del mito de la violencia redentora. Él hizo explotar el edificio federal de Oklahoma, con la esperanza de que los estadounidenses displicentes pudieran ver cómo es el «daño colateral» y protestaran en contra del derramamiento de sangre que se da en todas partes, incluso en Irak. En lugar de eso, el gobierno que lo había entrenado para matar lo mató a él, para enseñarle al resto que asesinar es algo indebido. Querido Padre, líbranos de la ideología de la violencia redentora[6].

Una de las personas que amo en gran manera es Bud Welch, quien perdió a su hija de 23 años, Julia Marie, a manos de Timothy McVeigh en el atentado de Oklahoma. Welch comenta haber pasado por un período de rabia, durante el cual quería que Timothy muriera: «Lo quería frito», expresó, «lo habría matado yo mismo, de haber tenido la oportunidad». Pero hubo un momento en el que recordó las palabras de su hija, quien era una valiente defensora de la reconciliación. Ella solía decir: «La ejecución nos enseña a odiar». No pasó mucho tiempo para que Bud decidiera acabar ese ciclo de odio y violencia e hiciera una visita a la familia y al padre de McVeigh. Al conocerlos, Bud dice que le nació un amor hacia ellos. Asegura que «nunca se sintió más cerca de Dios» que el día en que estuvo con esa compañía. Decidió viajar a lo largo del país para defender la vida de Timothy McVeigh, hablar sobre la reconciliación y en contra de la pena de muerte, que enseña que existen personas que están fuera del alcance de la redención. Él asegura sentir «que una enorme carga se le ha quitado» de sus hombros.

5. Timothy McVeigh, *Essay on Hypocrisy* [Ensayo sobre la hipocresía], Prisión Federal Florence, CO, marzo de 1998.

6. Antes de que Timothy McVeigh fuera ejecutado, le escribí varias cartas con la esperanza de que aun en medio de todo el ruido, él pudiera escuchar por medio de un suave susurro que él era hermoso y no estaba fuera del alcance de la redención.

A medida que trabajaba con su ira, su dolor y su confusión, Bud comenzó a ver que el espiral de la violencia redentora se debía detener en él. Comenzó a ver la imagen de Dios en los ojos de Timothy McVeigh, el asesino. Él deseaba que Timothy experimentara el amor, la gracia y el perdón. Bud es alguien que aún cree en el escándalo de la gracia[7].

Irónicamente, mientras yo brindaba una charla titulada «El escándalo de la gracia», relaté la historia de Bud Welch, pues hablaba de cómo el amor de Dios se extiende a todos los perdedores, ya sea Osama bin Laden, Saddam Hussein, Saulo de Tarso, Timothy McVeigh o yo. El equipo de producción mostró una presentación de PowerPoint, en la cual utilizaban «ediciones visuales» del trabajo de Philip Yancey: *Gracia divina vs. Condena humana*. En la presentación, diversas imágenes aparecían al fondo de las palabras «Sublime gracia, que a un infeliz salvó», y los rostros de diferentes personas aparecían con un letrero en su frente que decía: «infeliz» (Madre Teresa, estrellas deportivas, celebridades) y una de esas personas era Timothy McVeigh. Esto creó tanta incomodidad, que les pidieron a los responsables de producción que eliminaran la imagen de Timothy de la presentación, antes del segundo servicio. Existe algo escandaloso con respecto a la gracia. Es casi vergonzoso que Dios ame tanto a los perdedores. Es un amor que está en contra del mito de la violencia redentora. No sorprende que los primeros cristianos hayan tenido tan mala reputación y una credibilidad cuestionable. No es sorpresa que eran llamados «la escoria de la tierra, la basura del mundo», como uno de sus líderes, quien antes había sido un asesino, lo escribió en 1 Corintios 4:13.

Es la antigua regla de ojo por ojo la que nos rige. Pero, mientras más estudio las Escrituras hebreas, más me convenzo de que esto era un límite solo para la gente que atacaba. Debido a que la gente joven del éxodo trataba de descubrir una nueva forma de vida fuera del imperio, Dios se aseguró de que hubiera límites. Si alguien rompía tu brazo, tú no podías ir y romper sus brazos y sus piernas, así como en las antiguas guerras feudales o en los grupos de pandillas contemporáneas, donde las represalias serían cada vez mayores. Un impactante bombardeo conduce a una impactante decapitación; un Pearl Harbor conduce a una Hiroshima; un asesinato conduce a una ejecución; una mirada ruda conduce a una actitud de rechazo. Por cierto, el «ojo por ojo» que hemos escuchado antes y del cual hemos aprendido tiene mucha lógica.

7. Para leer la historia de Bud y otras historias de reconciliación y gracia vea http://www.theforgivenessproject.com.

No obstante, Jesús declara en el Sermón del Monte (Mateo 5:38): «Ustedes han oído que se dijo: "Ojo por ojo y diente por diente"», pero hay otro camino. Y es algo muy bueno, incluso Gandhi solía decir: «Ojo por ojo y todo el mundo acabará ciego» (y con dentadura postiza).

Los evangelios nos cuentan la historia de un grupo de personas que estaban listas para apedrear a una mujer adúltera (el apedreamiento era la consecuencia legal del adulterio). Ellos le pidieron a Jesús que los respaldara en este caso, con pena de muerte. Su respuesta fue que todos eran adúlteros, él dijo: «Aquel de ustedes que esté libre de pecado, que tire la primera piedra» (Juan 8:7). Las personas comenzaron a dejar caer sus piedras al suelo y se fueron con sus cabezas agachadas. Nosotros queremos matar al asesino, pero Jesús dice que todos somos asesinos: «Pero yo les digo que todo el que se enoje con su hermano quedará sujeto al juicio del tribunal. Es más, cualquiera que insulte a su hermano quedará sujeto al juicio del Consejo. Pero cualquiera que lo maldiga quedará sujeto al juicio del infierno». Una vez más, las piedras caen al suelo. Todos somos asesinos, adúlteros, terroristas y todos somos preciosos.

Cuando vemos a través de los ojos de Jesús, vemos cosas nuevas en las personas. En los asesinos, vemos nuestro propio odio; en los adictos, vemos nuestras propias adicciones; en los santos, tenemos una visión de nuestra santidad. Podemos ver nuestro quebrantamiento, nuestra violencia, nuestra habilidad para destruir; también podemos ver nuestra santidad, nuestra capacidad para amar y perdonar. Cuando nos damos cuenta de que somos tan miserables como hermosos, somos libres para ver a los demás de la misma forma.

El brillante pensador europeo, Martin Buber, en su obra *Yo y tú*[8], habla de cómo podemos ver a una persona como un simple objeto material, algo a lo que tú ves como «algo», o podemos ver dentro de esa persona y entrar en la santidad de su humanidad y que, de esa forma, pueda convertirse en «tú». (Como filosofo judío que emigró a Palestina para apoyar la cooperación árabe-judía, Buber sabía muy bien con qué facilidad se puede deshumanizar y demonizar a otros.) Todo el tiempo vemos a las personas: chicas atractivas, mendigos, estrellas del *pop*, personas blancas, personas negras, personas con traje o con cabello con rastas. Sin embargo, con el pasar del tiempo, podemos desarrollar nuevos ojos y ver

8. Martin Buber, *Yo y tú*, Caparrós, Madrid, 1993.

dentro de las personas. En lugar de verlas como objetos sexuales o herramientas de trabajo, podemos verlas como sagradas. Nosotros podemos entrar al Lugar Santísimo por medio de sus ojos. Ellos pueden volverse «tú».

Vi que esto sucedió cuando los moribundos y leprosos susurraban la sagrada palabra en idioma hindi «*namasté*». Lo vi en Irak, cuando la gente ponía su mano en sus corazones. Es en esos momentos cuando entendemos lo que los Trabajadores Católicos quieren decir cuando expresan: «El verdadero ateo es el que se rehúsa a ver la imagen de Dios en el rostro de su prójimo». Ver los ojos de aquellos que nos aman puede ser la visión más clara de Dios que podemos tener en este mundo.

Tengo un viejo amigo *hippie*, que ama a Jesús, fuma mucha hierba y siempre trata de molestarme para iniciar un debate, en especial cuando ando de visita con cristianos jóvenes e inocentes (el problema es que él conoce la Biblia mejor que la mayoría de ellos). Un día me dijo: «Jesús nunca le habló a una prostituta», de inmediato salí a la defensiva: «Claro que sí», saqué mi espada del Espíritu y me preparé para discutirlo. Luego, él me miró a los ojos con calma y me dijo: «Escucha, Jesús nunca le habló a una prostituta porque él no vio en ella a una prostituta, sino a una hija de Dios a la cual amaba muchísimo». Yo perdí el debate esa noche.

Cuando tenemos nuevos ojos, podemos ver a los ojos de aquellos que no nos agradan y ver a quien amamos. Podemos ver la imagen de Dios en el rostro de todo aquel que nos encontramos. En las palabras de Henru Nouwen: «En el rostro del oprimido, vi mi rostro; en las manos del opresor, vi mis manos; su carne es mi carne, su sangre es mi sangre, su dolor es mi dolor, su sonrisa es mi sonrisa»[9]. Somos hechos del mismo polvo, lloramos las mismas lágrimas. Nadie está fuera del alcance de la redención, y somos libres de imaginar una revolución que libere tanto al opresor como al oprimido.

9. Henri Nouwen, *Con manos abiertas*, tercera edición, Lumen, Buenos Aires, Argentina, 1998 (p. 46 del original en inglés).

CAPÍTULO 10

EXTREMISTAS POR AMOR

De niño, se me inculcó que la gente buena va a la iglesia; luego, vi a mi alrededor, vi las noticias y encontré que la iglesia está llena de personas enfermas y que el mundo tiene algunos paganos decentes. Y estudié sociología. Mis estudios me mostraron que entre más una persona visita la iglesia, más probabilidades hay de que sea alguien sexista, racista, en contra del homosexualismo, en pro del militarismo y más comprometido con una iglesia local. Esto me llevó a la conclusión de que si eso significaba ser cristiano, no estaba seguro si quería ser uno o si Jesús hubiese querido serlo. Me preguntaba por qué Jesús no eliminó la religión. Como había escuchado decir a mi viejo mentor, Tony Campolo: «Si fuéramos a establecer una religión que contradijera las Bienaventuranzas que Jesús enseñó, esta sería muy parecida al cristianismo popular que domina a Norteamérica».

Una vez, con un amigo preparamos un vídeo para un servicio de adoración. Nuestro objetivo era capturar la respuesta de las personas ante la palabra *cristiano*, así que, con nuestra cámara de vídeo, salimos a las calles, desde los distritos artísticos de moda hasta los suburbios. Les pedimos a las personas que dijeran la primera palabra que viniera a su mente en respuesta a otra palabra que nosotros decíamos: «Nieve», «águila», «jóvenes» y, al final, «cristiano». Cuando escuchaban la palabra cristiano, se detenían. Nunca olvidaré sus respuestas: «Falso», «hipócritas», «iglesia», «aburrido». Uno de ellos incluso dijo: «Solía ser uno». Tampoco olvidaré lo que no dijeron. Ese día, ninguna de las personas a las que les preguntamos dijo «amor». Ninguna dijo «gracia». Ninguna dijo «comunidad».

DIOS, SALVA A LOS CRISTIANOS

Vivimos en una era en la cual es mucho más probable que cuando las personas escuchan la palabra cristiano, piensen en personas que odian a los homosexuales, en lugar de personas que aman a los discriminados, y eso es algo peligroso. Hay calcomanías para automóviles y broches en los cuales se lee: «Jesús, sálvame de tus seguidores». Cada vez veo más personas que rechazan a Dios por el desorden que perciben en la iglesia. Así como la autora contemporánea y pilluela, Brennan Manning, dice: «La mayor causa del ateísmo son los cristianos que confiesan a Dios con sus bocas pero al salir de la iglesia lo niegan con su estilo de vida. Eso es lo que un mundo incrédulo encuentra increíble».

Sin embargo, creo con gran fe que una nueva clase de cristianismo está emergiendo. Solo me gustaría que llegara aquí más temprano que tarde. Vivimos en un mundo de extremos peligrosos. Tal como el doctor Martin Luther King expresó: «Estos son tiempos extremos. La pregunta no es si seremos extremistas, sino qué tipo de extremistas seremos. ¿Seremos extremistas por el odio o por el amor?»[1]. El mundo ha visto extremistas cristianos que harían explotar clínicas de aborto y que bailarían en la tumba de los médicos. Hemos vistos extremistas que llevan insignias que dicen: «Dios odia a los homosexuales». El mundo ha visto cristianos que declaran la guerra en nombre del Cordero, pero ¿dónde están los cristianos extremistas por el amor y por la gracia?

SI EL TERROR ES EL ENEMIGO, ENTONCES EL AMOR ES EL HÉROE

Saulo de Tarso era uno de los religiosos extremistas que aterrorizaron a los primeros cristianos. Él era un hombre muy devoto, y se nos dice que fue «instruido bajo la tutela de Gamaliel». Sé que la historia de la iglesia no es del interés de todos, pero solo déjame decirte que Gamaliel era el nieto de Hilel, quien era uno de los ancestros de los fariseos. Hilel era un reconocido fariseo, uno de los pocos a los que se les concedió el título de Raboni, que significa «nuestro maestro» (en contraste con Rabí, que significa «mi maestro»); ese no es un detalle que se debe pasar por alto. Saulo era un distinguido fariseo y, con certeza, uno de esos fariseos que, al igual que en la historia de Lucas, podía pararse y decir: «Dios, te doy gracias porque no soy como los pecadores y hacedores de maldad». Así que se tomó la tarea de acabar con el joven movimiento radical de Jesús. Él era un extremista, un terrorista, que iba de casa en casa para «destruir a la iglesia» y encarcelar a los seguidores del Camino (Hechos 8:3). Uno de esos jóvenes seguidores de Jesús era un muchacho llamado Esteban, conocido como el primer mártir cristiano.

Las Escrituras dicen que cuando el Sanedrín mató a Esteban (Hechos 7:54-8:1), Saulo estaba ahí «y aprobaba su muerte», y que le encargaron sus mantos. No estoy seguro de lo que eso significa, pero tengo la sospecha de que las personas le decían: «¡Oye Saulo, sostén mi chaqueta, mientras voy y golpeo a este hermano!». Mientras ellos asesinaban a Esteban, él exclamó algo extraordinario: «Señor, no les tomes en cuenta este pecado». Él había escuchado una frase similar de su Rabí, Jesús de Nazaret. Esteban, en hermosas palabras de gracia extrema, clamó a Dios e intercedió por aquellos que lo estaban asesinando, y esas palabras se han

1. Martin Luther King Jr., «Letter from the Birmingham Jail» [Carta desde la cárcel de Birmingham], 16 de abril de 1963.

escuchado, una y otra vez, en boca de los mártires que lo sucedieron. Es una oración que trae redención. Es una oración que doblega la maldad, en lugar de destruir a los hacedores de maldad.

No creo que sea coincidencia que el siguiente capítulo de Hechos (capítulo 9) trate acerca de la conversión de Saulo, donde él se transforma en Pablo, un terrorista convertido por la gracia inimaginable. Pablo se vuelve un extremista por la gracia y escribe con mucha elocuencia acerca del amor de Dios hacia los pecadores, de los cuales dice ser el «peor»[2]. Esa es la infección de la gracia, la cual es tan contagiosa como la violencia.

Siempre he dicho que si los terroristas estuvieran fuera del alcance de la redención, podríamos romper la mitad de nuestros Nuevos Testamentos, ya que estos fueron escritos por un terrorista que se volvió extremista por la gracia. Eso es lo que pasa cuando descubrimos que Dios tiene un amor desesperado por perdedores como nosotros.

UNA IGLESIA DE EXTREMISTAS POR LA GRACIA

La historia de la iglesia está llena de relatos de gracia extrema. Uno de mis favoritos es el del apóstol Santiago. La historia de su muerte se ha contado durante cientos de años. Para ponerlo en contexto, Santiago (junto a su hermano Juan), era uno de los primos de Jesús, un tanto zelote. Un día, mientras caminaban por Samaria, unos habitantes del lugar les estaban causando problemas, así que Santiago se ofreció para ayudar a Jesús, tratar con ellos y pedir que cayera «fuego del cielo» sobre los samaritanos. No estoy muy seguro de lo que eso significaba en ese entonces, pero a Jesús no le gustó y lo reprendió. La historia de la vida de Jesús continuó, y Santiago lo vio amar a las personas y luego morir. Así que, con el tiempo, Santiago enfrentó su propia ejecución, por haber seguido al que amó a sus enemigos hasta la muerte. Santiago terminó en prisión y condenado a muerte. Antes de su ejecución, le habló a su verdugo acerca del amor y la gracia de Dios; el verdugo se conmovió tanto que pidió perdón y entregó su vida a Cristo. Santiago lo perdonó y se abrazaron. Después de eso, fueron asesinados juntos.

Cientos de años después, vemos la historia de Dirk Willems, el famoso mártir anabaptista del siglo dieciséis que fue encarcelado

2. Dale un vistazo a esto: muchos relatos de la historia eclesiástica cuentan que hubo otra conversión, la de un viejo hombre llamado Gamaliel. Los escritos de la iglesia primitiva nos dicen que antes de su muerte en el año 50 d. C., Gamaliel se convirtió y fue bautizado por su antiguo discípulo, Pablo. Eso me encanta.

y sentenciado a muerte por oponerse a la corrupción de la iglesia durante la era oscura de la historia eclesiástica. Logró escapar, pero fue perseguido por los guardias (¡solo porque la Biblia dice que debemos amar a nuestros enemigos, no significa que no podemos huir de ellos!). Durante el invierno, él escapó por los campos de Holanda, perseguido por uno de los guardias. Mientras Dirk cruzaba un lago congelado, escuchó que el hielo se rompía detrás de él y, al mirar atrás, vio que el guardia que lo perseguía había caído dentro del lago. En ese momento, enfrentó una decisión crítica. Regresó y salvó a quien lo perseguía, para luego ser devuelto a la prisión. A pesar de las súplicas del guardia para que el prisionero fuera liberado, Dirk fue quemado en la hoguera. Pero, ¡piensa en su testimonio de gracia y amor!

Durante mi estadía en Irak, había un sacerdote franciscano que formaba parte de los pacificadores cristianos de nuestro equipo. En uno de nuestros devocionales, hablamos de la atrevida gracia de San Francisco. Esto nos hizo recordar otra era confusa de conflicto: El año 1219, durante la quinta cruzada. Los cristianos y los musulmanes se mataban entre sí, en el nombre de Dios. La guerra se había vuelto una necesidad y un hábito. Siglos de historia de la iglesia, en los que los seguidores del Camino renunciaron a la lealtad hacia los reinos de la tierra y sus reyes, habían sido pervertidos por la seducción de conquistar el mundo entero a costa de perder nuestras almas. Luego, Francisco, quien se había forjado como soldado en Perugia, tuvo una visión acerca del amor hacia los enemigos. Él le suplicó al comandante, Cardinal Pelagio, terminar con los enfrentamientos. Sin embargo, este se negó y, en lugar de eso, acabó las relaciones diplomáticas con el sultán de Egipto, Malek al-Kamel. En respuesta, el sultán decretó que todo aquel que le trajera la cabeza de un cristiano sería recompensado con una pieza de oro bizantina. Sin embargo, Francisco persiguió su visión con fe firme, y superó todo peligro en una travesía para ver al sultán. Viajó entre intensos combates en Siria, y le fue inevitable encontrarse con soldados de la armada del sultán, quienes lo golpearon sin piedad, lo encadenaron y lo llevaron ante el gobernante.

Francisco le habló al sultán acerca de la gracia y el amor de Dios. El sultán lo escuchó con atención y se sintió tan conmovido, que ofreció obsequios y dinero a Francisco. Él (desde luego) no los aceptó, con excepción de una cosa: Un cuerno de marfil que utilizan los musulmanes para hacer el llamado a la oración. Después, Francisco utilizó este obsequio para convocar a su comunidad a orar (aún se puede ver el cuerno en Asís). A pesar de que el sultán rehusó convertirse en cristiano (quizás no se atrevía), tuvo una transformación radical. Durante la guerra, tuvo fama por su extraordinario trato a los prisioneros cristianos. El poder transformativo de la gracia.

Como ejemplo más reciente, pienso en nuestros ancianos del movimiento por los derechos civiles. Nuestro amigo, John Perkins, un líder visionario de los días de los derechos civiles que pasó gran parte de su vida bajo el maltrato de la gente blanca, ha sido una de las más hermosas voces de amor y reconciliación de Estados Unidos. Ha escrito un sinnúmero de libros, pero uno particularmente encantador es el que escribió en colaboración con un ex líder del Ku Klux Klan (Thomas Tarrants), titulado *He's My Brother* [Él es mi hermano], otra historia de gracia extrema. La vida y el trabajo de John han dado nacimiento a un atractivo movimiento llamado *Christian Community Development Association* [Asociación Cristiana para el Desarrollo Comunitario][3], una de las más diversas congregaciones de la iglesia norteamericana. Esta tiene como pilares la reconciliación, la reubicación y la redistribución.

El doctor King fue otro de nuestros ancianos que, en medio del odio, habló del amor y la gracia de Dios. King señaló a Gandhi como uno de los más grandes maestros de la no violencia y, antes de morir, dijo: «A nuestros más acérrimos enemigos les decimos: "Envíennos a prisión y aún los amaremos; lancen bombas a nuestras casas y amenacen a nuestros hijos, y aun así los amaremos; azótennos y déjennos moribundos, y aun así los amaremos; pero estén seguros de que vamos a agotar su paciencia por nuestra capacidad de sufrir. Pero llegará el día en que apelaremos sus corazones y sus conciencias de tal manera que los conquistaremos en el proceso y, de este modo, nuestra victoria será doble"»[4].

GRACIA EXTREMA EN IRAK

En Irak, casi todas las noches nos invitaban a servicios cristianos de adoración. Una noche inolvidable fue la de la catedral de San Rafael, en Bagdad, donde una vez más se me recordó de la gracia extrema de Dios. Cantamos alabanzas conocidas, luego, el sacerdote se puso de pie para dar la homilía. Él acababa de cumplir una condena de seis meses en prisión, a causa de su fidelidad al evangelio. ¿Cuál sería su mensaje en un momento tan crucial?

3. www.ccda.org

4. Martin Luther King Jr., discurso «The American Dream» [El sueño americano], Iglesia Bautista Ebenezer, Atlanta, GA, 4 de junio de 1965.

Relató una historia real, acerca de una mujer que perdió a su hijo y a su esposo a manos de un oficial de policía. Después de un tiempo, atraparon al oficial y lo llevaron a juicio. En la corte, mientras el juez consideraba la sentencia para el policía, la mujer habló, de forma valiente: «Él me quito a mi familia. Aun así tengo mucho amor para dar y él necesita saber qué es ese amor y la gracia; así que, creo que debería visitar mi casa en los suburbios, dos veces al mes, y pasar tiempo conmigo, para que pueda ser como un hijo para mí, para que yo lo pueda abrazar y que él pueda darse cuenta de que mi perdón es real».

Todos estábamos sentados en silencio, atónitos por la gracia. El sacerdote nos exhortó a amar a nuestros enemigos. He escuchado eso millones de veces, he viajado por el país predicando acerca de eso. Sin embargo, en este caso había un problema: El enemigo del que él hablaba era mi país. Una vez más, los límites de la gracia de Dios eran puestos a prueba. De alguna forma, parecía muy vergonzoso pedirle a esa hermosa gente, que estaba a punto de ser atacada por el mismo enemigo que solo diez años atrás había asesinado a muchos de sus familiares y había diezmado su ciudad, que amara y perdonara una vez más. ¿Debemos amar a quienes nos bombardean? ¿Debemos amar a George W. Bush y a Saddam Hussein? El sacerdote nos guió a la cruz y nos exhortó a que dijéramos: «Padre, perdónalos porque no saben lo que hacen». El sacerdote admitió que esta acción no se fundamentaba en la lógica, sino en un amor que no tiene sentido, una gracia inimaginable, y exhortó a la congregación iraquí y a sus amigos extranjeros a amar a quienes los perseguían[5].

El servicio terminó con el cántico «Sublime Gracia». Yo solo me quedé sentado y lloré, deseaba ser el juez de aquellos que decidieron ir a la guerra. Los condenaría a pasar dos días al mes en el Hospital Pediátrico Al Monzer, en Bagdad, donde cargué niño tras niño con piezas de metal en sus cuerpos; talvez entonces, se volverían extremistas por la gracia.

Recuerdo haber visitado uno de los hospitales en Irak. Los doctores nos llevaron a las camas de los niños que habían resulta-

5. Esa noche en Bagdad, leí Salmos 23. Es el salmo que las personas suelen leer en los funerales: «Aun si voy por valles tenebrosos». Sentí como si estuviera en ese valle, pero noté algo que nunca antes había observado: el salmo dice que el banquete está listo delante de mí «en presencia de mis enemigos». Recuerdo que pensé: ¿Por qué están ahí nuestros enemigos? ¿Qué pasaría si, después de morir, Dios trae a nuestros enemigos a la mesa y les pregunta cómo los tratamos? ¿Qué pasaría si Jesús les pregunta: «Shane dice que es mi seguidor: ¿Los amó? ¿Los alimentó y oró por ustedes, así como yo le enseñé?». ¿Qué dirían nuestros enemigos? y ¿qué tan incómoda sería una cena con Saddam, George W. Bush o con los suegros?

do heridos o muertos en los bombardeos. Vi a una pequeña niña que temblaba en su cama y preguntaba, vez tras vez: «¿Qué le hice a Estados Unidos? ¿Qué le hice a Estados Unidos?». Vi a un padre cargar a su hijo, quien había recibido fragmentos de un misil, y lo escuché decir: «¿Qué clase de liberación le hace esto a mi hijo? Si esto es libertad, entonces no la queremos; si esto es democracia, que se la queden ellos». Podía escuchar las palabras del doctor King en mi cabeza (desde luego, refiriéndose a Vietnam): «Ellos deben vernos como libertadores extraños». Los doctores lloraban al explicarnos que no habían dormido en días, y que habían visto más de cien heridos en las primeras tres horas. En medio de todo el horror, el director del hospital dijo algo que nunca olvidaré: «La violencia es para quienes han perdido su imaginación. ¿Ha perdido tu país la imaginación?». Nunca olvidaré las lágrimas en sus ojos, mientras clamaba por imaginación.

TRAVESURAS SANTAS

Lo que me encanta de Jesús es que siempre tiene imaginación. El autor y profesor Walter Wink hace un trabajo genial al demostrar la creatividad de Jesús en la enseñanza del Sermón del Monte[6]. Según Wink, al hablar del conocido versículo «vuélvele la otra mejilla», Jesús no sugiere que, de manera masoquista, permitamos que los demás nos pisoteen. El objetivo de Jesús es mostrarnos algo que, de manera imaginativa, desarma a los demás. Cuando te golpeen en la mejilla, vuélvete y mira a la persona a los ojos, no te acobardes y no devuelvas el golpe. Asegúrate de que la persona te vea a los ojos y que pueda ver tu humanidad santa. Eso hará que a tus angustiadores les resulte cada vez más difícil golpearte. Si alguien te demanda por la ropa que usas y te lleva a los tribunales, despójate de toda tu ropa y entrégasela; de esa manera, expondrás su codicia enfermiza. Cuando un soldado te pide que camines un kilómetro con él y que lleves su carga (como en la ley y costumbre romanas), no lances tu puño al aire como los zelotes, camina con él, dos kilómetros y no uno, habla con él y atráelo a nuestro movimiento por medio de tu amor.

En cada uno de estos casos, Jesús les enseña a los campesinos el tercer camino. Es aquí donde vemos un Jesús que aborrece tanto la pasividad como la violencia, que forja un tercer camino que no es ni la sumisión ni la agresión, no es pelear o morir. Wink

6. Walter Wink, *The Powers That Be* [Los que Mandan], Doubleday, Nueva York, 1998.

escribe que este tercer camino enseña que «se puede combatir el mal sin reflejarlo [...] los opresores pueden ser resistidos, sin ser imitados [...] los enemigos pueden ser neutralizados, sin ser destruidos»[7]. Entonces, podemos ver a los ojos de un centurión y no ver a una bestia, sino a un niño. Y luego, podemos caminar con ese niño un par de kilómetros. Puedes ver a los ojos de un recaudador de impuestos, mientras este te demanda ante la corte, ver su pobreza y abrigarlo. Puedes ver a los ojos de las personas a quienes te cuesta querer y ver en ellos a quien amas.

Nosotros necesitamos más de la imaginación profética[8] que puede detener la violencia y la opresión. Los profetas bíblicos siempre hacían cosas extrañas para lograr que las personas escucharan a Dios. Moisés convirtió una vara en una serpiente; Elías golpeó una roca y salió fuego, luego llevó fuego al altar (pirómano); Jeremías usó un yugo para simbolizar la cautividad imperial (al final, fue arrestado); Ezequiel se comió un pergamino; Oseas se casó con una prostituta y le fue fiel para mostrar el amor de Dios hacia Israel; Juan el Bautista comió langostas y se vistió con piel de camello; Jesús sacó dinero de la boca de un pez, derribó mesas en el templo y montó un asno para la fiesta de la Pascua (y no porque era demócrata)[9].

Esta es la imaginación profética que proclamamos con proezas como soplar el cuerno del carnero y proclamar el Jubileo en Wall Street, para luego repartir diez mil dólares en monedas afuera de la Bolsa de Valores, o servir la comunión en el parque Love, aun cuando era ilegal distribuir comida. El profesor de religión Charles Marsh, en su reciente libro *The Beloved Community* [La comunidad amada][10] llama «teólogos bromistas» a *The Simple Way*. Creo que el mundo necesita algunos teólogos bromistas, que abran nuestras mentes a nuevas posibilidades. Uno de mis profesores de seminario de Princeton, el doctor Mark Taylor, lo

7. Ib., (p. 111 del original en inglés).

8. Una frase que Walter Brueggemann acuñó en su libro titulado de forma creativa *La imaginación profética*.

9. La Pascua era una fiesta judía anti imperial, en la cual los judíos celebraban la salida de sus ancestros de la esclavitud de Egipto y «pasaban» hacia la tierra prometida. Los judíos se reunían e izaban ramas de palma, símbolo de la resistencia al imperio (algo como una bandera judía). La Pascua era un tiempo inestable, con frecuencia caracterizado por disturbios y derramamientos de sangre. Cuando Jesús montó un asno al entrar a la fiesta, bien pudo considerarse una burla, como un teatro callejero en medio de una protesta. Los estudiosos la llaman la entrada anti triunfal en Jerusalén, pues los reyes no montaban asnos, sino poderosos caballos de guerra con un séquito de soldados a su alrededor. Así que aquí está Jesús, haciendo un espectáculo de violencia y poder, montado en un asno.

10. Charles Marsh, *The Beloved Community* [La comunidad amada], Basic, Nueva York, 2005.

llama el «teatro contra el terror», el cual opaca al teatro de guerra, prisión y racismo, con actos extremos de amor cautivador. Cuando alguien nos mantiene alegres, ni siquiera pensamos en ponernos a la defensiva, pues somos cautivados por una gentil revolución.

Los criminólogos enseñan que la sorpresa es una de las formas más rápidas de acabar con la violencia. Quienes cometen violencia dependen de que las víctimas sean predecibles. Cuando las víctimas hacen algo que los sorprende, arruinan el plan. Jesús siempre hace cosas extrañas en medio de conflictos; así como cuando los hombres están a punto de matar a la mujer adúltera, Jesús se inclina y escribe en el polvo, hasta que todos dejan caer las piedras. También, cuando los soldados van a arrestar a Jesús, Pedro saca su espada y corta la oreja de un hombre. (Él hubiera estado en graves problemas por acá.) Jesús lo reprende, toma la oreja de aquel hombre y la pone en su lugar; eso debió ser un poco extraño para todos, en especial para los soldados, pues ¿cómo puedes arrestar a un hombre que acaba de poner la oreja de un amigo en su lugar? Las proezas teológicas y la imaginación profética de Jesús sorprenden y desarman. Esto hace que las personas rían y sean tomadas por sorpresa; ello incluso les sucedió a aquellos que deseaban que Jesús fuera odiado. Y desde luego, tenemos la deslumbrante resurrección, esa es la mejor de todas (ni siquiera David Copperfield pudo superarla). Colosenses dice que en su muerte y resurrección «desarmó a los poderes y a las potestades y, por medio de Cristo, los humilló en público, al exhibirlos en su desfile triunfal» (Colosenses 2:15).

Adrienne, una de las mujeres en nuestra comunidad, es madre de una niña de tres años, Bianca, que tiene una cantidad excesiva de energía. Ella salta de un lado a otro y de emoción en emoción. Adrienne es una de las mujeres más innovadoras y persistentes que conozco y me ha ensañado un par de cosas acerca de cómo disciplinar y cautivar con creatividad a pequeños de tres años. Un día, llevó a Bianca a la juguetería. La pequeña se obsesionó con un juguete que no podía tener, así que empezó una seria rabieta. Se lanzó al suelo y comenzó a gritar y a rodar. Sin pensarlo dos veces, Adrienne se lanzó al suelo al lado de su hija y comenzó a hacer lo mismo; Bianca se puso de pie y vio que todos en la tienda las estaban viendo; esto la intimidó y le dijo a su madre cuán embarazoso era para ella. Adrienne solo dijo, con una sonrisa: «Qué bueno, ahora entiendes cómo yo me siento». Luego, siguieron con sus compras.

Unos jóvenes del centro de la ciudad de Filadelfia atacaron a uno de nuestros amigos. Lo golpearon de una manera horrible y lo dejaron con la mandíbula fracturada. Él llegó a casa muy abatido. Desesperado, comenzó a orar por sabiduría para saber qué hacer. Decidió regresar a la esquina donde los jóvenes lo atacaron, y pegó un volante con su fotografía y una nota que decía: «Fui golpeado por unos jóvenes en esta esquina. Si alguien sabe quiénes lo hicieron, por favor, háganles saber que no tomaré represalias, sino que los cuidaré, y si le he hecho algo a alguien, le pido perdón. Quiero que quienes lo hayan hecho sepan que no estoy molesto. Me preocupo por ellos y los invito a que me conozcan. Talvez podamos jugar kickbol o algo más». Luego, puso su información para que lo contactaran.

En el musical *Les Miserables*, tenemos otro ejemplo de amor extremo. En este, un sacerdote permite que un vagabundo (Jean Valjean) se quede en su casa. El huésped golpea al sacerdote y lo deja inconsciente, mientras le roba. Al día siguiente, las autoridades capturan a Jean Valjean y lo llevan con el sacerdote, a quien le dicen que el sospechoso asegura que los bienes de plata encontrados en su mochila fueron un obsequio de su parte. El sacerdote, de forma instintiva y hermosa, dice: «Estoy tan agradecido porque volviste, pues olvidaste los candelabros». Cuando los guardias lo liberaban, el sacerdote le susurra al oído: «Con esto, he rescatado tu alma».

Suena bien (los musicales pueden hacer eso por ti), pero no es así de fácil. Cuando alguien roba nuestro taladro (y todos sabemos quién fue), no corremos tras esa persona con las brocas diciendo: «¡Hey!, amigo, olvidaste estas». Le damos una lección de justicia en lugar de darle una lección de amor.

Esa clase de amor requiere valor. En una ocasión, uno de los niños vecinos, que siempre se la pasa con nosotros en nuestra casa, vino muy molesto debido a que uno de los matones de la escuela lo había estado molestando. Le respondí: «Rolando, eso significa que tú debes mostrarle la forma en que los amigos se tratan, pues es probable que él no sepa qué es el amor y la amistad, así que tú le debes mostrar». Rolando dijo: «¡Rayos! El amor es tan difícil».

Este amor no es sentimental, sino el espantoso tipo de amor que Dorothy Day describe como algo duro y horrible que se nos pide y que es la única respuesta. La única cosa más difícil que el odio es el amor; la única cosa más dura que la guerra es la paz; la única cosa que toma más trabajo, lágrimas y sudor que la división es la reconciliación. Pero, ¿a qué otras cosas hermosas podríamos dedicar nuestra vida? Hasta que el valor que tenemos para con la paz sobrepase el valor que tenemos para con la guerra, la violencia seguirá triunfando, y no será la resurrección divina, sino la ejecución imperial, la que tendrá la última palabra.

Hace un tiempo, vi uno de los llamados mejores vídeos del mundo. Se trataba de un juego de *hockey*, en el cual uno de los jugadores clave golpeó a otro; luego, todo se volvió una locura y se convirtió en una pelea. Un jugador, que era popular por su espíritu de gentileza y amor por el juego, odiaba que los otros pelearan, así que, cuando todo estalló, se apartó. Al ver que el problema iba creciendo, decidió crear una distracción. Se quitó su ropa y comenzó a correr alrededor del campo de *hockey*. Como era de suponerse, la pelea no duró mucho tiempo.

Siempre que hay una pelea en nuestra calle, mi instinto es correr a casa, tomar las antorchas y comenzar a hacer malabares con ellas, para quitarle espectacularidad a los conflictos violentos. Quizá los jóvenes perderán el interés en el ruido de una buena pelea y se irán a la otra esquina para ver el circo. Creo, con firmeza, que podemos acabar con la oscuridad de este mundo al hacer relumbrar algo más brillante y hermoso. Así como en la celebración que tuvimos en Wall Street: no tuvimos que cerrar la entrada y mantener a las personas afuera. Solo celebramos una alternativa que fue tan contagiosa, que no lograron contener a las personas en ese lugar. De la misma forma, seguimos declarando la hermosa visión de Dios aun para este mundo y, en la oscuridad, esta brilla más y más[11].

Nuestro mundo necesita imaginación de manera desesperada, ya que hemos desperdiciado tanta creatividad al ingeniar métodos para destruir a nuestros enemigos al punto que algunas personas no creen que sea posible amarlos (mucho menos que sea práctico)[12]. Hemos puesto mucha fe idólatra en nuestra habilidad de protegernos, y decimos que requiere más valentía morir ma-

11. Nuestros amigos de la Comunidad Nueva Jerusalén, aquí en Filadelfia, facilitaron un taller para nosotros, llamado Proyecto Alternativas a la Violencia. El proyecto se ha diseñado para ayudarnos a reconocer nuestra propia violencia y a aprender cómo resolver los conflictos de forma creativa. Es un programa integral que intenta acabar con la violencia de nuestro mundo, al iniciar el cambio desde el interior de cada quien. Muchos profesores y participantes han sido perpetradores o víctimas de la violencia. Visita: www.avpusa.org.

12. Otro buen libro acerca de creatividad para la no violencia es Is *There No Other Way*? [¿No hay otro camino?], de Michael Nagler. En este libro, se argumenta que el problema no es que los intentos para la no violencia hayan fallado, sino que casi nunca hemos tenido el valor y la imaginación para intentarlo.

tando, que morir amando. La fe que hemos puesto en el mercado y en la imaginación que utilizamos para adquirir riquezas, ha sobrepasado nuestro ingenio para admitir que no podemos evitar preguntarnos si el evangelio contemporáneo sigue siendo buenas nuevas para los pobres, cuyas barrigas claman a Dios.

Quizá no debería parecer sorpresivo que cuando regresé de Irak no fue la prensa cristiana sino la revista *SPIN*, una de las principales revistas de la cultura popular, la que tocó a mi puerta. Al ver que me resistía a tener una entrevista para un reportaje, el periodista me dijo con frustración: «Quiero que las personas vean otra cara del cristianismo». Me explicó que la mayoría de sus lectores no era cristiana y estaba a favor de la guerra o era indiferente. También me confesó que fue criado en la tradición católica, pero que se había desilusionado. Ahora, lo único que quería era que la gente viera otra imagen de lo que el cristianismo puede ser. Junto con el fotógrafo, el reportero había viajado a Filadelfia, y logramos conversar durante horas. Ellos se enamoraron de nuestra comunidad y nuestra vida, y nosotros de ellos. El fotógrafo nos regaló una hermosa cámara para que con nuestros vecinos la utilizáramos; el periodista nos dio una camioneta. De toda la experiencia, se publicó un artículo sobre mi fe cristiana y la visión de la paz de Dios (impreso entre notas sobre las bandas *Radiohead* y *The Fugees*, asfixiado entre los anuncios de cerveza, automóviles y la Marina). Aunque resultó muy difícil encontrar palabras que trascendieran la cultura (en el artículo me llamaron «el monje a prueba de balas» y un «activista *punk* cristiano», y le dieron publicidad a la banda de la cual soy fan, *The Dumpster Divers*, quienes nunca han tenido una presentación o grabado un disco), esto me hizo recordar cuán sediento está el mundo de otra forma de vida. Nuestra cultura está hambrienta de respuestas, pues las anteriores ahora enfrentan la bancarrota. En respuesta al artículo de *SPIN*, recibí muchas cartas de personas no cristianas, quienes estaban fascinadas por el evangelio del cual prediqué y por el Dios del cual me he enamorado. Recibí muchas cartas de líderes de iglesias que estaban molestos, pues decían que había hablado con esos paganos. De seguro, hicimos algo bien.

Tuve la oportunidad de ser el rostro de otro tipo de extremistas cristianos, otro radical ordinario listo para una revolución que baila y ríe.

CAPÍTULO 11

HACER DE LA REVOLUCIÓN ALGO IRRESISTIBLE

Sé
tomand
vida ent
go, ya v
vida. Cu
vuelta a
querido
de imag
taba en
y comp
medici
el que
de din
solo te
demás
no nec

Per
araba
en las
tarme
evitar
tenía

Sé
toman
vida e
go, ya
vida. C
vuelta
querido
de ima
taba en
y comp
medici
el que
dinero

Estupefacto e indignado por la apatía de la iglesia, en ocasiones me he acercado a círculos de disidentes, manifestantes y activistas sociales. Le hemos gritado al sistema, el cual ha herido a muchos de nuestros amigos, y le hemos gritado a la iglesia para que se despertara. Sin embargo, vi muy pocos frutos de esos días. Mis bluyines rotos y mi cabello *punk rock* me hacían sentir agradablemente distante del «sucio y podrido sistema», pero también me había alejado de los amigos sinceros que se habían polarizado por la manera en que predicábamos la verdad.

Participaba en manifestaciones y marchaba en las calles. Una y otra vez me arrestaron por «acción directa no violenta» y «desobediencia civil». Perdí la cuenta después de una docena de veces. Sin embargo, mis esperanzas por una revolución perfecta se frustraron a causa de la imperfección humana. Entre mis amigos activistas, comencé a percibirme con una actitud de arrogancia moral, que era un reflejo de la arrogancia del cristianismo conservador. Sentí una agresividad y una tendencia a juzgar que eran semejantes a aquello que yo había llegado a despreciar en la iglesia. Para planificar manifestaciones y marchas, participaba en reuniones en las que las personas se peleaban y chismeaban tal como ocurre en el mejor comité de la iglesia o en una reunión de su consejo de administración, cuyos miembros se destruyen entre sí en su fervor de construir un mundo mejor. Repartía hojas volantes para que las personas se convirtieran al movimiento y me sentía tan coactivo y distante como cuando repartía los tratados para evangelizar en el centro comercial.

ENFRENTAR ESTADÍSTICAS CON ROSTRO

Sin embargo, descubrí un tipo diferente de protesta. Hace muchos años, asistí a una manifestación en contra del establecimiento de fábricas de explotación en el extranjero. Los organizadores no invitaron a los típicos exponentes (abogados, activistas, académicos). En cambio, llevaron a los niños de la fábrica de explotación para que hablaran. Escuché a un niño de Indonesia, quien se puso en pie para dirigirse al público y señalar la gran cicatriz en su rostro. «Obtuve esta cicatriz cuando mi amo me azotó por no trabajar lo suficiente. Cuando comencé a sangrar, él no quiso que dejara de trabajar o arruinara la ropa que estaba en frente de mí, así que tomó un encendedor y me quemó la cicatriz. Obtuve esto al hacer cosas para ustedes», dijo el niño. De pronto me consumí por la abrumadora realidad del sufrimiento del cuerpo de Cristo. Jesús no solo soportó las marcas de los clavos y cicatrices de las espinas sino una herida profunda en su rostro, porque lo que le hicimos «al más pequeño» se lo hicimos a Cristo. ¿Cómo puedo seguir a Jesús y comprar cualquier artículo de ese amo? Las estadísticas ahora tienen un rostro. La pobreza se había vuelto algo personal. Y eso se mete con uno.

No hace mucho tiempo di una conferencia en Princeton, donde unos estudiantes me preguntaron cómo podían elegir cuál de los aspectos de la justicia social era el más importante. La pregunta me hizo sentir vergüenza ajena. ¿Aspectos? Estos aspectos tienen rostros. No solo hablamos de ideas sino también de emergencias humanas. Mi respuesta a los estudiantes bien intencionados de Princeton fue: «No elijas aspectos, elige personas. Ven y juega en los hidrantes del norte de Filadelfia. Enamórate de un grupo de personas marginadas que sufren, y después no tendrás que preocuparte por cual causa necesitas protestar. Es entonces cuando los aspectos te elegirán a ti».

No me malinterpretes. Hay muchas ocasiones cuando la injusticia nos lleva a las calles y podríamos ir a parar a la cárcel, pero es nuestro amor a Dios y a nuestro prójimo (no nuestra furia ni nuestra arrogancia) el que cuenta. Una de mis antiguas canciones de protesta favorita dice así: «Nosotros somos mansos, personas indignadas [...] y peleamos por nuestras vidas». Las señales de protesta en las calles y las calcomanías en los autos a menudo muestran el lema: «Si tú no estás enojado, entonces no estás poniendo atención». Me enojé y estaba preparado para volcar algunas mesas. Me estremecía con el grupo *Rage Against the Machine* [En contra de la máquina]: «Ahora no tengo paciencia, estoy harto de la complacencia [...] el momento de la furia llegó». En la universidad nos sentíamos orgullosos de meternos en problemas. Nuestro grupo se enfurecía por la autocomplacencia. De hecho, al principio tratamos de llamarnos *Youth Against Complacency* (YAC) [Jóvenes en Contra de la Autocomplacencia], sin embargo, en inglés, eso sonaba como alguien que estaba a punto de vomitar, así que decidimos llamarnos *Youth Against Complacency and Homelessness Today* (YACHT) [Jóvenes en Contra de la Autocomplacencia y la Pobreza]. El club YACHT, que en inglés significa «yate», ejercía cierto tipo de atracción (y esperábamos sacar dinero de navegantes curiosos).

Mientras la mayoría de activistas puede utilizar una buena dosis de amabilidad (después de todo, es el fruto del Espíritu), pienso que la mayoría de creyentes puede utilizar una buena dosis de ira santa. Hace muchos años, encontré una antigua oración de un pastor danés llamado Kaj Munk, que yo había recortado de un boletín informativo comunitario impreso por amigos nuestros. Munk, un sacerdote y dramaturgo muy franco, pronunció estas palabras proféticas antes de ser asesinado, con su Biblia al lado, a manos de la Gestapo en enero de 1944 (¡cuidado! Podría hacer que te maten):

> ¿Por lo tanto, ahora cuál es nuestra tarea? Debería responder: «¿Fe, esperanza y amor?». Eso suena hermoso. Sin embargo, yo diría: Valor. No, ni siquiera eso es lo suficientemente desafiante para constituirse en toda la verdad. Hoy día, nuestra tarea es la temeridad, porque los cristianos no carecemos de psicología o literatura... carecemos de ira santa, de la temeridad que viene del conocimiento de Dios y la humanidad. La capacidad de enfurecernos cuando la justicia se encuentra postrada en la calle, y cuando la mentira arde con furia en la faz de la tierra... una ira santa por las cosas que andan mal en el mundo. Enfurecernos contra el saqueo de la tierra de Dios y la destrucción de su mundo. Enfurecernos cuando los niños pequeños deben morir de hambre, cuando las mesas de los ricos están repletas de comida. Enfurecernos por el asesinato absurdo de tantas personas y por la locura de los militares. Enfurecernos ante la mentira que produce la amenaza de muerte y la estrategia de destrucción de la paz. Enfurecernos contra la autocomplacencia. Buscar sin descanso la temeridad que desafíe e intente cambiar la historia de la humanidad hasta que se ajuste a las normas del reino de Dios. Y recuerda que los signos de la iglesia cristiana han sido el león, el cordero, la paloma, y el pez... pero nunca el camaleón.

Durante la época de Jesús, hubo muchas revoluciones violentas, y él tuvo muchos zelotes en su círculo cercano. Sin embargo, les enseñaba otra forma de vida. Recuerdo que Gandhi decía que si él tenía que elegir entre una persona violenta y un cobarde, elegiría a la persona violenta. A una persona violenta se le puede enseñar a amar, pero se puede hacer muy poco con un cobarde. Somos los estudiantes de una revolución mansa, y eso es lo que el mundo necesita más, no importa si eres conservador o liberal. Fue el doctor argentino e ícono de la revolución, el Che Guevara, quien dijo al momento de partir de Cuba hacia África: «Déjenme decir, con el riesgo de parecer ridículo, que el revolucionario verdadero se guía por grandes sentimientos de amor»[1].

En la actualidad, así como abundan los «creyentes» para dar y regalar en las iglesias, existen «activistas» en los círculos de justicia social. Y pienso que nuestro mundo está en una gran necesidad de personas que amen, personas que construyan relaciones auténticas y profundas con compañeros, que luchen a lo largo del tiempo y que en realidad conozcan los rostros de las personas detrás de los asuntos que les preocupan. Tratamos de levantar un ejército, no solo de activistas de la calle, sino de personas que amen, una comunidad de personas que estén enamoradas de Dios y de aquellos que sufren, y además, permitan que esas relaciones los inquieten y los transformen.

HACIA UNA REVOLUCIÓN MÁS MANSA

Durante su estancia en la Universidad Eastern, el club YACHT levantó todo tipo de polvo. Cuando la administración compró lujosos basureros, nos dimos cuenta de cuánto costaron (cientos de dólares cada uno) y luego, a cada basurero, les pusimos el precio en unas grandes etiquetas de tres pies de largo para criticar así, de manera creativa, el gasto. En varias universidades, provocamos a los estudiantes para investigar quién hacía la ropa de sus equipos deportivos, y si esas empresas utilizaban la mano de obra de las fábricas de explotación. Sin embargo, los momentos que más transformaron y tuvieron mayor significado fueron aquellos que se hicieron con amabilidad y en persona. Una de las cosas más creativas que hicimos fue el Día del Aprecio «Arthur Jackson». La compañía Arthur Jackson proporcionaba todo el personal de limpieza a la universidad. Como estudiantes, entablamos relaciones con el personal de limpieza y quisimos mostrarles a quienes limpiaban nuestro desorden que nos interesábamos en ellos y que apreciábamos su continuo trabajo. Los miembros del club YACHT organizaron un día festivo en el cual docenas de estudiantes limpiaron todo el campus para que el personal pudiera tener un día libre remunerado y saber que les celebrábamos y los queríamos.

Años después, empezamos a hacer nuevas preguntas. Uno de los conserjes terminó viviendo en nuestra cuadra en Kensington. Descubrimos que él no ganaba suficiente dinero para mantener

1. Che Guevara, *Reminiscences of the Cuban Revolutionary War* [Pasajes de la guerra revolucionaria en Cuba], Penguin, Nueva York, 1969.

a su familia ya que solo obtenía un poco más de seis dólares por hora. La administración, los estudiantes y el alumnado ya habían comenzado a preguntarse acerca del salario de los empleados de la Universidad Eastern. Ese mismo año, el presidente de la universidad, David Black, asistió a una fiesta navideña de *The Simple Way*. Sucedió que mi vecino, el conserje, también llegó. Así que dijimos: «¡Oigan, tomemos asiento y conversemos!». De esa forma es que las cosas se transforman y las personas se convierten en humanos, vecinos y familia. Gracias al esfuerzo y a las valientes voces de la facultad, los estudiantes y del propio doctor Black, la universidad dio un valeroso paso. Estuvieron de acuerdo en proporcionarles a los empleados un salario digno para vivir, así como transporte y beneficios. Ahora, cuando les hablo a los estudiantes, en especial a los estudiantes cristianos, les recuerdo que no solo debemos preguntar por la calidad académica, la vida social o la belleza estética de las universidades a las que consideramos asistir; también debemos preguntar cómo es que esas instituciones encarnan los valores en los cuales creemos, en especial, las instituciones cristianas que proclaman el evangelio de la justicia de Dios. Los estudiantes empezaron a hablar sobre cómo se puede cuidar mejor la creación de Dios, no causar tanto daño a la tierra que él creó y utilizar la energía renovable. Una vez más y mediante un diálogo respetuoso, la administración dio un paso audaz para avanzar hacia el uso de la energía eólica, y fue una de las primeras universidades cristianas en hacerlo. A su vez, descubrieron que también obtendrían beneficios ya que atraerían al tipo de discípulos cristianos que se preocupa por los derechos de los empleados y el medio ambiente. La revolución mansa.

PERSONAS INVISIBLES

Uno de los grupos que muchos de nosotros en Filadelfia admiramos es la Coalición de Trabajadores de Immokalee[2], ya que ejemplifica la revolución mansa.

Ellos son agricultores y trabajadores que recogen tomates para empresas como *Taco Bell*. Nos hemos acabado los zapatos junto a ellos al marchar en protesta a lo largo de cientos de millas. Un verano, hace unos años, los trabajadores nos dijeron que estaban organizando una caminata desde los campos en la Florida hasta

2. www.ciw-online.org

la Asociación de Productores en Orlando. Como de costumbre, nos unimos a ellos. Una Estatua de la Libertad de catorce pies dirigía la marcha desde la parte trasera de una camioneta, solo que en lugar de sostener una placa, sostenía una cubeta, y en lugar de la antorcha levantaba un tomate. En el camino, cientos de peatones nos expresaron su apoyo. También lo hicieron actores, músicos, políticos y clérigos. Eran noticia en casi todos los pueblos por los que pasaron. Cuando nos acercábamos a Orlando, la atención pública alcanzó su punto máximo, y la policía les dijo a los trabajadores que ya no podían tener la estatua en la parte trasera de la camioneta. Estábamos desilusionados. Sin embargo, uno de los trabajadores se me acercó y me dijo, con tono pensativo: «Dicen que no podemos tener la estatua en la camioneta, así que la cargaremos». Lo decía en serio. Entonces, cada uno agarró una esquina, la subimos a nuestros hombros y empezamos a caminar tomando turnos. Una de las mujeres valientes que ayudó a cargar la estatua susurró: «Si Jesús puede llevar esa cruz, nosotros podemos cargar esta estatua». Y lo hicimos. Con sudor y ovaciones cargamos la estatua hasta las puertas de la Asociación de Productores.

Fue un momento sagrado. Los ejecutivos trataron de ignorarlos. Emitieron un comunicado que decía: «Los tractores no llegan hasta el productor y le dicen cómo dirigir la hacienda». Con lágrimas, los trabajadores de manos callosas y piel curtida, a causa de las quemaduras de sol por sus largas jornadas en el campo, gritaron como si gritaran hacia Dios: «No somos tractores. Los tractores no sangran y lloran. Los tractores no tienen familias e hijos. No somos máquinas, somos seres humanos». Me pareció que el susurro de Santiago nunca había sido tan claro como lo era en aquel día: «Oigan cómo clama contra ustedes el salario no pagado a los obreros que les trabajaron sus campos. El clamor de esos trabajadores ha llegado a oídos del Señor Todopoderoso. Ustedes han llevado en este mundo una vida de lujo y de placer desenfrenado. Lo que han hecho es engordar para el día de la matanza. Han condenado y matado al justo sin que él les ofreciera resistencia» (Santiago 5:4-6).

La alegría cálida y la humildad de esos trabajadores atrajeron a las personas a su movimiento. Recuerdo una de las marchas más recientes a las que fuimos, cuando nos dirigimos a la sede corporativa de *Yum!* (la empresa propietaria de *Taco Bell* y muchas otras). Simplemente, los trabajadores colgaron su ropa de trabajo sucia: cientos y cientos de camisas manchadas tras horas de sudor en los campos bajo el sol. Era otra proeza profética para llegar a los oídos de los poderosos que se habían distanciado del sudor y de las lágrimas de los campesinos y trabajadores, así como para hacer de todo esto algo personal. Y no era como antes. La Iglesia Presbiteriana se unió a los trabajadores en el boicot contra *Taco Bell*. Una congregación que había recibido una donación de la *Corporación Yum!* expresó que, si bien el dinero de la donación les sería muy útil para su congregación pobre, lo darían a los trabajadores, a quienes les pertenece, y firmaron el cheque. El boicot de los estudiantes cerró los establecimientos de *Taco Bell* en los campus universitarios hasta que escucharan a los trabajadores agrícolas. Congregaciones y grupos de jóvenes me dijeron que escribieron cartas a los propietarios de *Taco Bell*, no eran cartas de reclamos sino de esperanza y fe en la redención. Y hace unos meses, después de que pasé casi un año sin comer chalupas (siempre dije: «¿Por qué no pudo ser el restaurante *Checkers* o cualquier otro y no *Taco Bell*?»), los propietarios de *Taco Bell* acordaron no solo satisfacer las demandas de los trabajadores, sino también sentarse y reunirse con ellos cara a cara. Los ejecutivos de *Taco Bell*, incluso, emitieron una declaración que animaba a otras franquicias de comida rápida a preguntarse quiénes son los rostros ocultos detrás de sus alimentos y cómo se les trata. Esa es la revolución irresistible. (Aunque, por supuesto, no es el final de su lucha).

El mundo de la eficiencia y el anonimato nos deshumaniza. Vemos a las personas como máquinas, como tractores y causas para protestar. Vivimos en una era donde las máquinas actúan como personas y las personas actúan como máquinas. Sin embargo, las máquinas no pueden amar. Tenemos que preguntarnos quiénes son las personas invisibles. ¿Quién fabrica nuestra ropa? ¿Quién selecciona nuestros vegetales? Y, ¿cómo son tratados? Al crecer, me enseñaron que no usara camisetas que promocionaran una banda de música a menos que yo estuviera de acuerdo con lo que esta defendía, pero nunca me enseñaron a hacer lo mismo con las empresas que yo promocionaba de forma involuntaria. ¿Qué es lo que defienden? ¿Cuál evangelio proclaman?

Existe una escena brillante en el documental de Michael Moore *The Big One* [El grande], en donde Philip Knight, fundador y ex gerente general de Nike, empresa que se hizo notoria por abusar de los empleados en el extranjero[3], invita a Moore a conversar con él. Así que, Moore va a reunirse con Knight y le lleva un regalo: Dos boletos de primera clase para ir a Indonesia. Y lo invita a ir ahí para recorrer las fábricas. Philip se ríe mucho, mueve su cabeza y dice: «No, no, de ninguna manera». Moore le dice que solo quiere recorrerlas e inspeccionar las operaciones. Luego, pregunta: «¿Alguna vez visitó las fábricas donde se elaboran sus zapatos? ¿Alguna vez ha visitado Indonesia?». Knight le responde: «No, y no pienso ir». Estas son las capas de separación que permiten que la injusticia suceda. No es que las personas sean malintencionadas. No pienso que de manera natural seamos capaces de herirnos unos a otros. Aun Philip Knight parece una buena persona como para ser así. No obstante, nos mantenemos a una distancia segura.

Asimismo, recuerdo las reuniones anuales en Fort Benning, Georgia, en las afueras de la Escuela de las Américas de la Fuerza Armada estadounidense[4], un campo militar que entrena soldados provenientes de Latinoamérica y posee una mala reputación y un pasado humillante. Los graduados de la escuela han cometido atrocidades en Latinoamérica, entre estas el asesinato del arzobispo Oscar Romero en 1980, así como las masacres de pobres indigentes y líderes religiosos que se unieron a sus luchas. Cada año, más de mil amigos se reúnen para realizar una procesión si-

3. Los zapatos Nike se elaboran en fábricas de Indonesia, China y Vietnam. Las violaciones de los derechos humanos que ocurren en esas fábricas van desde la tortura hasta la violación y han formado parte de los titulares de las noticias en los últimos años, sobre todo desde el artículo publicado el 8 de noviembre de 1997 en la primera plana del periódico *New York Times*. Los trabajadores ganan alrededor de $1.50 por hacer zapatos para Nike; esto solo alcanza para la mitad del costo de vida, mientras las personas en Estados Unidos los compran por $100 ó más. Y algunos como Michael Jordan y Tiger Woods ganan más dinero al usar los zapatos en los anuncios de televisión, en comparación al sueldo de todos los trabajadores juntos en la fabricación de zapatos.

4. A los graduados se les vincula con algunos de los peores atropellos contra los derechos humanos en Latinoamérica. En 1996, el Pentágono se vio en la obligación de publicar los manuales de formación que la escuela había utilizado y que defendían el uso de la tortura, la extorsión y la ejecución. Entre los casi sesenta mil graduados de la SOA (Escuela de las Américas, por sus siglas en inglés), se encuentran dictadores famosos como Manuel Noriega y Omar Torrijos, de Panamá; Leopoldo Galtieri y Roberto Viola, de Argentina; Juan Velasco Alvarado, de Perú; Guillermo Rodríguez, de Ecuador, y Hugo Banzer Suárez, de Bolivia. De acuerdo con grupos de defensa de derechos humanos, los graduados en los niveles inferiores de la SOA participaron en violaciones contra los derechos humanos, entre estas el asesinato del arzobispo Óscar Romero y la masacre de novecientos civiles en El Mozote. En un intento por desviar las críticas públicas y disociar a la escuela de su dudosa reputación, en 2001 esta obtuvo un nuevo nombre: Instituto del Hemisferio Occidental para Cooperación en Seguridad (WHINSEC, por sus siglas en inglés), un cambio cosmético que pudo asegurar que la SOA continuara sus operaciones en un momento en que los opositores estaban preparados para ganar una votación en el congreso y así desmantelar la escuela. De alguna manera, todavía está funcionando. Ver www.soaw.org y www.soawne.org.

lenciosa en la propiedad, en la que simplemente sostienen cruces blancas en sus manos, con los nombres de las miles de personas que han perdido la vida. A medida que la vigilia avanza, se lee cada nombre en voz alta y todos responden «presente». Ese es el espíritu de la mansedumbre que nos lleva a imaginar nuevas alternativas impulsadas por la sacralidad de cada vida, las cuales ya no están ocultas en las sombras.

VOLVERSE HUMANO

Una y otra vez, las personas me han dicho que el impacto de mi viaje a Irak es que humanizó la guerra, aun para quienes de otra manera no hubieran considerado la moralidad de lo que hicimos ahí. La guerra se tornó en algo más que solo Saddam u Osama, o algún miembro de la familia en el ejército. Pocos días antes de irme a Irak, me senté a la par de dos extraños en un avión. Empezaron a conversar entre ellos y descubrieron que tenían mucho en común, en particular su afiliación política. Contaron algunos chistes liberales y alardearon sobre la presencia militar en Irak. Traté de leer, dormir y resistir la tentación de empezar un debate intenso, que podía hacer que el viaje en avión fuera más largo. Por último, saqué unas galletas hechas en casa y se las ofrecí a los extraños. Ellos siguieron conversando sobre lo mucho que viajaban, todos los lugares a los que habían ido y después uno de ellos me preguntó: «¿Cuál es tu próximo destino?». Se me hizo un nudo en la garganta e hice una breve pausa, ya que la única respuesta era «Bagdad». Proseguí con cautela y respondí: «En realidad, la próxima semana planifico ir a Irak». Se quedaron boquiabiertos. Uno me preguntó desconcertado: «¿Con el ejército?». Solté una risita. (No encajo con exactitud en el prototipo militar por mis trenzas rastas y todo eso.) «No», contesté, «Iré en calidad de pacifista cristiano para estar con las familias de ahí y apoyar la oposición a la guerra».

Me sorprendió que no empezaran a discutir conmigo. Se sintieron intrigados de que yo creyera tanto en algo que arriesgara mi vida por eso. En verdad, sostuvimos una buena conversación, y nunca olvidaré lo que dijeron al partir. Esas dos personas que acababa de conocer me manifestaron con gran intensidad lo preocupados que estarían por mí al ver la televisión y preguntarse si yo regresaría a casa a salvo. Me quedé asombrado al percatarme de que esta es la gran tragedia: No le hemos puesto un rostro a la guerra. Los grados de separación nos permiten destruir seres humanos que solo conocemos como enemigos. Así que en cuestión de una hora, las barreras desaparecieron un poco. Pensé en lo poderoso que era tener un rostro en Irak, un rostro que esas dos personas habían conocido solo durante un par de horas en el avión. Sin embargo, ahora estos dos dudan cuando escuchan los tambores de guerra. Y en el momento de la duda, el mundo se carga de posibilidades. Con esto en mente, me gustaría que mis dos amigos se opusieran a la guerra por las familias de Irak. Pero si se oponen a la guerra porque en el lapso de una hora conocieron a un tonto en un avión, eso sería suficiente por el momento.

LAS LÁGRIMAS DE RIZPA

Antes y durante mi estancia en Irak, estudié la poderosa historia bíblica de una mujer heroica llamada Rizpa (2 Samuel 21:1-14). Esta historia cobró un significado completo y nuevo para mí a medida que vivía entre mujeres iraquíes que vieron morir a sus seres queridos en la guerra y enfrentaron la realidad de un sufrimiento mayor. Rizpa vivió en un tiempo similar al nuestro. Los reyes hacían tratados y los quebrantaban (v. 2). La tierra estaba manchada con sangre de guerra. Para sanar la hambruna que maldijo a Israel, David hizo un trato con el fin de hacer las paces con los gabaonitas. La moneda que utiliza son vidas humanas, tal como en nuestra guerra moderna. Ofrece seres humanos para que los masacren, por supuesto, no son sus propios hijos. Él toma a los hijos de Rizpa (concubina de Saúl) y Merab (hija de Saúl), quienes son «asesinados y sus cuerpos expuestos ante el Señor». No solo fueron asesinados, sino también quedaron en la colina sin un entierro apropiado para que los animales salvajes los devoraran. Y a pesar del esfuerzo de David, Dios no sanaba la tierra... todavía.

Con el amor temerario característico de una madre que sufre, Rizpa tomó un saco y lo extendió sobre una roca, junto a los cuerpos. Ella acampó ahí. Los textos dicen que se quedó desde el «comienzo de la siega hasta que llegaron las lluvias», lo que implica que se quedó ahí toda la temporada. Día tras día, semana tras semana, protegió los cuerpos de los pájaros y los animales. Y la fama de su campamento se difundió por toda la tierra, hasta llegar a los oídos del rey David. Cuando él escuchó de su valor, se acordó de Saúl y de su amigo Jonatán. Algo increíble sucedió: El rey se motivó a reunir los huesos de todos los muertos. El sufrimiento humano tiene el poder de hacer que los reyes sientan de nuevo. Rizpa remuerde la conciencia humana de un rey que se había deshumanizado al punto que podía intercambiar hijos por monedas y verlos morir sin remordimiento. Y solo entonces pudo existir una verdadera liberación en la que hasta los reyes pudieron ser libres. Con una gran sonrisa, el premio Nobel de la Paz y líder anti apartheid, obispo Desmond Tutu, declaró: «Los oprimidos son liberados de su opresión, y los opresores son liberados de oprimir». Y aquí es donde Dios sana la tierra (v. 14).

Cuando estuve en Irak, oraba para que cuando se volvieran a perder vidas en esa antigua tierra, las madres acamparan al lado de los cuerpos de sus fallecidos y lloraran tan fuerte que la fama de esta farsa se difundiera por toda la tierra. Talvez las personas alrededor del mundo escucharían, irían y se sentarían con ellas en la roca al lado de los cuerpos. Y juntos podríamos quejarnos tan fuerte que hasta los reyes podrían escuchar[5]. Quizás los reyes podrían transformarse en humanos una vez más, y entonces Dios sanaría nuestra tierra. Quizá eso es lo más transformador que pudimos haber hecho después del 11 de septiembre.

Y cuando las Escrituras dicen en Isaías (2:4) y Miqueas (4:3) que «el pueblo» convertirá sus espadas en arados y sus lanzas en hoces, los versículos terminan con estas palabras: «Ya no alzará su espada nación contra nación, ni se adiestrarán más para la guerra». La transformación comienza con las personas, con radicales ordinarios, madres valientes y abuelas como Rizpa. Cuando comencemos a promulgar el nuevo mundo, las naciones nos seguirán. Las naciones no nos guiarán a la paz, son las personas las que guiarán a las naciones a la paz, cuando comiencen a humanizar las naciones.

DISIDENTES Y PROFETAS

Uno de los momentos en los que me sentí movido a lograr una revolución más mansa fue durante la Convención Nacional Republicana realizada en Filadelfia en 1998. Era el año electoral y, una vez más, las personas pobres corrían... por sus vidas. De alguna manera, mi compañero de comunidad Jamie y yo entramos a la convención. Llámalo divina providencia o sabiduría política, pero nosotros teníamos pases especiales para el piso principal.

5. Escribí esta sección mucho antes de que el hijo de Cindy Sheehan, Casey, fuera asesinado en Irak en abril de 2005, pero considera la potencia con la que su presencia acaparó la atención de la nación cuando ella instaló un campamento frente al rancho del Presidente en Texas. Incluso para aquellos a quienes no les gusta el estilo o la política de esta mujer, su luto y su pérdida son difíciles de ignorar.

Nuestro carrito de golf privado nos dejó en la puerta principal. Los entusiastas y amigables voluntarios del Partido Republicano nos escoltaron a la entrada. (¡No hay por qué temerle tanto a su vigilancia!). Así que, ahí estaba yo, en mi disfraz de joven republicano de traje y corbata (con el toque final de un pequeño prendedor dorado en forma de elefante). No obstante, bajo la ropa, yo estaba preparado. Había escrito esta frase en mi camiseta: «¡Ay de los que privan de sus derechos a los pobres!» (Isaías 10) y en la parte de atrás escribí las palabras de Jesús: «¡Ay de ustedes los ricos [...], dichosos ustedes los pobres!» (Lucas 6). Logramos llegar muy cerca, a unas veinte yardas del pódium. Después de la presentación de George W. Bush, tan pronto como los aplausos se desvanecían en un silencio entusiasta, me levanté y me arranqué la parte exterior de la ropa para revelar mi camiseta. Y con toda la fuerza de mis pulmones comencé a citar las escrituras. En su angustia, las personas de la convención trataron de callarme al interrumpir con aplausos las primeras palabras de George. La ovación se detuvo. Las palabras de Jesús resonaron: «Dichosos ustedes los pobres [...], pero ¡ay de ustedes los ricos!». De nuevo, aplaudieron. Luego, cité Romanos 8: «¡La creación gime por liberación!». Los miembros de la seguridad corrían alrededor de forma frenética. El servicio secreto se abalanzó sobre mí y me sacó. Me encerraron en un armario «para que pudiéramos conversar». A través de la puerta, que estaba cerrada con llave, los escuché consultar entre sí. Los oí decir: «Talvez podamos acusarlo de disidente. Si es así, podemos retenerlo durante varios días». Entonces entraron y me preguntaron: «¿Eres un disidente?». Pensé por un segundo (un breve segundo). «No, señor», y lo dije con claridad, «Yo no soy un disidente... este... soy un profeta». Estuve en custodia por un poco más de tiempo, y luego me liberaron sin cargos, pero si me lanzaron unas extrañas sonrisas burlonas. (Hasta me llevaron en el carrito de golf de vuelta al automóvil.)

Dije eso medio en broma y con una sonrisita, pues estaba consciente de que si decía que era un disidente, terminaría en la cárcel. Para ser franco, normalmente no me pondría de manera pretenciosa el titulo de profeta. Tampoco veo a muchos profetas bíblicos correr por ahí y decir que lo son. Además los disidentes pueden ir a la cárcel pero los profetas, por lo general, son asesinados. (Tal como Bob Marley canta en *Redemption Song* [Canción de redención]: «¿Hasta cuándo matarán a nuestros profetas mientras nos apartamos y lo vemos?»). Sin embargo, esto garantizó una mayor conciencia, y a medida que observaba los disturbios en las calles de Filadelfia en las semanas subsiguientes, mi corazón se quebrantó por toda la violencia y el odio. No sentí que estuviéramos avanzando hacia un mundo mejor.

Los disidentes están en todas partes, pero creo que el mundo necesita profetas con desesperación. Esas vocecitas que nos pueden indicar otro futuro. Algunos hemos desperdiciado mucho tiempo al pelear en contra de algo que apenas podemos recordar lo que apoyamos. En la iglesia o en los círculos de disconformidad social, existen muchas personas que se definen por lo que no son, cuya identidad gira en torno a lo que ellas no apoyan en lugar de girar en torno a lo que ellas apoyan. De alguna manera, está en el ADN de los *protestantes*. La historia de la iglesia muestra cuán buenos son los protestantes para disentir, no obstante, una vez que ellos están a cargo, nadie sabe qué hacer. La mayoría de las personas está consciente de que algo está mal. La verdadera pregunta es: ¿cuáles son las alternativas?

Los protestantes todavía están al margen como satélites, que giran alrededor del sistema. Sin embargo, los profetas y poetas nos guían hacia un nuevo mundo, más allá de solo gritarle al mundo. De muchas formas, los protestantes encajan en el sistema dominante, pues justifican el orden actual al disentir con él de forma cuidadosa y compartimentada. Una sociedad unidimensional[6] puede absorber la disconformidad de tal forma que una mayor desunión fortalece su dominio. Las personas lo ven en la televisión y saben que no son uno «de esos», y le enseñan a sus hijos la comodidad de la esclavitud en lugar de la esclavitud a la comodidad. Y, desde sus cómodos sofás, los liberales comprensivos aplauden el ánimo de quienes con valentía resisten como si algún jugador anotara en el juego de fútbol.

UNA REVOLUCIÓN QUE RÍE

Durante la guerra, las personas se volvieron más polarizadas al punto de que el odio y la ira parecían dominar, sin importar de qué lado estuvieras. Los amigos en *Camdenhouse*, una comunidad hermana de *The Simple Way* hicieron algo hermoso. Cada uno se vistió con sotanas estampadas con los frutos del Espíritu: Amor, alegría, paz, paciencia, amabilidad, bondad, fidelidad, humildad y dominio propio. La mayoría de las revoluciones está hambrienta de estos frutos. Y fue así como caminamos en medio de protestas

6. Una frase acuñada por el filósofo social Herbert Marcuse en su libro clásico *One-Dimensional Man* [El hombre unidimensional], Beacon, Boston, 1964.

y éramos testimonios del Espíritu para los que apoyaban las guerras y para los que celebraban a Bush. Ese es el tipo de cosas que nos hacen gozar y nos empuja un poco más cerca hacia Dios[7].

Una noche, dos compañeros de casa entraron a hurtadillas en mi habitación con un póster de tamaño real del Presidente Bush quien aparecía abrazando a una pequeña niña. Subieron el camarote y colgaron el póster desde el techo y lo dejaron a solo unos centímetros arriba de mi cama. Esa noche llegué tarde y mi compañero de habitación ya estaba por dormirse, así que gateé hacia mi cama en la oscuridad sin darme cuenta de todo eso. A la mañana siguiente, lo primero que vi cuando desperté fue a George W. Bush que me miraba fijamente a los ojos y casi acostado encima de mí. Ahora suena divertido. Dejé el póster ahí para verlo cada noche cuando me fuera a dormir y cada mañana cuando me levantara. A algunos amigos eso les daría pesadillas. Pero a otros les ayudaría a descansar tranquilos. A mí, me recordaría que el presidente Bush es humano, no es el anticristo ni el Salvador, y eso me permitiría dormir bien. Es humor. Algo que la mayoría de los liberales y conservadores tienen en común es que han olvidado como reír. Y el mundo está en busca de gozo.

Nunca olvidaré una de las veces en que me convencí de que Dios está comprometido a hacer que nos burlemos de nosotros mismos, en especial a quienes nos consideramos serios. En primer lugar, necesitas saber que yo he estado en una cantidad considerable de protestas en contra de la pena de muerte[8]. Este es un gran problema aquí en Pennsylvania. Filadelfia, como muchas ciudades y estados, aprobó un proyecto de ley moratoria para ponerle fin a las ejecuciones cuando existe evidencia significativa de prejuicio racial o étnico[9]. (En los últimos años, muchas personas han sido exoneradas después de cumplir su condena en prisión y estar a punto de ser ejecutadas.) También existe el caso bien cono-

7. Las mujeres en varias de las comunidades de Filadelfia organizaron una forma de testimonio similar a esta en una marcha por los Derechos de la Mujer, la cual contó con una polarizada demostración en contra a cargo de los activistas pro vida. Ellas iban como constructoras de puentes para eliminar las diferencias entre ellos y hablar con la gente en ambos lados.

8. La pena de muerte siempre se entromete con mi teología, ya que realmente creo que Jesús murió por nosotros y por nuestros pecados. En cierto sentido, mis pecados ponen a Jesús en la cruz. Así que si se debe asesinar a los asesinos, yo estoy en la parte superior de la lista. Y hay un ejemplo bastante claro donde a Jesús se le pregunta si apoya la pena de muerte y él responde: «El que esté libre de pecado de arroje la primera piedra contra ella».

9. Uno de los grupos extraordinarios con los que trabajamos a escala local es *Pennsylvania Abolitionists United Against the Death Penalty* [Abolicionistas de Pennsylvania Unidos Contra la Pena de Muerte] (www.pa-abolitionists.org). Muchos de sus miembros profesan una profunda fe cristiana, han realizado una tremenda labor de investigación y han ofrecido una gran colaboración.

cido de Mumia Abu-Jamal, quién en un juicio dudoso fue condenado por matar a un oficial de policía de Filadelfia y pasó más de veinte años en prisión. Y, por supuesto, tenemos amigos a la espera de su ejecución, entre ellos algunos inocentes. (Un hombre nos escribió una carta que decía: «Ayúdenme por favor».) Así que he tratado de organizar y de educar sobre la pena de muerte, y el asunto ya tiene un rostro para mí. He pasado muchos días afuera de la oficina de la fiscal de distrito, Lynne Abraham. Por procurar la pena de muerte en muchos casos, y por lograr que la lista de espera para ejecuciones del condado de Filadelfia sea la tercera más grande del país, el periódico *New York Times* la nombró como la «Fiscal de Distrito más Mortal de Estados Unidos». Ahora, aquí esta lo hermoso del asunto. Hace unos años, me invitaron a dar una conferencia en una reunión ante miles de cristianos. Me dirigí a la tarima y me senté en la fila de personas que iban a dar una conferencia. Supongo que esperaba ver los típicos sujetos, ya sabes, predicadores y maestros. Cuando me senté, volví hacia mi derecha solo para ver a ¡Lynne Abraham! La reconocí porque su rostro aparece en pósters.

No tenía ni idea de qué hacer. Pensé en interrumpir su discurso. Pensé en utilizar el tiempo de mi conferencia en hablar de ella. En lugar de eso, yo solo me puse a escuchar y a orar. Sentí una extraña paz y debo confesar que estaba bastante preparado para sentir un poco de fuego profético. Pero me quedé sentado allí, mientras las palabras de los profetas que demandan justicia divina para el pobre revoloteaban en mi mente. Escribí algunas palabras en un pedazo de papel, y cuando ella se sentó a mi lado, en silencio se lo di. También le escribí una nota en la cual le decía que estaría orando para que fuera llena con el amor y la gracia de Dios y le rogaba que hiciera lo mismo por mí. Ella me sonrió y me dijo gracias al salir (antes de escuchar mi discurso, debo añadir). Su nombre se ha hecho parte de la gran cantidad de personas grabadas en nuestra capilla, por quienes con regularidad clamo a Dios. Además, ella dejó su taza en esa reunión, así que la recogí y ahora está en mi armario. Algún día espero tener la oportunidad de devolvérsela y conversar con ella mientras bebemos café.

Me llené de mucho valor gracias al hecho de que muchos están dando pasos hacia una revolución más mansa. Necesitamos más profetas que rían y bailen. En nuestra sala de estar, tenemos una frase de Emma Goldman que dice: «Si no puedo bailar, entonces tu revolución no me interesa». Donde sea que la gente habla de la injusticia, por lo general, hay una nube de culpa que se cierne sobre ellos. El gozo y la celebración no suelen ser las características de los círculos progresistas de justicia social, o los círculos cristianos conservadores, para el caso. Pero el movimiento de Jesús es una revolución que baila. La celebración está en el centro de nuestro reino, y esperamos que la celebración se abra paso en los rincones más oscuros de nuestro mundo, los guetos, campos de refugiados, palacios y cárceles. Que los susurros de esperanza alcancen los odios de las personas hambrientas de esperanza en las sombras de nuestro mundo.

CAPÍTULO 12

HACERNOS CADA VEZ MÁS PEQUEÑOS... HASTA QUE NOS APODEREMOS DEL MUNDO

Sé
tomand
vida ent
go, ya v
vida. Cu
vuelta a
querido
de ima
taba en
y comp
medici
el que
de din
solo te
demás
no nec

Per
araba
en las
tarme
evitar
tenía r

Sé
toman
vida e
go, ya
vida. C
vuelta
querido
de ima
taba en
y comp
medici
el que
dinero

Quizá recuerdes la tira cómica en la cual unos pastores están conversando y uno le pregunta al otro:

—¿Qué tal está tu iglesia?

El otro pastor fanfarronea:

—Bastante bien, diría yo. Cuando llegué al lugar, solo contábamos con treinta miembros. Ahora que ya llevo un año allí, más de cuatrocientas personas se reúnen el domingo por la mañana. Y, ¿qué tal está tu iglesia?

—Bueno, no sé. Cuando llegué al lugar se reunían unas cien personas. Les he predicado el evangelio y esa «gran» congregación se redujo a diez personas —responde el otro.

No estoy seguro si el evangelio cristiano siempre atrae a las multitudes. Quizá las personas no hacen fila para recibir una cruz romana puesto que, después de todo, esperar en la fila del centro comercial ya es suficientemente difícil. En una cultura que se atemoriza por la muerte, que almacena agua para el efecto Y2K y que coloca cinta adhesiva gris en sus ventanas para protegerse de los terroristas, las personas no acudirán en masa al llamado de perder sus vidas. La invitación a acercarse y sufrir es, sin duda, inconveniente y menos atractiva que la cultura buena onda que nos enseñan a imitar. Quizá haya suficientes espectadores, escépticos y antagonistas (como los había hace dos mil años), pero siempre será difícil encontrar a los seguidores. A veces, en medio de tantas multitudes me pregunto si estamos predicando el evangelio en verdad.

He aprendido que muchas cosas buenas comienzan en pequeño y que su crecimiento es lento. Esa parece ser la historia de la iglesia primitiva. Sin duda alguna, miles se añadían al número de los congregados: Pobres, marginados, personas hartas del mundo. Eran la escoria de la sociedad. Las Escrituras describen el primer movimiento de Jesús de la siguiente manera: «Hasta el momento pasamos hambre, tenemos sed, nos falta ropa, se nos maltrata, no tenemos dónde vivir [...] se nos considera la escoria de la tierra, la basura del mundo» (1 Corintios 4:11-13). Nuestro contexto es bastante diferente. Ahora vivimos entre las personas más ricas de la tierra (en el dos por ciento superior), un campo misionero difícil. Ahora predicamos un evangelio que declara que es más fácil que un camello pase por el ojo de una aguja que un rico entre el reino de los cielos. Sin embargo, veamos el lado bueno: después de que les prediquemos a las multitudes y estas se hayan ido, no necesitaremos edificios tan costosos. Por supuesto, en una cultura cristiana que compra la gracia barata, la tentación de suavizar un poco las cosas siempre estará presente. Las personas se sentirán más cómodas con un Jesús domesticado que con el León de Judá.

Además, pareciera que muchos cristianos, ya sea con la Oración de Jabes[1] o con la guerra en Irak, esperan que el reino de Dios aparezca con grandeza triunfal, que extienda su territorio, que conquiste el mundo con gloria y poder y que sacuda y asombre a las multitudes, si así se desea. Sin embargo, esa es la misma tentación a la que Jesús se enfrentó en el desierto: La tentación de hacer cosas espectaculares como lanzarse del templo o convertir las piedras en pan para conmocionar a las masas con sus milagros o para impresionarlas con su poder. No obstante, él resistió la tentación. La iglesia siempre ha enfrentado la misma tentación, desde los tiempos de la espada de Constantino hasta ahora. Somos tentados a hacer grandes cosas, como colgarnos con lazos desde las vigas del nuevo gimnasio de la iglesia o anunciar la mejor fiesta de pizza para que los niños se arrodillen frente al altar.

Sin embargo, en medio de todas las tácticas de crecimiento eclesiástico y los modelos de las mega iglesias, me gustaría sugerir algo un poco diferente: El reino de Dios se hace cada vez más pequeño a medida que se apodera del mundo.

DIOS DE LAS COSAS PEQUEÑAS

Madre Teresa nos ofrece ese destello grandioso de esperanza que yace en los pequeños detalles: «No podemos hacer cosas grandes sino solo cosas pequeñas con un gran amor. No se trata de cuánto haces, sino de cuánto amor pones en lo que haces». En la parte superior de nuestra puerta principal, colocamos un letrero que dice: «Para hoy... pequeñas cosas con un gran amor (o no abras la puerta)».

1. La Oración de Jabes se basa en una oración de quince palabras pronunciadas por un personaje poco conocido del Antiguo Testamento llamado Jabes, a quien no se vuelve a mencionar más en la Biblia (1 Crónicas 4:10). En su oración, se utiliza la frase: «Ensancha mi territorio», que es muy popular hoy en día en la jerga cristiana. Sin embargo, el libro no habla del derramamiento de sangre que ocurrió después de que el territorio se ensanchó (1 Crónicas 4:41-43). Tampoco menciona por qué, si la oración es tan importante, Jesús nunca menciona al viejo Jabes. Hay tantas oraciones en la Biblia las cuales es mejor no imitar, como el Salmo 109, donde David maldice a sus enemigos y pide que la descendencia de ellos se convierta en mendigos que tengan que andar errabundos por las calles... ¡ay! Para ser justo, quizá el autor, Bruce Wilkinson, nunca se imaginó el efecto que el libro ocasionaría o que hasta existiría una versión infantil en el mercado. Si deseas saber cómo orar, te sugiero la oración de Jesús que difiere de forma significativa de la de Jabes. Por ejemplo, la constante repetición de «me» y «mi» de Jabes no aparece en la oración de Jesús (solo aparecen «nosotros» y «nuestro») y el «hágase tu voluntad» vence con triunfo al «líbrame del mal, para que no padezca aflicción». Esta oración se encuentra en Mateo 6:9-13, y si en verdad te interesa leer un libro que trate este tema, el libro de James Mulholland, *Praying like Jesus* [Orar como Jesús], Harper, San Francisco, 2001, es uno decente.

Es fácil enamorarse de las grandes cosas, no importa si se es un revolucionario o un estratega del crecimiento eclesiástico. Sin embargo, nunca deberíamos enamorarnos tan solo de nuestra visión o de un plan quinquenal. Nunca deberíamos enamorarnos de «la revolución» o «el movimiento», pues con facilidad el crecimiento de la iglesia, la comunidad o la justicia social podrían desviarnos y hacernos olvidar las pequeñas cosas tales como cuidar de los que nos rodean. En una ocasión, una carismática anciana me dijo: «Si el enemigo no puede robar tu alma, tratará de mantenerte ocupado con labores insignificantes dentro de la iglesia».

Me he dado cuenta de una verdad sorprendente, en gran parte gracias a Dietrich Bonhoeffer, un escritor espiritual y compañero de resistencia, cuyas palabras están grabadas en mi pared: «Aquel que ama su sueño de comunidad destruirá la comunidad (aun cuando sus intenciones sean siempre genuinas); pero aquel que ama a los que le rodean creará una comunidad». Muchas iglesias aman su misión y visión y las analizan con detalle en las reuniones de comité para poder cumplirlas. Muchos activistas sociales se desgastan y se queman mientras luchan por un mundo mejor y olvidan que las semillas para dicho mundo están junto a ellos.

Es difícil abrazar a un Dios que está presente en toda la creación, un Dios que cuando le preguntan su nombre dice: «YO SOY». Es difícil adoptar una visión para el mundo, la cual habla de un reino o un imperio[2] mayor al romano y tan pequeño como el grano de mostaza. Este es el Dios que crea el universo, pero decide nacer en un pesebre. Este Dios sigue apareciéndose en pequeñas cosas, como arbustos ardientes, burros obstinados y niños pequeños. Como humanos, nos agrada sentirnos más cerca de Dios. Nos encanta la posibilidad de que Dios quizá sea, como la cantante Joan Osborne lo expresa: «Uno de nosotros... un extraño en el autobús». Sin embargo, también deseamos a un Dios que se mantenga a una distancia segura «por ahí». El hecho de que Dios es más grande que nuestros pensamientos es algo bueno. Al luchar en nuestros intentos por abrazar a ese Dios misterioso (o atrevernos a pronunciar su nombre), somos tentados a consagrar a ese Dios trascendente en becerros, águilas o cruces de oro (o aun en brazaletes con el mensaje QHJ [¿Qué haría Jesús?]) que podemos tocar, sostener en la mano o vender en todo el mundo. También nos agrada tener templos donde sabemos que podemos encontrar a Dios.

2. La palabra que Jesús utiliza para referirse al reino de Dios es la misma que se utilizaba para referirse al Imperio Romano (*basilea*).

Tenemos un Dios que ingresa al mundo a través de lo pequeño: Un bebé refugiado, un rabino sin hogar, los lirios y los gorriones. Nuestro Dios valora la pequeña ofrenda de un par de monedas de una viuda, en vez de la mega caridad de los millonarios. Tenemos un Dios que habla por medio de personajes insignificantes: Un portavoz tartamudo con el nombre de Moisés; la obstinada burra de Balán; la propietaria mentirosa de un prostíbulo llamada Rahab; un rey adultero llamado David; una chusma de discípulos que traicionaron, dudaron y negaron, y un terrorista convertido llamado Pablo.

LA MEGA IGLESIA

Entre más grande, mejor, escuchamos por ahí. Vivimos en un mundo que desea todo en cantidades aun mayores. Deseamos agrandar nuestras papas fritas, bebidas gaseosas, automóviles y los edificios de nuestras iglesias. Las ciudades construyen estadios más grandes y los congresos desean atraer a las grandes multitudes. En medio de todo lo que crece cada vez más, desearía hacer una modesta propuesta: Nuestro propósito no debería ser hacernos más grandes, sino hacernos más y más pequeños. Creo que el reino de Dios se debe construir desde los cimientos en lugar de descender lentamente desde arriba. Contrario al patrón del mundo, el reino de Dios es como el grano de mostaza. Es necesario ser como un niño para entrar a él. Dios en verdad está conquistando el mundo, pero esto sucede a través de pequeños actos de amor.

En los tiempos de Jesús, existió una iglesia majestuosa. Las personas acudían con la esperanza de encontrar a Dios. Compraban todo tipo de cosas en el mercado del templo con la esperanza de poder acercarse a Dios. Sin embargo, es en medio de ese mercado religioso que Jesús vuelca las mesas y expulsa a los cambistas del templo. Jesús rechazó a la elite religiosa que aceptó las últimas monedas de una viuda sin hogar para construir los palacios de Dios (Marcos 12:38-44). Cuando los discípulos, con asombro, se detuvieron a contemplar la despampanante belleza del templo y expresaron: «¡Qué piedras! ¡Qué edificios», Jesús, con rapidez, los amonesta y les dice: «¿Ves todos estos grandiosos edificios? [...] No quedará piedra sobre piedra» (Marcos 13:1-2). (Y nos preguntamos por qué las personas lo odiaban tanto.)

Es este monopolio de lo sagrado que Jesús desmantela cuando redefine al templo como su cuerpo, nuestros cuerpos, el místico cuerpo de Cristo. Hay algo maravilloso en la adoración congregacional, pero lo congregacional ocurre siempre que dos o tres nos reunimos con Dios. Debemos resistir la antigua tentación de centralizar la adoración, en especial a expensas de la justicia a favor de los pobres[3]. Los templos que los humanos han construido se partirán en dos y no quedará piedra sobre piedra, como dijo Jesús. (Y por supuesto, las autoridades, en busca de una excusa para ejecutar a Jesús, lo acusaron de haber amenazado con destruir el templo.) Hechos 17:24 nos recuerda que Dios «no vive en templos construidos por hombres». Las Escrituras nos recuerdan que nosotros somos los templos de Dios, que el Espíritu vive en nosotros. Y de una forma especial, como Jesús lo expresa en Mateo 25:40, encontramos a Jesús disfrazado como uno de «estos pequeños». Quizá encontremos a Dios por igual sentado a la mesa en la cena o en los barrios bajos o en las calles, así como en los grandes auditorios. Por supuesto, sugerir que Dios no necesita esas mega catedrales de millones de dólares es el tipo de cosas que te meten en serios problemas.

DIOS DE LOS REFUGIADOS

Es difícil imaginar que Dios prefiere las tiendas de campaña en una época en que se le construyen mansiones millonarias. Sin embargo, a Dios siempre le han atraído los campamentos. En las Escrituras hebreas, como el Éxodo, Dios habitaba en un «tabernáculo» junto con los israelitas. Básicamente, esta palabra significa «establecer un campamento». Dios estuvo con Rizpa mientras ella acampaba sobre la roca al lado de los cuerpos masacrados de sus hijos, un daño colateral de los reyes y sus guerras (2 Samuel 21:1-14). En el bebé refugiado Jesús, Dios se convierte en Emanuel[4] («Dios con nosotros»), mientras duerme en el pesebre. Además, es a través de la vida de Jesús que Dios se encarna para mostrarnos cómo es el amor. El evangelio de Juan se refiere a este acto de encarnación como «vivió entre nosotros», es decir, «montar la tienda de campaña de Dios entre nosotros». Luego, él deambula por las regiones galileas sin «un lugar donde recostar su cabeza». Él era un extraño que buscaba un hogar hospitalario que le diera la bienvenida.

A pesar del hecho de que las Escrituras insisten en que «Dios no vive en templos construidos por los hombres», nosotros insis-

3. Las palabras de los profetas, como en Amós 5:21-24, declaran que Dios hasta aborrece nuestra adoración y nuestros cantos si están desprovistos de justicia, por lo cual, él demanda que se dejen de ofrecer hasta que hagamos justicia al pobre y al oprimido.

4. De modo interesante, Emanuel fue también el nombre que algunos emperadores como Antíoco Epífanes IV utilizaron, este afirmaba ser la manifestación encarnada de los dioses.

timos en que debe hacerlo. En 2 Samuel 7, el rey David se encuentra en una mega mansión y vive en un «palacio de cedro». Allí comienza a considerar la idea de que Dios necesita un lugar más lujoso para habitar. No obstante, Dios rechaza a David: «¿Serás tú acaso quien me construya una casa para que yo la habite? Desde el día en que saqué a los israelitas de Egipto, y hasta el día de hoy, no he habitado en casa alguna, sino que he andado de acá para allá, en una tienda de campaña a manera de santuario» (vv. 5-6).

Simplemente, a Dios le gustan los campamentos. No me sorprende que cuando pienso en los encuentros más poderosos que he tenido con Dios, pareciera que todos se relacionan, en cierta medida, con el hecho de acampar: Las noches que pasamos en el suelo de mármol de la catedral abandonada de San Eduardo; los días que acampamos en las afueras del Hospital de Niños Al Monzer de Bagdad; las noches que dormimos en los parqueos de las iglesias mientras marchábamos con los trabajadores migrantes; las veces que rodeamos un barril para calentarnos en la fogata en los barrios marginados y en ciudades de tiendas de campaña, y las veces que acampamos ante la creación de Dios. En esos lugares conocí a Dios. Él aún habita allí. No cabe duda de que hay poder en la adoración congregacional y que hubo ocasiones en las que sentí a Dios entre las masas (y durante las misas), pero nada de eso tuvo que ver con el color de la alfombra o la comodidad de las sillas.

Una de las comunidades que me encanta es un grupo de amigos que se reúnen un día a la semana para adorar debajo de un puente interestatal en Waco, Texas. Con mucha creatividad, se han autodenominado la Iglesia Bajo el Puente[5]. Hace más de una década, personas sin hogar comenzaron a reunirse con sus amigos para estudiar las Escrituras y para comer. Ahora se reúnen personas de todas las condiciones sociales que buscan descifrar cómo vivir juntos la pequeña revolución de Dios. Simplemente estacionan un camión con plataforma y Dios se hace presente. No hay alfombras ni bancas de lujo. Siempre que predico o me reúno para adorar allí, les digo que es el santuario más hermoso que jamás haya visto. (Mis disculpas para los de la Catedral de Cristal[6] en California que están leyendo esto.)

5. http://churchunderthebridge.org

6. La Catedral de Cristal de California posee un edificio de diez mil ventanas, un carillón de cincuenta y dos campanas, puertas gigantescas de noventa pies que se abren de forma electrónica de detrás del pulpito, una cruz de oro de dieciocho quilates que mide diecisiete pies y una pantalla de proyección al aire libre para los adoradores que llegan «en automóvil». Pero no me creas a mí, visita el sitio web: www.crystalcathedral.org

De hecho, Jesús y los discípulos quizá se meterían en problemas en la mayoría de iglesias lujosas. Quizá transformarían el agua de las fuentes en vino, invitarían a los niños a nadar en los baptisterios, abrirían los techos cuando los paralíticos no pudieran entrar por las puertas, volcarían las cajas registradoras en las librerías. Y en ese momento, un miembro del consejo de administración amonestaría a Jesús y le preguntaría: «¡Jesús! ¿Que acaso naciste en un pesebre?». Y Jesús asentiría con la cabeza.

LA DESTRUCCIÓN DE LAS MURALLAS

Hace pocos años, la Iglesia Willow Creek Community anunció su visión para el «Capítulo Dos», que incluía la expansión de un edificio que costaría decenas de millones de dólares. Mi corazón se estremeció. Muchos de los que pertenecíamos a la iglesia evangélica, dentro y fuera de Willow Creek, mostramos nuestra gran preocupación ante la nueva aventura. Decidí no hablar en público al respecto, pero cada vez que me preguntaban en privado, lo único que podía hacer era llorar. Eso me partió el corazón. Varias veces les escribí a mis amigos en el liderazgo en Willow Creek, incluso al pastor Bill Hybels, a quien respeto mucho.

Pasé horas investigando en las Escrituras el tema de los diezmos y las ofrendas, y descubrí que, sin lugar a dudas, estos eran para redistribuirse entre los pobres y no para construir edificios o contratar personal para la iglesia. Les cité a los padres de la iglesia, quienes dijeron mucho sobre el uso vergonzoso de las ofrendas para cualquier otra cosa que no fuera la redistribución del jubileo. Tertuliano, Justino Mártir, Agustín, Ireneo, Basilio el Magno, Gregorio de Nacianzo, Jerónimo, Juan Crisóstomo, Arístides: todos dan fe de que las ofrendas de la iglesia se deben dar a los pobres como un derecho de estos. Ambrosio, en el proceso de convertirse en obispo de Milán, derritió todos los objetos de oro del templo y dijo: «La iglesia tiene oro no para almacenarlo sino para sacarlo y dárselo a aquellos que lo necesitan, para que no sea el mismo Dios que diga: "¿Por qué permitiste que tantos murieran de hambre?"».

Con solemne sinceridad, le manifesté al liderazgo de Willow Creek que temía que nuestra iglesia fuera culpable de robo y malversación en contra de los pobres. También, les relaté la historia de nuestros amigos, los Trabajadores Católicos. Cuando la arquidiócesis católica decidió construir una catedral que costaría muchos millones de dólares, nuestros amigos católicos decidieron orar de rodillas en frente de las máquinas excavadoras. Al final los arrestaron, y eso conllevó a un diálogo transformador en el que participaron no solo los líderes eclesiásticos sino también los pobres y los marginados. Con un poco de buen humor, les mencioné a los líderes de Willow Creek que no era mi intención «cerrar con llave» las excavadoras (aunque la idea se cruzó por mi cabeza), pero que con urgencia exigía que ayunáramos y reconsideráramos el costo de la construcción, y no simplemente el precio de la misma, sino el costo con respecto a los vecinos a escala mundial. Así que ayunamos. Les recordé los primeros días del cristianismo en los cuales si la comida no era suficiente, toda la comunidad ayunaba hasta que todos se pudieran sentar a la mesa juntos. Contemplamos la posibilidad de hacer un ayuno prolongado con la comunidad en el lugar donde se construiría el edificio para tener en mente el costo de la construcción. Bill y yo nos escribimos en repetidas ocasiones para discutir la gravedad de la decisión. Lo más grandioso fue que ningún muro defensivo se interpuso, pues todo se llevó a cabo con tacto y profundo respeto. De hecho, era un intento por derribar las murallas que mantienen a las personas aisladas y atrapadas en los guetos de la riqueza y la pobreza[7].

EL MITO DE LA MULTIPLICACIÓN

El mito dominante es que entre más crecemos más cosas buenas podemos hacer, pero hay poca evidencia de que eso en verdad suceda. Mi propia investigación y experiencia sugieren que, a medida que la congregación crece en términos de personal y propiedades, dar para ayudar en causas ajenas a la iglesia disminuye de forma dramática, en especial el dinero que se les da directamente a los pobres. Acabo de leer un estudio reciente que muestra que las personas ricas son mucho menos generosas (de manera proporcional) que las personas pobres, y que las grandes congregaciones dan proporcionalmente menos a los pobres que las congregaciones pequeñas. (De hecho, es muy raro que tengan personas pobres entre ellos.) Por arte de magia, no podemos llegar

7. Ellos siguieron con el proyecto de construcción. Lo extraño es que no me molestó, sino que me entristeció. Me entristeció el hecho de que nos habíamos conformado con la construcción de otro edificio cuando quizá Dios tenía otros planes en mente. También debo agregar que constantemente Willow Creek ha tenido importantes avances con respecto a la justicia y la reconciliación, los cuales tienen como fruto las importantes donaciones que Willow ha dado para aliviar el sufrimiento de nuestros prójimos alrededor del mundo, como aquellos que adolecen de SIDA en África. Willow aún es un lugar donde hay hambre por un discipulado totalmente devoto. Después de todo, es ahí donde se nos enseñó a muchos que al noventa por ciento del discipulado le hace falta el diez por ciento de devoción total.

a ser una comunidad que nos permita dar todo si en este tiempo no fomentamos una cultura de dar con sacrificio. De la misma forma que Gandhi enseñó, el medio debe expresar el fin que deseamos; el camino es tan importante como el destino final. Si nuestra comunidad, en su estado actual, no refleja la brillante diversidad cultural y económica que caracterizó la revolución primitiva de Jesús, ¿cómo podremos reflejarlo en el futuro?

Por lo general, cuando las cosas crecen rápido y mucho, también crecen con homogeneidad. Ya sea en las multitudes en las calles durante la Convención Nacional Republicana, o los amigos que se reúnen en las megas iglesias. Nos gusta estar con personas que piensan como nosotros y se ven como nosotros. Nuestra gran visión de multiculturalismo y reconciliación se abrirán paso en la iglesia hasta que esa visión se viva primero en relaciones reales; fuera de nuestros hogares, en la mesa donde cenamos, en las salas de nuestras casas. Quizás esa es la razón por la que Jesús empezó todo sentado alrededor de una mesa con un recaudador de impuestos romano, un zelote revolucionario, un pescador, un fariseo y una prostituta.

A medida que construimos nuestros edificios, los templos de carne y hueso se destruyen por el hambre y la falta de vivienda. Los profetas primitivos dirían que una iglesia que invierte millones de dólares en construcciones, mientras sus hijos están hambrientos, es culpable de homicidio. Imagínate la escena en una familia biológica: Un padre construye una mansión mientras sus hijos sufren de hambre; ese hombre sería internado en alguna institución o enviado a la cárcel. ¿Qué más ridículo sería esto en nuestra familia, en la cual hemos nacido de nuevo, en donde hemos recibido nuevos ojos para que veamos a otros como hermanos y hermanas?

Entre más mantenemos nuestras propiedades personales como espacios privados, se vuelve más necesario tener un lugar común donde reunirse. Y el ciclo continúa, pues mientras más ensanchemos el territorio del lugar común de reunión, nuestra propiedad privada se mantendrá cómodamente sagrada. Así que, a medida que las iglesias construyan edificios, gimnasios y plazas de restaurantes más grandes, la probabilidad de que nos reunamos en nuestra casa, en la cocina y sentados alrededor de la mesa del comedor disminuye. Terminamos centralizando la alabanza en espacios comunes o en el «campus». Cada vez necesitamos menos de la hospitalidad, y esta se convierte en una opción, un privilegio por conveniencia. Por otro lado, a medida que los miembros abren las puertas de sus casas y sus jardines, tienen sus automóviles y espacios recreativos en común, la propiedad corporativa es cada vez menos necesaria.

Una de las creencias subyacentes es que el dinero de las ofrendas y los diezmos le pertenece a la iglesia. No obstante, las Escrituras de forma constante enseñan que las ofrendas son el instrumento que Dios utiliza para la redistribución, y que estas le pertenecen a los pobres. El rubro de dar a los pobres no debería luchar para entrar al presupuesto, es el presupuesto. Alguien podría argumentar que una pequeña parte de las ofrendas israelitas (no más del diez por ciento) se le daba al sacerdocio Levita (Nehemías 12:47), y que en la iglesia primitiva una contribución más pequeña incluso podía dársele a los evangelistas itinerantes de la iglesia, quienes por casualidad también eran pobres (1 Corintios 4:11). Pero no es casualidad que la primera estructura organizacional principal en la iglesia primitiva haya sido creada para asegurar el orden en la redistribución de los recursos para las viudas y los huérfanos (Hechos 6:1-6).

De manera que, en la historia, las ofrendas de la iglesia eran parte de la economía de redistribución de Dios, y más del noventa por ciento debían ser dado a los pobres. Vivimos en una época en la que nos hemos encargado de revocar lo que Dios estableció. En promedio, el ochenta y cinco por ciento de las ofrendas se utiliza en gastos internos, principalmente en personal, edificios y cosas para satisfacer nuestras necesidades. Y esto linda con la malversación de fondos, así como el teólogo Ray Mayhew señala en su ensayo *Embezzlement of the Church: The Corporate Sin of Contemporary Christianity* [La malversación de la iglesia: El pecado común del cristianismo contemporáneo][8]. No es de extrañarse por qué la mayoría de los miembros de las iglesias cristianas da menos del tres por ciento de sus ingresos a la iglesia, y buscan otras formas para dar dinero a los pobres.

NUESTRA FAMILIA MUNDIAL

Como una manera de amar a nuestros prójimos en todo el mundo como a nosotros mismos, he tenido la oportunidad de proponer a Willow Creek y a otras congregaciones una visión

8. Ray se ha convertido en un viejo y querido amigo, quien con su erudición ha hecho muchos experimentos para utilizar el diezmo como el instrumento de Dios para la redistribución. Su ensayo se puede encontrar en el sitio web de Relational Tithe [Diezmo Relacional]: *http://relationaltithe.com*.

alternativa llamada *Jubilee Campaign* [Campaña del Jubileo], la cual igualaría la cantidad de dinero que se da a los pobres, dólar por dólar, con la cantidad de dinero que se gasta en proyectos de construcción. La idea surgió después de escuchar acerca de una congregación que, de manera constante, da el cincuenta y un por ciento de sus ofrendas fuera de las paredes de la iglesia y así se aseguran de estar comprometidos con amar a su prójimo como a sí mismos.

Imagínate el impacto que algo así tendría. Por ejemplo, tenemos muy buenos amigos en El Salvador, algunos de ellos son personas indígenas que tratan de perforar pozos. Se estima que el año pasado quince mil personas murieron en El Salvador solo porque no tenían agua potable. Mi buen amigo Atom, el científico que vive en mi vecindario, junto al equipo de agua que él y su esposa han organizado, descubrió que construir un pozo para toda una aldea cuesta dos mil dólares. ¿Qué pasaría si las mega iglesias evangélicas se dieran a conocer alrededor del mundo por brindar acceso a agua potable a países enteros, o por luchar para acabar con la pandemia del SIDA? Imagínate cómo eso colmaría de integridad las buenas nuevas que predicamos, en especial cuando el Evangelio que Jesús declara es buenas nuevas para los pobres.

DIEZMO RELACIONAL

Por lo menos, el diálogo con las personas de Willow Creek se volvió un catalizador para que muchos quitáramos la viga de nuestros ojos, en lugar de intentar quitar la astilla del ojo de nuestro prójimo. Ignacio, padre de la iglesia, expresó que si nuestra iglesia no se caracteriza por cuidar de los pobres, los oprimidos y los hambrientos, entonces somos culpables de herejía. Hace mucho se tuvo que haber hecho una nueva reforma. Comenzamos a soñar cómo sería volver a imaginar las ofrendas, ya que Dios las creó como instrumentos de una economía de redistribución. Analizamos la forma en que la iglesia primitiva llevaba las ofrendas a los pies de los apóstoles para que estos las distribuyeran entre las personas de acuerdo a su necesidad; y surgió la idea de algo hermoso y pequeño: el diezmo relacional[9].

El diezmo relacional es una red mundial de amigos nacidos de nuevo que están organizados en pequeñas células, como las del cuerpo, y que se cuidan entre sí. Así como ocurría en la igle-

9. http://relationaltithe.com

sia primitiva, todas las ofrendas y las necesidades se llevan a la comunidad. A diferencia de la iglesia primitiva, tenemos un blog y podemos transferir dinero alrededor del mundo. Tenemos un fondo en común donde colocamos el diez por ciento del total de nuestros ingresos. A menudo, las necesidades de nuestros vecindarios y pueblos se traen ante la comunidad y las suplimos según nuestra capacidad. Entre tanto, entablamos relaciones que de manera radical derriban los muros financieros que nos dividen, desde economistas hasta personas sin hogar, con la certeza de que juntos podemos lograr más de lo que lograríamos solos. Juntos, hemos ayudado a que amigos puedan tener automóvil, mantener los servicios básicos en sus casas, generar nuevos trabajos, enviar a sus hijos al campamento de verano, organizar fiestas de cumpleaños y enviar a personas a sus primeras vacaciones. Todo esto sucede gracias a las relaciones. Nadie que no tenga una base en la amistad sincera da o recibe algo. En 2004, cuando el tsunami azotó Tailandia, dos amigos de Diezmo Relacional fueron al lugar de la catástrofe. Al regresar, presentaron ante la comunidad las necesidades de las personas que habían conocido. Ayudamos a reparar cercas, barcos y parques (incluso aparecimos en un artículo de *Bangkok Post*, uno de los principales periódicos de Tailandia). Después de que el huracán azotara el Golfo en 2005, miembros de Diezmo Relacional y otros amigos enviaron provisiones y personas a Luisiana en un autobús que utiliza combustible vegetal (lo cual era, en particular, algo bueno en un tiempo en que los precios de la gasolina rondaban ¡los cuatro dólares por galón!)[10]. Los miembros de Diezmo Relacional también organizaron una red de familias y comunidades que abrió las puertas de sus hogares a personas que perdieron sus casas por el huracán. ¡Ah! Eso suena como la visión de Dios para una familia humana con un padre amoroso que tiene una billetera grande y divina.

LA REVOLUCIÓN DEL GRANO DE MOSTAZA

Jesús utiliza insólitas metáforas para referirse al reino de Dios; levadura, por ejemplo. Los judíos no eran muy fanáticos de la levadura; después de todo era la misma metáfora que había utilizado para describir la arrogancia farisaica infecciosa de la cual todos debían estar alerta. Así que para quienes no les gusta la imagen de

10. El autobús es propiedad de la querida banda *mewithoutyou*, un equipo deslumbrante de radicales ordinarios que modificaron el vehículo para funcionar con combustible vegetal (mewithoutyou.com).

la levadura, Jesús expresa que el reino de Dios es como la mostaza, y no estoy seguro si a ellos en verdad les agradaba esta metáfora más que la otra. ¿Sería posible que a Jesús se le hayan acabado sus metáforas? No lo creo. He escuchado una gran cantidad de sermones que se basan en la parábola del grano de mostaza. En estos se dice que Dios utiliza pequeñas semillas para hacer grandes árboles, pero yo creo que el significado es mucho más profundo.

De forma estratégica, Mateo ubica la parábola del grano de mostaza en medio de una historia acerca de la agricultura, en la cual Jesús les ordena a las personas no arrancar la mala hierba del campo, sino dejarla que crezca junto al trigo (Mateo 13:24-30; 36-43). Luego, les dice a sus oyentes que el reino de Dios es como la mostaza, la cual crece y se convierte en un gran árbol (Mateo 13:31-35). En una ocasión, escuché a un agricultor decir que la mostaza es como el kudzu[11], y un predicador de la ciudad lo comparó con la maleza que crece en las casas abandonadas y que rompe las aceras. Los judíos del primer siglo conocían muy bien cómo crecía el grano de mostaza, y su significado simbólico era, inequívocamente, algo muy claro. Quizá había algunas semillas de mostaza alrededor del lugar donde Jesús les hablaba.

Los judíos valoraban el orden, y tenían reglas muy estrictas acerca de cómo mantener un huerto limpio. Uno de los secretos era no darle cabida a la mostaza, pues era conocida por invadir los bien cuidados vegetales y otras plantas, así como por su rápido esparcimiento en el huerto. (Parecido a la levadura que se abre paso en la masa… um…) ¡Así es que si permitían su esparcimiento terminarían solo con mostaza! La ley judía incluso prohibía el plantar mostaza en el huerto (*m. Kil'ayim* 3:2; *t. Kil'ayim* 2:8). Cuando los campesinos del primer siglo escucharon las ilustraciones de Jesús, deben haberse reído, o quizás le habrían dicho que se callara antes de que lo mataran. Pero aquí está Jesús utilizando una planta infame para describir cómo el reino de Dios toma el control del mundo de una forma ingeniosa.

Muchas personas tenían altas expectativas de la venida del reino como un triunfo espectacular, y conocían muy bien la imagen de «los cedros del Líbano» que los profetas utilizaban, que describieron el reino como el árbol más grande, no muy diferente a la secuoya gigante. La imaginería de los cedros del Líbano habría causado algunos emotivos amén por parte de la multitud, y quizá

11. El kudzu es una parra salvaje que con gran facilidad se apodera del área (de niño, jugaba con ella). Sin llamar la atención, esta parra puede cubrir laderas de montaña, sofocar árboles y romper el cemento de los edificios.

hasta el baile de algunas personas. No obstante, Jesús ridiculiza esas expectativas triunfalistas. Después de todo, incluso la mostaza más vieja alcanza solo unos cuantos pies de altura, un modesto y pequeño arbusto.

La revolución de Jesús no es un ataque frontal en contra de los imperios de este mundo. Es un contagio sutil; una vida a la vez, una casa hospitalaria a la vez. ¿No es interesante que Saulo de Tarso entrara de casa en casa (Hechos 8:3) para tratar de detener el contagio como si se tratara de cáncer? Pero mientras más trataban de erradicarlo, más rápido se esparcía. Al final, hasta Pablo se contagió. El grano de mostaza se apoderó de él.

Otra conversión que me encanta es la de un hombre llamado Minucio Félix. Félix, un perseguidor de los primeros cristianos, tildó a los seguidores del Camino de aquel tiempo como una «conspiración profana» y una «confederación de impíos» que se multiplicaba por todo el mundo «al igual que la mala hierba». Llegó al punto de decir que el cristianismo debía ser eliminado de raíz. Años después, Minucio fue lleno de las llamas infecciosas del amor de Dios, y se unió a esa conspiración del pequeño grano de mostaza[12].

La mostaza siempre se ha conocido por su gran mordacidad. En los días del Imperio Romano, la mostaza era símbolo de poder. Darío, rey de los persas, invadió Europa y conoció a Alejandro Magno. Darío le envió a Alejandro un saco de semillas de sésamo como burla, para indicar la multitud de soldados que él tenía. Alejandro, en respuesta le envió un saco con granos de mostaza con el mensaje: «Ustedes pueden ser muchos, pero nosotros somos poderosos, podemos derrotarlos», y en verdad lo hizo.

12. La historia de Minucio es una hermosa muestra de la revolución irresistible. Como aplicador de la ley y perseguidor de cristianos, Minucio entendía muy bien los fundamentos del imperio y de la institución religiosa; sin embargo, un tiempo después, él también se vio contagiado por el amor. Esto es lo que él decía acerca de los cristianos antes de su conversión en el año 200 d. C.: «Ellos desprecian los templos como si estos fueran tumbas; desprecian títulos de honor y el manto de purpura de los oficiales de gobierno, aunque apenas pueden cubrir su desnudez… Ellos se aman los unos a los otros antes de conocerse; practican culto a la lujuria, pues entre ellos se llaman hermanos y hermanas indiscriminadamente».

Y esto es lo que dijo después de su conversión: «¿Por qué no tienen altares, templos ni imágenes?... ¿Qué templo podría yo construirle (a Dios) cuando el mundo entero, el cual es creación de sus manos, no lo puede contener? ¿No sería mejor que le hiciéramos un santuario en nuestras almas? Todo el cielo, toda la tierra y todas las cosas más allá de los confines de la tierra están llenos de Dios… Casi podría decir: Vivimos con él. Que hermosa señal es para Dios cuando un cristiano se burla del sonido de las herramientas de muerte y del horror del verdugo, cuando defiende y sostiene su libertad en presencia de reyes y príncipes en obediencia exclusiva a Dios, a quien pertenece. Entre nosotros, niños y mujeres frágiles se ríen en menosprecio a las torturas, la horca y todos los otros horrores de la ejecución». Eberhard Arnold, ed., *The Early Christians: In Their Own Words* [Los primeros cristianos: En sus propias palabras], Plough, Farmington, PA, 1998.

Así que, una vez más, Jesús le cambia el significado al poder. Su poder no se trataba de aplastar, sino de ser aplastado, y de esa forma, con su cruz, triunfar sobre la espada del imperio. La mostaza se debe aplastar, enterrar y quebrar para poder liberar su poder. En el evangelio de Juan, Jesús compara su muerte y su resurrección con un grano que se quiebra: «Ciertamente les aseguro que si el grano de trigo no cae en tierra y muere, se queda solo. Pero si muere, produce mucho fruto » (Juan 12:24). Ese es el loco misterio que celebramos, un Cristo a quien se le destrozó el cuerpo y que derramó su sangre como los granos y las uvas de la Eucaristía, la cual nos da vida. La mostaza también era conocida por sus propiedades curativas. Esta se frotaba en el pecho para ayudar a la respiración, algo muy parecido al *Vicks vaporRub*. La mostaza era el patrocinador oficial de la revolución de Jesús, un bálsamo curativo, un símbolo de poder al revés, y un buen aderezo para un banquete *kosher*.

Como si no fuera poco (¡y nos preguntamos por qué las personas estaban tan molestas!), Jesús agrega una cosa: «Vienen las aves del cielo y anidan en sus ramas» (v. 32). Otro aspecto común en la imaginería hebrea de los cedros del Líbano es que las naciones pueden anidar en sus ramas. Pero Jesús le da un sentido interesante cuando dice que las «aves» pueden venir y descansar en las ramas del árbol de mostaza. La palabra aves no se refiere a las majestuosas águilas que habitan en los cedros, sino a las detestables aves de rapiña, las que comen carroña (Génesis 15:11; Deuteronomio 28:26). Los agricultores no querían estas aves en sus huertos. Esta es la razón por la que ponían espantapájaros. Bendito sea su nombre, Jesús dice que el reino de Dios es «para las aves». Los indeseables encuentran un hogar en este pequeño árbol.

CUANDO EL CÉSPED ATRAVIESA EL CONCRETO

Hoy en día, muchos le apostarían al mega modelo de crecimiento como la forma de acercar la venida del reino, pero olvidamos lo que sucede cuando construimos nuestras torres y santuarios con la esperanza de alcanzar a Dios (de una forma figurada o física). Nos alejamos cada vez más del Dios que estaba con nosotros en el jardín, que acampó con nosotros en el desierto, que levantó su tienda junto a nosotros por medio de Jesús y quien aparece como una pequeña semilla.

Uno de los primeros movimientos registrados en las Escrituras es uno que provino de la belleza del pequeño jardín y pasó a la fealdad de la gran ciudad (Génesis11:1-9). Las personas decidieron edificar una gran torre, Babel, y la tierra a su alrededor fue conocida como Babilonia. Las Escrituras dicen que las personas querían «hacerse un nombre». Esperaban alcanzar la belleza del cielo, y en su lugar se alejaron cada vez más del Dios que habitaba con ellos en el jardín. Con rapidez, Dios terminó su proyecto de construcción al esparcirlos por toda la tierra en diferentes tribus y con diferentes leguas. En última instancia, Dios está en el proceso de derribar lo que la Biblia llama la Gran Babilonia Madre de las prostitutas. Una y otra vez, Israel es reprendido por su falta de fidelidad a Dios, pues corre a los imperios como ramera ansiosa de poder, riquezas y carros de las ciudades imperiales.

Todo inicia en el jardín, pero termina en la ciudad. Es hermoso que, como ciudad de Dios, la Nueva Jerusalén esté descubierta (Apocalipsis 21), y que no haya ninguna iglesia de lujo, ni siquiera un templo (v. 22), pues Dios vive entre nosotros de nuevo, así como en el jardín y en el desierto. Tenemos que traer el jardín a la ciudad. El río de agua de viva y el árbol de la vida se han apoderado del mundo. ¡Es un campamento con Dios, en medio de la ciudad! En lugar de que nuestras torres y templos alcancen el cielo, el Dios del cielo alcanza la tierra y mora entre nosotros (v.3).

Estas son buenas noticias para nosotros cuando nos damos cuenta de la fragilidad de nuestras torres, cuando sentimos la frialdad del mercado, cuando vemos el intento fallido de alcanzar la paz imperial. No solo estamos esperando traer el jardín a la cuidad, también lo estamos promulgando: tirar semillas en lugares de desperdicios tóxicos, hacer mosaicos con armas de juguete, reclamar los botaderos de basura para convertirlos en jardines urbanos, tomar el control del mundo de concreto donde las llantas y los monitores de televisores y computadoras se vuelven macetas para flores en nuestro techo. El contagio del amor de Dios se esparce por toda la tierra como una pequeña planta de mostaza que se dispersa poco a poco hasta apoderarse del mundo entero.

CAPÍTULO 13

LOCO PERO NO SOLO

Sé

tomand

vida en

go, ya v

vida. Cu

vuelta a

querido

de imag

taba en

y comp

medici

el que

de din

solo te

demás

no nec

Per

araba

en las

tarme

evitar

tenía

Sé

toman

vida e

go, ya

vida. C

vuelta

querid

de ima

taba en

y comp

medici

el que

dinero

Vivimos en un mundo de oxímoron y contradicciones. Es seguro que ya has oído el viejo chiste de: «el diario es periódico, ¿no?». También nos encontramos con los oxímoron cotidianos, como, «comida chatarra», «cambio constante», «café descafeinado» y «ciencia ficción». Por supuesto, también tenemos los que vemos de vez en cuando, como «derecho irrenunciable», «discriminación positiva», «mala suerte», «envidia sana», «Metodistas Unidos» y «crecimiento negativo». Y para terminar, tenemos esas contradicciones que chocan con nuestra lógica y ética, como «inteligencia militar», «misiles de mantenimiento de la paz», «guerras justas», «bombas inteligentes», y «fuego amistoso». Umm... Es sorprendente que sepamos distinguir la izquierda de la derecha y lo bueno de lo malo.

Solía pensar que los que esperamos cosas que no podemos ver y creemos que el mundo puede ser distinto de lo que es éramos los locos. Así nos suelen llamar las personas que pasan su vida entera intentando convencer a los demás de que lo que hacen sí tienen sentido. Ahora más y más personas están comenzando a pensar que tal vez otro mundo es posible y necesario, y que no es tan difícil imaginárselo. Comienzo a preguntarme si, de hecho, no nos habremos vuelto cuerdos en un mundo loco. En un mundo de bombas inteligentes e inteligencia militar, necesitamos más tontos, más tontos santos que insistan que la locura de la cruz es más sabia que cualquier poder humano. Y el mundo nos podrá tildar de locos.

El profesor reconocido por su buen humor y profeta de esquina Peter Maurin, cofundador del Movimiento del Trabajador Católico lo expresó así: «Si estamos locos, es porque nos negamos a ser locos de la misma manera en que el resto del mundo se ha vuelto loco». Si algo es loco, depende de nuestra perspectiva. Después de todo, ¿qué es más loco, que una persona tenga tanto dinero como las economías combinadas de veintitrés países, o sugerir que si compartiéramos, habría suficiente para todos? ¿Qué es más loco, gastar miles de millones de dólares en un escudo de defensa antimisiles o sugerir que compartamos nuestros miles de millones de dólares para que no necesitemos un escudo de defensa? ¿Qué es más loco, mantener contratos de armamento con ciento cincuenta y cuatro países mientras le pedimos al mundo que se deshaga de sus armas de destrucción masiva, o sugerir que estemos al frente del desarmamiento al negarnos a comerciar armas con más de la mitad del mundo y al vaciar el arsenal de armas más grande del mundo aquí en nuestro propio país? Es una locura que Estados

Unidos, país que conforma menos del seis por ciento de la población mundial, consume casi la mitad de los recursos mundiales. Es una locura que el estadounidense promedio consume tanto como 520 etíopes, mientras se declara que la obesidad representa una «crisis de salud nacional». Algún día la guerra y la pobreza serán una locura, y nos preguntaremos cómo el mundo llegó a permitir la existencia de tales cosas. Algunos de nosotros solo hemos vislumbrado la belleza de la tierra prometida, y es tan despampanante que no le quitamos los ojos de encima, y nunca voltearemos a ver cómo funcionaba el viejo imperio.

RESUCITAR DE ENTRE LOS MUERTOS

El filósofo alemán de finales del siglo diecinueve Friedrich Nietzsche conocía demasiado bien la quietud de la iglesia. (Venía de una larga línea de ministros luteranos). Él contó la famosa (o infame) historia del loco que llega corriendo al mercado temprano una mañana y grita: «¡Estoy buscando a Dios! ¡Estoy buscando a Dios! ¿Dónde está Dios?». La gente del pueblo se burla de él. Las risas lo convencen de que Dios está muerto, y le dice a la multitud: «Donde quiera que esté Dios [...] les diré: ustedes y yo lo hemos matado». Se pregunta cómo hemos estado alabando al mar y al cielo y ahora nos tiramos al vacío, sin ningún sentido de dirección. El loco les pregunta a las personas si pueden sentir que el mundo se está volviendo más frío y que la noche se está apoderando del día. Les pregunta qué lavará la sangre que tienen sobre sí y qué juegos les podrían hacer olvidar. Les pregunta si pueden oler la muerte de Dios entorno a ellos y por qué todas las iglesias parecen tumbas. Y el loco se calla mientras el pueblo entero lo mira asombrado[1].

Sé que es un poco mórbido, pero mira a tu alrededor. Vivimos en un mundo de zombis, en medio de una quietud que ha infectado hasta la iglesia. El profeta Ezequiel observó una quietud similar y se preguntó si se levantarían los huesos de los muertos. La quietud está en el aire. Se puede ver en el subterráneo, en los aviones y rascacielos; las personas vacías y solas se preguntan si esta vida puede ser más que el duro trabajo con el que llenan sus vidas. (Antes quería comprar un coche fúnebre para pintarlo con las palabras «Levántense de entre los muertos» y conducirlo por la calle, pero mis amigos me convencieron de que talvez no

1. Friedrich Nietzsche, *The Gay Science* [La gaya ciencia], ed. Walter Kaufmann; Vintage, Nueva York, 1974, (pp. 181–82 del original en inglés).

era la mejor idea. Los coches fúnebres tienden a gastar bastante gasolina.) Recuerdo que uno de los primeros sermones que di era una ingeniosa charla sobre cómo el mundo está lleno de muertos vivientes, personas que respiran el aire pero en realidad no están vivas. Comparé dicha falta de vida con los vampiros y dije que los vampiros no pueden tolerar la luz. No pueden tolerar la cruz. (Y por lo visto no les gusta el ajo, pero eso no lo mencioné.) Bueno, fue un sermón pésimo y una analogía vergonzosa, pero ahora que recuerdo mis sueños de juventud, veo que lo que quería era levantarme por encima de esa quietud, levantarme por encima de las personas que no sienten ni sueñan sino que solo existen.

LOCOS PERO NO SOLOS

No estamos solos, pero el silencio espeluznante nos puede hacer sentir solos. Durante mucho tiempo he dicho: «Debemos recordarnos los unos a los otros que no estamos locos, o por lo menos, no estamos solos». A Jesús y a la mayoría de los apóstoles se les acusaba de estar locos. A muchos de los santos casi los meten a manicomios, y a algunos sí los metieron. (Y talvez algunos tele-evangelistas también los deberían meter allí, pero eso queda para el próximo libro.)

Incluso durante las eras más oscuras de la infección imperial, cuando parecía que se había perdido por completo la identidad del cristianismo, grandes renovaciones y voces proféticas declararon que un futuro diferente era posible. Muchos de nosotros hemos llegado a ver los movimientos monásticos dentro de la iglesia como algo que sigue el camino de la cruz, sobre todo en épocas en las que vemos un cristianismo distorsionado y revoluciones falsas. Nos volvemos hacia ellas a la espera de llenarnos de esperanza y valor, incluso cuando vemos que el Espíritu está creando un poderoso movimiento en la iglesia norteamericana.

Creo que se está dando un gran despertar del somnoliento cuerpo de Cristo. Una vez escuché a alguien llamarnos la generación de Lázaro[2], porque somos una generación que se levanta de la apática quietud de este mundo, una iglesia que se está despertando. Hay un verso precioso en el que Jesús regaña a los que lo están escuchando porque se han vuelto indiferentes y fríos, porque han olvidado como reír, llorar y sentir. Dice: «¿Con qué puedo comparar a esta generación? Se parece a los niños sentados en la plaza que gri-

2. En relación al incidente en el que Jesús levantó a su amigo Lázaro, que estaba muerto. Lázaro todavía vestía un sudario y apestaba a muerto, pero estaba vivo.

tan a los demás: "Tocamos la flauta, y ustedes no bailaron; cantamos por los muertos, y ustedes no lloraron"» (Mateo 11:16-17). Está comenzando un nuevo día. Estamos tocando la flauta, y la gente, desde *Wall Street* hasta los guetos, está comenzando a danzar.

Pequeñas comunidades están surgiendo por doquier: zelotes, cobradores de impuestos, prostitutas y cobardes, se están convirtiendo juntos. Hay una nueva confederación tribal de comunidades de fe, una comunidad de comunidades, que está surgiendo y soñando con visiones antiguas. No somos una neo-denominación, puesto que no estamos intentando dar a conocer una doctrina o ideología. Ni siquiera estamos intentando dar a conocer un modelo de comunidad. Simple y sencillamente estamos intentando descubrir un nuevo (antiguo) tipo de cristianismo. Lo que hacemos es dar a conocer un estilo de vida que existe de manera orgánica y relacional, y que está marcado por un amor y una gracia tan fuertes que nadie se les puede resistir. Ahora solo tenemos que unir los puntos. Siempre me gustaron esos tontos dibujitos de unir los puntos, porque veía como un montón de puntos se convertían en una obra de arte preciosa. En todos los lugares a los que voy me encuentro con grupos de personas que tienen sueños nuevos y antiguos sobre lo que significa ser la iglesia y amar a nuestros vecinos del mundo. Casi en todos los lugares en los que hablamos, los jóvenes se presentan con ojos llorosos, porque se enteran de que no son los únicos que sueñan con un mundo diferente. Una y otra vez, oímos que dicen: «Sabía que el cristianismo era algo más». Estamos despertando. Lo que parecía imposible se está volviendo algo normal.

Ya que es algo pequeño, como el viejo grano de mostaza, es posible perderse la pequeña revolución que se está extendiendo a lo largo de nuestro país, como resultado de la polinización cruzada por parte de una red continua de relaciones y una visión común de alternativas a las estructuras mundanas existentes, de economías de trueque, de fondos colectivos para emergencias (en lugar de seguros), de interrupciones proféticas de la guerra y del robo, de la jardinería urbana sostenible y alternativas de energía renovable, del uso de la basura y los escombros de un mundo consumista para crear cosas que aportan vida y belleza. Hemos estado muy contaminados por el mundo, como diría James, así serle fiel al Camino nos exige muchísima creatividad y un aprendizaje conjunto. Mientras tanto, estos pequeños actos de amor se están apoderando del mundo como la mostaza se esparce por el jardín. Y Jesús afirma que el mundo nos odiará, porque no somos del mundo. Si el mundo no nos odia, debemos preguntarnos si de verdad nos estamos imaginando una alternativa.

ADORMECIDOS EN LA LUZ

Cuando a la oscuridad de nuestro mundo, y a todos los miedos que guardamos en esa oscuridad, los atraviesa la luz del amor de Dios y la posibilidad de que él tiene otras ideas en mente sobre cómo debemos vivir, sucede algo liberador. Sin embargo, siempre existe el peligro de que el resplandor de la luz nos hipnotice. Puede volverse algo bastante cómodo, como una fogata. Podemos escalar hasta las manos de Dios y dormirnos en el dulce aroma y cómodo calor cerca del fuego. Y una parte muy grande del mundo yace en la oscuridad fría y pegajosa del sufrimiento, la opresión y la desigualdad humana. Un amigo mío, John Francis Maher canta una canción muy bonita que le susurra a las multitudes gimientes: «No dejen que sus ojos se adapten a la oscuridad». Quizá también podríamos añadir, para los que están cerca del fuego: «No se duerman en la luz». No deberíamos acostumbrarnos a la oscuridad del sufrimiento humano ni dormirnos en la comodidad de la luz.

Una vez oí a nuestro hermano Steve Chalke, un líder religioso y ministro en el Reino Unido, describir cómo un niño pequeño se tropezaba mientras atravesaba una casa en llamas. Cuando mira a su alrededor, se da cuenta de que hay una manguera, que toma con rapidez, pero luego, cuando intenta con desesperación apagar el fuego, nota otra cosa, algo peculiar. A su alrededor hay camiones con bomberos, pero todos los bomberos están dormidos. Entonces el niñito tiene que tomar una decisión. O emprende la dificilísima tarea de tratar de apagar el fuego solo, o utiliza la manguera para mojar y despertar a los bomberos, de manera que todos puedan apagar el fuego juntos.

La elección parece fácil cuando vemos cuán grande es el averno en nuestro mundo y cuán pequeñas son nuestras manos. Es un mundo de grandes bestias y pequeños profetas, pero también de radicales ordinarios que se levantan de la quietud. La oscuridad de nuestro mundo intentará sofocar la luz, así que nos tendremos que rodear de personas que nos harán brillar más.

FUEGO ARRASADOR

Mi abuelo solía producir pacas de heno, y todos sabían que compraba tractores y equipo nuevo sin que mi abuela estuviera de acuerdo. Un verano, acababa de comprar un camión y un tráiler nuevos y los quería estrenar. Así que él y mi tío comenzaron a cargarlo con las pacas de heno dispersas por el terreno y las apilaron cada vez más alto, hasta más no poder. Después emprendieron el camino con todo el heno. Mi tío iba conduciendo y mi abuelo iba a su lado como un orgulloso pasajero. Lo que no notaron era que una de las pacas de heno estaba en contacto con una de las llantas. Esto es muy peligroso, debido a una cosita que se llama fricción.

La paca no tardó en incendiarse, y luego otra, y otra más. (No olvidemos que se trataba de heno.) Llegó el momento en el que el camión parecía un cometa que iba por la carretera. Y no lo notaron. Es probable que fueran hablando de lo bien que estaba el camión o cantando canciones del grupo *Chuckwagon Gang*. Las personas comenzaron a mover los brazos con desesperación, y mi tío solo asentía con la cabeza. (Solemos hacer eso en el este de Tennessee.) Sin embargo, de pronto miraron al espejo y vieron las llamas. Se estacionaron al lado de la carretera y se salieron del camión. Esto creó más problemas, porque las llamas que antes iban hacia atrás, se dirigieron hacia arriba y comenzaron a derretir la parte de atrás del camión. Mi tío notó que mi abuelo tenía la guantera abierta y le preguntó qué estaba haciendo. Mi abuelo señaló el montón de cosas que había sacado y dijo: «No quiero que estas cosas se quemen también». Pero mi tío no se dio por vencido así de fácil. Le dijo con brusquedad: «No, súbete en el camión». Y lo hicieron. Mi tío pisó el acelerador y volvieron a la carretera, esta vez con el objetivo de deshacerse del fuego. Comenzó a zigzaguear para que se cayeran las pacas de heno. Pero luego los trigales comenzaron a incendiarse. Poco después, los seguían camiones de bomberos de todos los condados vecinos, los cuales trataban de minimizar el daño, y al final lograron apagar el averno.

Mi abuelo me dijo, después de que salió de la cárcel (no, son bromas): «Shane, incendiamos la mitad del este de Tennessee». Nos carcajeamos como locos. Y me dije: *Así es el reino de Dios*. Los cristianos resplandecen por este oscuro mundo y lo incendian con su amor. Es contagioso como fuego arrasador. Somos personas que brillan, que quemamos la oscuridad de este mundo viejo con la luz que yace dentro de nosotros. Y talvez el mundo preguntará qué rayos pasó por aquí.

No solo estamos llamados a ser velas; las velas embellecen los servicios navideños y las vigilias por la paz (o una bonita canción de Elton John). Nos recuerdan que la luz de Dios yace dentro de nosotros, y que tenemos que arrojar esa luz sobre este oscuro mundo. Pero no solo se nos llama a ser velas. Se nos llama a ser fuego[3]. Las velas las puede apagar una suave brisa o el niñito más pequeño en el día de su cumpleaños. Pero es más difícil apagar un fuego. Debemos ser fuego, debemos entretejer nuestras vidas para que el averno del amor del Espíritu se esparza alrededor del mundo. Somos una esposa, no un harem.

MAMÁ IGLESIA (QUE DIOS BENDIGA SU CORAZÓN)

Es raro que mientras muchas de las principales denominaciones tradicionales y los anabaptistas de la vieja escuela están tratando de averiguar cómo rellenar las bancas vacías o cómo cambiar las bancas por tambores y emoción para atraer a los jóvenes, haya tantas comunidades y tantos visionarios que están comenzando proyectos de los cuales me cuesta mantenerme al día. Estamos a punto de rebasar en todo momento. Casi todas las semanas me llaman personas que quieren ayuda para comenzar una nueva comunidad o una casa de hospitalidad. Incluso han llegado personas a nuestra puerta, dispuestas a seguir a Jesús pero sin tener una idea de cómo comenzar[4]. Acabo de ver una valla publicitaria muy, muy triste. La iglesia católica estaba buscando sacerdotes, deseaba reclutar algunos hombres buenos. Tantos de nuestros grupos están repletos de jóvenes visionarios que necesitan buen liderazgo. Así que a los jóvenes les digo: debemos recordar que tenemos que permanecer anclados en la iglesia, puesto que necesitamos raíces y sabiduría.

Me parece que Dios nos podría rodear con personas mayores a medida que le aportamos energía nueva a un cuerpo que envejece, pero los mayores necesitarán de mucho valor para soñar cosas nuevas y permitir que una nueva generación cometa sus propios errores. Y la nueva generación de la iglesia tendrá que ser muy humilde para escuchar los sabios consejos de nuestros mayores y saber que podemos aprender de los errores de otros.

3. Y cuando digo fuego, me refiero al tipo de fuego que purifica y limpia, no el tipo de fuego que destruye. Este es el suave fuego del cual hablan las Escrituras, el fuego que derrite las impurezas de los metales preciosos. El fuego que quema la paja y las ramas secas para que podamos vivir una vida plena, como personas y como planeta. Es el fuego que consume arbustos y pecadores sin destruirlos.

4. Hace algunos años llamó Tony Campolo y dijo que acababa de hablar con un grupo de personas sobre vender todas sus posesiones y dárselas a los pobres, y de hecho lo hicieron. Dijo que uno de ellos iba en un autobús *Greyhound* camino a nuestra casa. Le dije a Tony que le daríamos al chico su dirección (¡ja!).

Hay tantas señales de esperanza, queridos amigos, y no solo dentro del mundillo cristiano. Lo loco de todo esto es que estamos comenzando a ser lógicos; los radicales ordinarios nos rodean. Así que no debemos permitir que nos separemos de la iglesia con cinismo farisaico. Eso es demasiado fácil y demasiado vacío. A esas comunidades que se han separado de la iglesia establecida, les pido que por favor tiendan un puente, porque la iglesia necesita su voz profética. Podemos hacer más cosas juntos que solos.

Si se les ha dado el regalo de la frustración y si en el fondo sienten que el mundo es un desastre, denle gracias a Dios; no todo el mundo tiene el don de la visión. También significa que tienen una responsabilidad de liderarnos por caminos nuevos. Reconocer que algo está mal es el primer paso para cambiar el mundo. Así que para los que casi nos hemos dado por vencidos con la iglesia, que nos consuelen las palabras de San Agustín: «La iglesia es una prostituta, pero es mi madre». Es un desastre y tiene muchos hijos ilegítimos, pero también es nuestra mamá y logró traernos a la vida y darnos suficientes verdades como para que nos hagamos las preguntas que incluimos en este libro.

Una vez oí a un pastor decir: «La iglesia es como el arca de Noé. Apesta, pero si te sales de ella, te ahogarás». Nosotros somos la iglesia. Si fuese perfecta, la arruinaríamos tan pronto como nos uniéramos a ella. Así que espero que tengamos paciencia, incluso con esos cristianos y pastores que nos dejan nauseabundos o nos aburren muchísimo. Después de todo, nos han contado una parte suficiente de la historia para que podamos encontrarnos con Dios y la comunidad. Un amigo nos dijo que talvez deberíamos ver a la iglesia como un padre disfuncional. La honramos, nos sometemos a ella y la amamos, pero no permitimos que destruya a las personas que amamos con su mal funcionamiento. Reconocemos que nuestra belleza y nuestro dolor no se pueden separar del suyo. El Creador y la iglesia son nuestros padres, y tener a uno sin el otro nos deja muy vacíos. Aunque nuestra madre tiene muchos hijos ilegítimos, la seguimos queriendo.

Quizá estemos un poquito locos. Después de todo, creemos en cosas que no vemos. Las Escrituras dicen que la fe es «la garantía de lo que se espera, la certeza de lo que no se ve» (Hebreos 11:1). Creemos que la pobreza puede dejar de existir, aunque está por todos lados. Creemos en la paz, aunque solo escuchemos rumores de guerra. Y ya que somos un pueblo de expectativa, estamos tan convencidos de que se acerca un mundo nuevo, que estamos viviendo como si ese mundo nuevo ya estuviese aquí. Como dice el prominente activista evangélico Jim Wallis: «Creemos a pesar de las evidencias [...] y observamos cómo las evidencias cambian». Así que comencemos a vivir como si ya no hubiese pobreza, y veremos cómo deja de existir. Comencemos ahora a convertir nuestras espadas en arado, y el reino comenzará a ser no solo algo que esperamos ver al morir, sino también algo que vemos en la tierra tal y como es en el cielo, el reino que está entre nosotros y dentro de nosotros.

Oro por que tengamos la integridad de los primeros cristianos, que al mismo tiempo que denunciaban a su imperio en Roma, eran capaces de invitar a personas a unirse al Camino: pequeñas comunidades distribuidas por todo el imperio. Tenemos una enorme responsabilidad de proveer una alternativa para los niños que ven en el servicio militar la única esperanza para ir a la universidad, a los jóvenes que ven en la economía de mercado su única esperanza para la providencia. Que le dediquemos nuestras vidas a hacer que la manera de vivir como Jesús sea accesible para todos. El mundo está sediento. Toda la creación está gimiendo. El cristianismo tal cual es no ha satisfecho las almas de aquellos que están sedientos por un estilo de vida diferente.

Un escéptico le preguntó a una amiga mía: «Ustedes no son más que un grupo de radicales idealistas. ¿Qué les hace pensar que en realidad pueden cambiar el mundo?». Ella respondió: «Señor, si estudia la historia comprenderá [...] que es la única manera en la que se ha hecho». Bienvenido a la revolución irresistible, un estilo de vida nuevo y antiguo que es tan atractivo que... ¿quién buscaría otra cosa? Bienvenidos a la revolución de personas pequeñas, guerrilleros de la paz, profetas danzantes, la revolución que ama y ríe. La revolución comienza dentro de nosotros, y, mediante pequeños actos de amor, se apoderará del mundo. Comencemos a ser cristianos una vez más. Jesús, danos el valor que necesitamos.

EL PRINCIPIO

Así que hemos llegado al final del libro, y siento que debería hacer un llamado al altar. Pero permíteme recordarnos que los llamados al altar se originaron durante los avivamientos apasionados de los evangelistas del siglo diecinueve como Charles Finney. La razón por la cual los hacían era para registrar a nuevos convertidos para el movimiento en contra de la esclavitud. No estaban sencillamente llamando a personas para que se convirtiesen en creyentes; estaban llamando a las personas para que se unieran a un movimiento de radicales ordinarios. En el altar, se mezclaban creencias y acciones, y así nacían los extremistas en el amor. Así que una vez más, ha llegado el momento de un llamado al altar, pero este es un poco diferente. Es un llamado al altar para el mundo, una invitación a ver un nuevo tipo de cristianismo y para escuchar la confesión de una iglesia arrodillada que te pide perdón por el desastre que hemos ayudado a hacer. Y es un llamado «alter»[5] o «alternativo» para la iglesia, para que alteremos nuestra visión de los patrones del mundo y creemos nuevas maneras de vivir. Así que es un poco distinto de los festivales de lágrimas de mi juventud, en los que invadíamos en masa el altar para nacer de nuevo cada año. Las lágrimas que derramamos no son solo por nosotros sino también por nuestro mundo. Los pecados que confesamos no son solo tomar demasiada cerveza sino también emborracharnos con los cócteles de la cultura. No solo estamos poniendo nuestras vidas en el altar sin nada que recoger, sino que estamos recogiendo una revolución irresistible que el mundo está esperando.

Así que con todas las cabezas inclinadas y todos los ojos cerrados, comencemos.

5. No me gustan los juegos de palabras, ni mucho menos me gusta robármelos, pero este se lo robé a unos amigos. En el otoño de 2005, algunos tipos llenos de dinamismo crearon una revista llamada Geez, que era un esfuerzo prometedor para armonizar las voces de los radicales ordinarios. Tienen un maravilloso juego de palabras con el llamado al altar, puesto que se hacen llamar un «alter» llamado a las orillas de la fe, y de una manera lista invitan a las almas inquietas y hartas de la iglesia a crear maneras alternativas de vivir.
Échale un vistazo a http://geezmagazine.org

APÉNDICE 1

REVOLUCIONES LOCALES Y RADICALES ORDINARIOS

Aquí tenemos a algunas de las revoluciones locales y los radicales ordinarios que inspiraron este libro y con quienes se está compartiendo el dinero obtenido por este libro.

The Alternative Seminary, Filadelfia, PA
Atonement Lutheran Church, Filadelfia, PA:
http://atonementlutheranchurch.beliefnet.com
Bartimaeus Cooperative Ministries, Pasadena, CA:
http://www.bcm-net.org/
Beloved Community Center, Greensboro, NC:
http://www.belovedcommunitycenter.org/
Brandywine Peace Community, Swarthmore, PA:
http://www.brandywinepeace.com/
Bread for the World: *http://www.bread.org/*
Bruderhof: *http://www.bruderhof.org/*
Camdenhouse, Camden, NJ: *http://www.camdenhouse.org/*
Cedar Ridge Community Church, Spencerville, MD:
http://www.crcc.org/
Christian Brotherhood Newsletter:
http://www.christianbrotherhood.org/
Christian Community Development Association:
https://www.ccda.org/
Christian Peacemaker Teams: *http://www.cpt.org/*
Church under the Bridge, Waco, TX:
http://www.churchunderthebridge.org/
Church of the Savior Servant Leadership School, Washington, D.C.
Circle of Hope, Filadelfia, PA: *http://www.circleofhope.net/*

Coalition of Immokalee Workers, Immokalee, FL:
http://www.ciw-online.org/
Commonground Community, Shreveport, LA
Communality, Lexington, KY
Cred Jewelry: *http://www.cred.tv/*
EAPE, St. Davids, PA: *http://www.tonycampolo.org/*
Eastern University, St. Davids, PA: *http://www.eastern.edu/*
Ekklesia Project: *http://www.ekklesiaproject.org/*
Evangelicals for Social Action, Wynnewood, PA:
http://www.esa-online.org/
Families for Peaceful Tomorrows:
http://www.peacefultomorrows.org/
The Forgiveness Project: *http://www.theforgivenessproject.com*
Gandhiji Prem Nivas leper colony, Calcuta, India
Geez magazine: *http://www.geezmagazine.org/*
Global Exchange: *http://www.globalexchange.org/*
Harambee Community, Pasadena, CA
Hip Hop Caucus: *www.Hiphopcaucus.org/*
House of Grace Catholic Worker, Filadelfia, PA
Iglesia del Barrio, Filadelfia, PA
Imago Dei, Portland, OR: *http://www.imagodeicommunity.com/*
International Justice Mission: *http://www.ijm.org/*
Jesus People USA, Chicago, IL: *http://www.jpusa.org/*
Jesus Radicals: *http://www.jesusradicals.com/*
Jonah House, Baltimore, MD: http://www.jonahhouse.org/
Jubilee Partners, Comer, GA: http://www.jubileepartners.org/
Kensington Welfare Rights Union, Filadelfia, PA: *http://www.kwru.org/*
Kid Brothers of St. Frank: *http://www.richmullins.com/*
Little Flower Catholic Worker, Trevilians, VA
Mars Hill Bible Church, Grand Rapids, MI: *http://www.mhbcmi.org/*
Mennonite Central Committee: *http://www.mcc.org/*
Mewithoutyou: *http://www.mewithoutyou.com/*
MissionYear: *http://www.missionyear.org/*
Missionaries of Charity
Mustard Seed Associates, Seattle, WA: *http://www.msainfo.org/*
New Jerusalem, Filadelfia, PA: http://www.libertynet.org/njl/
New Providence Community Church, Nassau, Bahamas:
http://www.npcconline.org/
Oasis, United Kingdom: *http://www.oasistrust.org/*
ONE campaign: *http://www.one.org/*
Open Door Community, Atlanta, GA:
http://www.opendoorcommunity.org/

PA Abolitionists: *http://www.pa-abolitionists.org/*
The Pink House, Fresno, CA
Poor People's Economic Human Rights Campaign, Filadelfia, PA: *http://www.economichumanrights.org/*
Psalters: *http://www.psalters.com/*
Re-Imagine: *http://www.reimagine.org/*
Relational Tithe: *http://www.relationaltithe.com/*
Reba Place Fellowship and Church, Chicago, IL: *http://www.rebaplacefellowship.org/*
Revelation Church, Reino Unido: *http://www.revelation.org.uk/*
Riverbend Commons, Corona, CA
Rivercity Church, Chicago, IL: *http://www.rivercity.cc/*
Runaway Circus: *http://www.runawaycircus.org/*
Rutba House, Durham, NC
Sacred Heart Catholic Church, Camden, NJ: *http://www.sacredheartcamden.org/*
Shalom Mission Communities: *http://www.shalomconnections.org/*
Shekina Baptist Church/Shalome Baptist Church, Santa Ana, El Salvador
The Simple Way, Filadelfia, PA: *http://www.thesimpleway.org/*
SOA Watch: *http://www.soaw.org/*
Sojourners/Call to Renewal: *http://www.calltorenewal.com*
Solomon's Porch, Minneapolis, MN: *http://www.solomonsporch.com/*
University of the Poor: *http://www.universityofthepoor.org/*
Voices in the Wilderness, Chicago, IL: *http://vitw.org/*
Youth against Complacency and Homelessness Today
The Water Team: *http://www.circleofhope.net/venture/water.htm*
Willow Creek Community Church, South Barrington, IL: *http://www.willowcreek.org/*
Word Made Flesh: *http://www.wordmadeflesh.com/*
Word and World: *http://www.wordandworld.org/*
Yes! And…C.A.M.P.: *http://www.yesandcamp.org/*

Y la lista continúa, así que solo escribe tu nombre. . .

APÉNDICE 2

SEÑALES DE UN NUEVO MONACATO

Impulsados por el Espíritu de Dios en este momento y este lugar llamado Estados Unidos para que nos reunamos en la Iglesia Bautista San Juan en Durham, Carolina del Norte, queremos reconocer un movimiento del nuevo nacimiento radical, que se basa en el amor de Dios y que se inspira en la rica tradición de prácticas cristianas que por mucho tiempo han formado discípulos en el sencillo camino de Cristo. Esta escuela de conversión contemporánea, que hemos llamado un «nuevo monacato», está provocando un ecumenismo de base y un testimonio profético dentro de la iglesia norteamericana que es diversa en su forma pero que se caracteriza por las siguientes señales:

1. Reubicación a los lugares abandonados del imperio.
2. Compartir los recursos económicos con los demás miembros de nuestra comunidad y los necesitados entre nosotros.
3. Hospitalidad para con los desconocidos.
4. Lamentarse por las divisiones raciales dentro de la iglesia y nuestras comunidades, combinado con la búsqueda activa de una reconciliación justa.
5. Sumisión humilde al cuerpo de Cristo, la iglesia.
6. Formación intencional en el camino de Cristo y las reglas de la comunidad, como en el antiguo noviciado.
7. Promover la vida en común entre los miembros de una comunidad con propósito.
8. Apoyar a los solteros célibes y a las parejas de casados monógamas y sus hijos.
9. Proximidad geográfica con los miembros de la comunidad que viven según las mismas reglas.

10. Cuidar la parcela de la tierra de Dios que se nos ha dado, y apoyar a nuestras economías locales.
11. La pacificación en medio de la violencia, y la resolución de conflicto dentro de las comunidades según las líneas de Mateo 18:15-20.
12. Compromiso con una vida contemplativa disciplinada.

Que Dios nos dé la gracia, por el poder del Espíritu Santo, para discernir las reglas de vida que nos ayudarán a personificar estas señales en nuestros contextos locales como señales del reino de Cristo por el bien del mundo de Dios.

APÉNDICE 3

PARA IRAK

Voy a Irak porque creo en un Dios de gracia inimaginable. Si creyera que los terroristas están más allá de toda redención, tendría que arrancar de mi Biblia la mitad de las Escrituras del Nuevo Testamento, porque las escribió un terrorista convertido. Le he jurado lealtad a un Rey que amaba a los malhechores tanto que murió por ellos (y por supuesto el pueblo de Irak no es ni más malvado ni más santo que el pueblo de Estados Unidos) para demostrarnos que hay algo por lo que vale la pena morir pero no matar. Mientras los terroristas lo clavaban en la cruz, mi Jesús rogaba que Dios les tuviese piedad, pues no sabían lo que hacían. Todos somos desdichados, y todos somos preciosos. Nadie está más allá de la redención. Que veamos en las manos de los opresores nuestras propias manos, y en los rostros de los oprimidos nuestros propios rostros. Estamos hechos con el mismo polvo y todos lloramos las mismas lágrimas saladas.

Voy a Irak tras las huellas de un Dios ejecutado y resucitado. Sigo a un Jesús que entró a Jerusalén montado encima de un burro en la Pascua, que sabía perfectamente bien a qué se estaba metiendo. Este Jesús de los márgenes fue víctima de una ejecución imperial por un régimen opresivo de élites adineradas y piadosas. Y ahora me reta y me llama a que vaya y lo siga, a que levante mi cruz y pierda mi vida por encontrarla, con las promesas de que la vida es más poderosa que la muerte y de que es más valiente amar a nuestros enemigos que matarlos.

Voy a Irak a detener el terrorismo. Hay extremistas musulmanes y cristianos que matan en nombre de sus dioses. Sus líderes son millonarios que viven cómodos, mientras sus ciudadanos mueren ignorados en las calles. Creo en otro reino que pertenece a los pobres y a los pacificadores. Creo en un mundo seguro, y sé que este mundo nunca será seguro mientras las masas vivan en la pobreza para que un puñado de personas puedan vivir como quieren. El mundo tampoco será seguro mientras intentemos utilizar la violencia para eliminar la violencia. La violencia solo engendra aquello mismo que intenta destruir. Mi Rey les advirtió a sus seguidores: «Porque los que a hierro matan, a hierro mueren». Cuán cierto ha demostrado ser esto a lo largo de la historia. Armamos a Saddam en el conflicto contra Irán, y armamos a Bin Laden en la lucha en contra de la Unión Soviética. Timothy McVeigh, el terrorista nacional más aterrador en la historia de Estados Unidos, fue entrenado en la Guerra del Golfo, en la que se convirtió en un animal, según sus propias palabras.

Voy a Irak para interponerme en el camino de la guerra. Miles de soldados se han ido a Irak, dispuestos a matar a personas que no conocen por lealtad política. Voy dispuesto a morir por personas que no conozco por lealtad espiritual. Los soldados tienen un valor increíble, el valor suficiente para morir por algo en lo que creen. Oro por que los cristianos tengan el mismo valor. El comando que se les da a los soldados se transmite de los rangos superiores a los rangos inferiores, desde un comandante en jefe humano que se aferra al mito de la violencia redentora. Mi mandato viene directamente de la boca de mi Rey celestial, de los labios del Príncipe de Paz: Que ame a mis enemigos. Y aun así fallo. Que nos aferremos a la verdad de que todo humano es creado a imagen de Dios. ¿Creemos que los niños de Irak son tan valiosos como los niños de Nueva York? Un amor por nuestro propio pueblo no es algo malo, pero ¿por qué detenernos en la frontera? Nosotros, el pueblo del nuevo nacimiento, tenemos un compromiso que va más allá del nacionalismo.

Voy a Irak como misionero. En una era de guerra omnipresente, espero que la pacificación cristiana se convierta en el nuevo rostro de las misiones mundiales. Que permanezcamos al lado de los que se enfrentan a la inminente ira del imperio y susurremos: «Dios te ama, yo te amo, y si mi país bombardea tu país, estaré aquí a tu lado». De otra manera, nuestro evangelio es poco íntegro. Y uno de los santos dijo: «Si vienen por los inocentes y no pasan por encima de nuestros cuerpos, maldita sea nuestra religión». Que nuestras vidas interrumpan el terrorismo y la guerra, de maneras pequeñas, de maneras grandes, en momentos de crisis y en el ritmo del día a día. Esta es una era extrema, y voy a Irak como un extremista en el amor.

«Y ahora tengan en cuenta que voy a Jerusalén obligado por el Espíritu, sin saber lo que allí me espera. Lo único que sé es que en todas las ciudades el Espíritu Santo me asegura que me esperan prisiones y sufrimientos. Sin embargo, considero que mi vida carece de valor para mí mismo, con tal de que termine mi carrera y lleve a cabo el servicio que me ha encomendado el Señor Jesús, que es el de dar testimonio del evangelio de la gracia de Dios» (Hechos 20:22-24)[1].

1. Puedes leer todo mi diario de Irak en: www.thesimpleway.org/macro/shane_iraq.html.

NOTAS

Nos agradaría recibir noticias suyas.
Por favor, envíe sus comentarios sobre este libro
a la dirección que aparece a continuación.
Muchas gracias.

Vida@zondervan.com
www.editorialvida.com

Printed in the USA
CPSIA information can be obtained
at www.ICGtesting.com
LVHW030715050824
787165LV00013B/184

9 780829 758160